Lern- und Übungsgrammatik
Deutsch als Fremdsprache

Duden

Lern- und Übungsgrammatik
Deutsch als Fremdsprache

Verstehen, üben, testen
mit den Duden-Trainern

Von Melanie Kunkel
und Uwe Durst

Dudenverlag
Berlin

Die **Duden-Sprachberatung** beantwortet Ihre Fragen
zu Rechtschreibung, Zeichensetzung, Grammatik u. Ä.
montags bis freitags zwischen 09:00 und 17:00 Uhr.
Aus Deutschland: **09001 870098** (1,99 € pro Minute aus dem Festnetz)
Aus Österreich: **0900 844144** (1,80 € pro Minute aus dem Festnetz)
Aus der Schweiz: **0900 383360** (3,13 CHF pro Minute aus dem Festnetz)
Die Tarife für Anrufe aus den Mobilfunknetzen können davon abweichen.
Den kostenlosen Newsletter der Duden-Sprachberatung können Sie
unter www.duden.de/newsletter abonnieren.

Bibliografische Information der Deutschen Nationalbibliothek
Die Deutsche Nationalbibliothek verzeichnet diese Publikation in der
Deutschen Nationalbibliografie; detaillierte bibliografische Daten sind im Internet
über http://dnb.dnb.de abrufbar.

© Duden 2017   D C B A
Bibliographisches Institut GmbH, Mecklenburgische Straße 53, 14197 Berlin

Redaktion Melanie Kunkel, Dr. Goranka Rocco
Illustrationen Marie Basten

Herstellung Maike Häßler
Umschlaggestaltung Büroecco, Augsburg
Layout und Satz Ludger Stallmeister, Wuppertal
Druck und Bindung AZ Druck und Datentechnik
Heisinger Straße 16, 87437 Kempten
Printed in Germany

ISBN 978-3-411-75012-2
www.duden.de

Inhalt

Inhalt

Inhalt

Adverbien und Partikeln

Inhalt

Inhalt

Rechtschreibung und Zeichensetzung

Anhang

Abkürzungsverzeichnis

Akk.	Akkusativ		Pers.	Person
ca.	circa		Pl.	Plural
Dat.	Dativ		POS.	Position
f.	Femininum		S.	Seite
Gen.	Genitiv		Sg.	Singular
m.	Maskulinum		u. a.	und andere
n.	Neutrum		u. Ä.	und Ähnliches
Nom.	Nominativ		usw.	und so weiter
Nr.	Nummer		z. B.	zum Beispiel

Genus

der Mann
die Frau
das Kind

der Salat
die Suppe
das Brot

Jedes Nomen (= Substantiv) im Deutschen hat ein Genus:

Maskulinum *(m.)*   **Femininum** *(f.)*   **Neutrum** *(n.)*

▸ Das Genus kann das natürliche Geschlecht anzeigen:
der Mann ♂   **die** Frau ♀   *aber:* **das** Kind

▸ In den meisten Fällen gibt es aber kein natürliches Geschlecht:
der Salat   **die** Suppe   **das** Brot

Im **Plural** gibt es zwischen den Genera **keine Unterschiede,** z. B.:
▸ **die** Männer, **die** Frauen, **die** Kinder
▸ **große** Männer, **große** Frauen, **große** Kinder

Lernen Sie das Genus immer zusammen mit dem Nomen.
Manchmal helfen Ihnen **Form** oder **Bedeutung,** z. B.:

Maskulinum	-*er*	der Lehr**er**	-*ling*	der Lehr**ling**
	-*ismus*	der Sozial**ismus**	-*ist*	der Poliz**ist**
Femininum	-*heit*	die Wahr**heit**	-*schaft*	die Freund**schaft**
	-*keit*	die Kleinig**keit**	-*ei*	die Büch**erei**
	-*ung*	die Lös**ung**	-*in*	die Student**in**
	-*e* (meist *f.*)	die Sahn**e**	-*ion*	die Rezept**ion**
Neutrum	-*chen*	das Häus**chen**	-*lein*	das Männ**lein**
	Ge- (-*e*) (meist *n.*)	das **Ge**birge	nominalisierte (= substantivierte) Infinitive: tanzen → das Tanzen	

Maskulinum	Berufe, Rollen	der Lehrer, der Ingenieur, der Freund
	Tage, Monate und Jahreszeiten	der Mittwoch, der Januar, der Herbst
	Autos (Marken)	der Mercedes, der BMW
Femininum	Berufe, Rollen auf -*in*	die Lehrer**in**, die Ingenieur**in**, die Freund**in**
	Obstsorten	die Birne, die Banane, die Ananas *aber:* der Apfel, der Pfirsich
	Motorräder (Marken)	die Honda, die BMW
Neutrum	chemische Elemente	das Gold, das Silber, das Helium

1. Unterstreichen Sie die Endung und kreuzen Sie den richtigen Artikel an. [A1]

1. ☒ der ◯ die ◯ das Bäck<u>er</u>

7. ◯ der ◯ die ◯ das Mädchen

2. ◯ der ◯ die ◯ das Bäckerin

8. ◯ der ◯ die ◯ das Kapitalismus

3. ◯ der ◯ die ◯ das Bäckerei

9. ◯ der ◯ die ◯ das Gesundheit

4. ◯ der ◯ die ◯ das Brötchen

10. ◯ der ◯ die ◯ das Frühling

5. ◯ der ◯ die ◯ das Wohnung

11. ◯ der ◯ die ◯ das Drucker

6. ◯ der ◯ die ◯ das Zwilling

12. ◯ der ◯ die ◯ das Nachbarschaft

2. Ordnen Sie die Wörter: *der, die* oder *das*? [A1]

Aluminium ▪ Ärztin ▪ Brötchen ▪ Februar ▪ Gepäck ▪ Geschenk ▪ Häuschen ▪ Höflichkeit ▪ Jurist ▪ Krankheit ▪ Laufen ▪ Liebling ▪ Polizei ▪ Rechnung ▪ Sohn ▪ Springen ▪ Tante ▪ Verkäufer ▪ VW ▪ Winter ▪ Zitrone

der	die	das

3. Welches Wort passt nicht in die Reihe, weil es ein anderes Genus hat? [A1]

1. *der* ◯ Musiker ◯ Kellner ◯ Gold ◯ Journalismus

2. *der* ◯ Peugeot ◯ Montag ◯ Straße ◯ März

3. *die* ◯ Schule ◯ Politikerin ◯ Herbst ◯ Lampe

4. *die* ◯ Zeitung ◯ Ausbildung ◯ Tourist ◯ Situation

5. *das* ◯ Gemüse ◯ Tomate ◯ Gebirge ◯ Geschäft

6. *das* ◯ Klasse ◯ Büchlein ◯ Essen ◯ Bäumchen

Von allen Nomen sind ca. 46 % Feminina, ca. 34 % Maskulina, ca. 20 % Neutra.

Neutra — Feminina

Maskulina

Plural

| eine Birne | zwei, drei … viele **Birnen** |

Nomen (= Substantive) können einen Plural bilden: *(eine) Birne – (zwei, drei … viele) Birnen.*

Es gibt fünf Endungen für den Plural: *-(e)n*, *-e*, *-er*, *-s* und *-* (= keine Endung).
Bei *-e*, *-* und *-er* kann auch ein Umlaut stehen: $a \rightarrow \ddot{a}$, $o \rightarrow \ddot{o}$, $u \rightarrow \ddot{u}$.

Pluralendung	Welche Nomen?	Beispiele (Singular → Plural)
-(e)n	die meisten Feminina	die Birne → die Birne**n**
		die Frau → die Frau**en**
		die Lehrer**in** → die Lehrer**innen**
	alle Maskulina der *n*-Deklination	der Student → die Studen**ten**
	wenige weitere Maskulina	der Staat → die Staa**ten**
	sehr wenige Neutra	das Hemd → die Hemd**en**
-e, *¨e*	die meisten Maskulina und Neutra	der Tag → die Tag**e**
	viele kurze Nomen	der **Arzt** → die **Ärzt**e
	Neutra nie, Maskulina oft,	das Tor → die Tor**e**
	Feminina immer mit Umlaut	die Hand → die H**änd**e
-, *¨*	Maskulina und Neutra auf *-el,*	das Mittel → die Mittel
	-er,	das Fenster → die Fenster
	-en	der Garten → die G**ärt**en
	Neutra auf *-chen, -lein*	das Tierchen → die Tierchen
	Maskulina oft mit Umlaut	
-er, *¨er*	viele kurze Neutra	das Kind → die Kind**er**
	wenige Maskulina	das Blatt → die Bl**ätt**er
	immer mit Umlaut	der Mann → die M**änn**er
-s	Nomen auf *-a, -i, -o, -u, -y*	das Kino → die Kino**s**
	Fremdwörter	der Comic → die Comic**s**
	Abkürzungen	der PC → die PC**s** (Personalcomputer)
	Eigennamen	(Herr und Frau) Müller → die Müller**s**

 Am häufigsten sind bei **Feminina** Pluralformen auf *-(e)n*,
bei **Maskulina und Neutra** Plurale **auf -e und ohne Endung.**
Lernen Sie die Nomen immer mit dem Plural.

4. Ergänzen Sie links den Singular und rechts den Plural, immer mit Artikel. A1

Singular	Plural		Singular	Plural
1. _das Glas_	die Gläser		7. der Bruder	_die Brüder_
2. _____	die Restaurants		8. das Hobby	_____
3. _____	die Tische		9. der Koch	_____
4. _____	die Küchen		10. die Köchin	_____
5. _____	die Kuchen		11. das Zimmer	_____
6. _____	die Formen		12. der Ball	_____

5. *Quiz.* Schreiben Sie die Wörter im Plural. A1

1. Wie viele _____ (Zahn) hat ein erwachsener Mensch?

◯ *26*   ◯ *32*   ◯ *34*

2. Wie viele _____ (Landessprache) gibt es in der Schweiz?

◯ *2*   ◯ *3*   ◯ *4*

3. Welche _____ (Stadt) liegen in Deutschland?

◯ *Salzburg*   ◯ *Bonn*   ◯ *Stuttgart*

6. *Obstsalat mit Milchreis.* Schreiben Sie die Wörter im Plural, wenn nötig. A1

(die Portion)	4	_Portionen_
(die Banane)	4	_____
(die Kiwi)	5	_____
(die Erdbeere)	1 Schale	
		_____
(der Apfel)	6	_____
(der Milchreis)	200 g	_____
(die Milch)	½ l	_____
(der Zucker)	3 Esslöffel	
		_____

Manche Wörter existieren nur im Singular oder nur im Plural:

nur Singular: *das Fleisch, das Gold, die Milch, das Obst, der Reis, der Zucker, der Hunger, der Durst, die Gesundheit …*

nur Plural: *die Eltern, die Ferien, die Kosten, die Leute …*

Nominativ und Akkusativ

> Der Vater fotografiert **den Sohn.**

> Der Sohn fotografiert **den Vater.**

Nomen haben im Satz verschiedene Funktionen und verschiedene Kasus (Nominativ, Akkusativ, Dativ, Genitiv). Vor allem Verben und Präpositionen können die verschiedenen Kasus bestimmen.

Das Subjekt des Satzes steht immer im Nominativ.

Verben mit Akkusativ (↑ S. 154):

Subjekt (Nominativ) ──── Verb ──── Akkusativobjekt		
Der Vater		**den Sohn.**
wer? *(Personen)*	fotografiert	wen? *(Personen)*
was? *(Sachen)*		was? *(Sachen)*

Präpositionen mit Akkusativ:
▶ Hier ist ein Geschenk **für den Vater.**

 Den Kasus erkennt man vor allem am Artikel *(der, den, ein, einen …).*

	Maskulinum	Neutrum	Femininum	Plural
Nominativ	der/ein Vater	das/ein Kind	die/eine Tochter	die/– Söhne
Akkusativ	**den/einen** Vater	das/ein Kind	die/eine Tochter	die/– Söhne

Nur im **Maskulinum Singular** ist der Akkusativ anders als der Nominativ.

A1

7. Unterstreichen Sie den Nominativ <u>mit einer Linie</u> und den Akkusativ <u>mit zwei Linien</u>.

1. Der neue Nachbar ist ein guter Basketballspieler.

2. Das Kind sucht den Hund.

3. Den Wagen hat mein Bruder noch nicht verkauft.

4. Die Stifte haben die Schüler noch nicht gekauft.

8. Nominativ *(der/das/die)* oder Akkusativ *(den/das/die)*? A1

1. _____ Katze *(f.)* sieht _____ Maus *(f.)*.

2. _____ Kinder *(Pl.)* essen _____ Kuchen *(m.)*.

3. _____ Kunde *(m.)* fragt _____ Verkäufer *(m.)*.

4. _____ Mechanikerin *(f.)* repariert _____ Wagen *(m.)*.

5. _____ Gäste *(Pl.)* besuchen _____ Museum *(n.)*.

6. _____ Journalist *(m.)* interviewt _____ Politikerin *(f.)*.

9. Welche Getränke in der Wortschlange sind maskulin? A1

Wir bestellten einen enrotwein ein bier eine cola einen cappuccino und einen milchkaffee.

Maskuline Nomen: _____

10. *Im Kurs.* Kreuzen Sie den richtigen Artikel im Akkusativ an. A1

1. Die Klasse macht ◯ *ein* ◯ *eine* ◯ *einen* Übung *(f.)*.

2. Die Schüler sprechen ◯ *ein* ◯ *eine* ◯ *einen* Dialog *(m.)*.

3. Die Lehrerin erklärt ◯ *ein* ◯ *eine* ◯ *einen* Wort *(n.)*.

4. Die Klasse sieht ◯ *ein* ◯ *eine* ◯ *einen* Film *(m.)*.

5. Die Schüler lesen ◯ *ein* ◯ *eine* ◯ *einen* Text *(m.)*.

6. Der Lehrer buchstabiert ◯ *ein* ◯ *eine* ◯ *einen* Wort *(n.)*.

11. *Eine Stelle in Hamburg.* Ergänzen Sie den unbestimmten Artikel. A2

Felicitas und Lukas Maier leben in Berlin; sie haben _____ (1) Tochter und

_____ (2) Sohn. Lukas arbeitet aber nicht in Berlin, sondern in Hamburg. Er hat dort

_____ (3) Zimmer *(n.)* in einer WG. Am Montag nimmt er _____ (4) frühen

Zug *(m.)* nach Hamburg, am Donnerstagabend kommt er zurück. Er hat _____ (5)

interessanten Arbeitsplatz *(m.)*, aber das Zugfahren gefällt ihm nicht. Deshalb sucht er jetzt

_____ (6) Stelle *(f.)* in Berlin.

Dativ

| Der Kellner bringt **dem Mann** einen Tee. | Der Kellner bringt **der Frau** einen Kaffee. |

Verben mit Dativ (und Akkusativ) (↑ S. 156):

Subjekt (Nominativ) ——	Verb ——	Dativobjekt ——	Akkusativobjekt
Der Kellner	bringt	**dem Mann** wem?	einen Tee.

Präpositionen mit Dativ:

▶ Lea ist **bei** ihren Eltern.

	Maskulinum	Neutrum	Femininum	Plural
Nominativ	der/ein Mann	das/ein Kind	die/eine Frau	die/– Kellner
Dativ	**dem/einem** Mann	**dem/einem** Kind	**der/einer** Frau	**den/–** Kellner**n**

Im Dativ Singular haben Maskulinum und Neutrum dieselbe Form.

Im Plural haben alle Nomen im Dativ die Endung -n. *Ausnahme:* Nomen mit Plural auf -s
▶ die Autos – den Autos

Früher hatten einige Maskulina und Neutra im Dativ Singular die Endung -e. Manchmal findet man sie in festen Ausdrücken: *zu Hause, im Jahre*.

A1 **12.** *Im Unterricht.* Kreuzen Sie den richtigen Artikel im Dativ an.

1. Der Lehrer gibt ○ *der* ○ *den* ○ *dem* Schülern die Bücher.

2. Die Schüler geben ○ *dem* ○ *der* ○ *den* Lehrer die Hausaufgabe.

3. Die Lehrerin erklärt ○ *den* ○ *dem* ○ *der* Schülerin ein Wort.

4. Die Lehrerin zeigt ○ *dem* ○ *der* ○ *den* Schüler ein Bild.

5. Martin schreibt ○ *dem* ○ *den* ○ *der* Direktor einen Brief.

6. Simone bringt ○ *der* ○ *den* ○ *dem* Freundinnen Schokolade mit.

7. Die Kinder malen ○ *den* ○ *dem* ○ *der* Eltern ein Bild.

13. Nominativ (der/das/die), Akkusativ (den/das/die) oder Dativ (dem/der/den)?

1. _____ Kellner (m.) gibt _____ Gästen (Pl.) _____ Speisekarte (f.).

2. _____ Bedienung (f.) bringt _____ Frau (f.) _____ Kaffee (m.).

3. _____ Eisverkäuferin (f.) gibt _____ Mädchen (n.) _____ Eis (n.).

4. _____ Kind (n.) gibt _____ Eisverkäuferin (f.) _____ Euro (m.).

5. _____ Verkäufer (m.) gibt _____ Mann (m.) _____ Gemüse (n.).

6. _____ Oma (f.) zeigt _____ Kindern (n.) _____ Fotos (Pl.).

14. Familie Neumann im Restaurant. Wem schmeckt was? Ergänzen Sie.

die Mutter	der Vater	die Tochter	der Sohn	die Hunde

1. _Dem Sohn_ _____   das Eis.

2. _____   die Wurst.

3. _____   schmeckt   das Hähnchen.

4. _____   der Kuchen.

5. _____   der Fisch.

15. Berufe: Wer – wem – was? Schreiben Sie Sätze.

1. der Friseur – die Leute – die Haare – schneidet

   Der Friseur schneidet...

2. der Kellner – der Lehrerin – ein Kaffee – serviert

   Der Kellner...

3. die Krankenschwester – eine Patientin – die Medikamente – gibt

   Die Krankenschwester...

4. der Reiseleiter – die Touristen – die Stadt – zeigt

   Der Reiseleiter...

5. der Musiker – die Journalistin – ein Interview – gibt

   Der Musiker...

A1

16. Welche Wörter haben das gleiche Genus? Welches Genus? Welche „Regel" gilt? Kreuzen Sie an.

1.
○ September
○ Montag
○ Sommer
○ Woche
Genus: ○ m. ○ n. ○ f.
„Regel": ○ a) ○ b) ○ c)

2.
○ Zitrone
○ Obst
○ Orange
○ Birne
Genus: ○ m. ○ n. ○ f.
„Regel": ○ a) ○ b) ○ c)

3.
○ Zeitung
○ Wahrheit
○ Drucker
○ Aktion
Genus: ○ m. ○ n. ○ f.
„Regel": ○ a) ○ b) ○ c)

Regeln: a) Obstsorten, b) Endung *-ung, -heit, -ion, -schaft*, c) Tage, Monate, Jahreszeiten

A1

17. Suchen Sie in der Wortschlange die Pluralformen und bilden Sie den passenden Singular mit dem Artikel.

Kinderbücherlampencomputerbabystexte
omaslösungenhäuserspiegelhundetaschen

	Singular	Plural			Singular	Plural
1.	das Kind	die Kinder		7.		
2.				8.		
3.				9.		
4.				10.		
5.				11.		
6.				12.		

A1

18. Ergänzen Sie die Wörter im richtigen Kasus.

1. Wer ist das? – Das ist _____ (*der Direktor*).

2. Wen rufst du an? – Ich rufe _____ (*eine Freundin*) an.

3. Wem gibst du das Buch? – Ich gebe es _____ (*die Lehrerin*).

4. Was bringst du zur Party mit? – Ich bringe _____ (*ein Weißbrot [n.]*) mit.

5. Was seht ihr heute im Kino? – Wir sehen _____ (*ein Horrorfilm [m.]*).

6. Wem schreibst du die Karte? – Ich schreibe sie _____ (*die Zwillinge [Pl.]*).

19. *Alltagsstress.* Kreuzen Sie den richtigen Artikel an.

A1

Gleich nach ○ *das* ○ *dem* ○ *den* (1) Aufstehen *(n.)* muss ich ○ *den* ○ *die* ○ *der* (2)

Katzen *(Pl.)* Futter geben. Dann trinke ich ○ *ein* ○ *einem* ○ *einen* (3) Tee *(m.)*, höre im Radio

○ *dem* ○ *den* ○ *die* (4) Nachrichten *(Pl.)* und gehe zur Arbeit. Am Abend will ich ○ *ein*

○ *einem* ○ *einen* (5) Apfelkuchen *(m.)* für ○ *einer* ○ *eine* ○ *einem* (6) Party *(f.)* backen.

Aber ich brauche noch ○ *ein* ○ *eine* ○ *einen* (7) neues Rezept *(n.)*; letztes Mal hat ○ *der*

○ *die* ○ *dem* (8) Kuchen *(m.)* ○ *der* ○ *dem* ○ *den* (9) Gästen *(Pl.)* nicht so sehr ge-

schmeckt. Vorher gehe ich einkaufen; nach ○ *dem* ○ *den* ○ *der* (10) Einkaufen *(n.)* muss ich

zuerst noch ○ *der* ○ *die* ○ *den* (11) Küche *(f.)* aufräumen und spülen, denn ich brauche

○ *die* ○ *der* ○ *das* (12) Schüsseln *(Pl.)* zum Backen.

20. Unterstreichen Sie alle Nomen und schreiben Sie sie in die Tabelle.

A2

Heute kauft Stefanie zusammen mit ihrem Mann ein. Das Paar geht auf den Markt. Dort finden sie das beste Obst und Gemüse. Mittags essen sie Fisch in einem Restaurant. Das Restaurant gehört einem Bekannten. Am Nachmittag spielen sie zusammen Tennis und die Nachbarin repariert Stefanies Fahrrad. Am Abend haben Freunde sie zu einer Party eingeladen; sie bringen einen Nachtisch mit.

Nominativ	Akkusativ	Dativ

Genitiv

Wessen Buch ist das?
Ist das **Sarahs** Buch?

Nein, das ist das Buch
ihres Lehrers.

Eigennamen

Der Genitiv hat immer ein *-s* und steht vor dem Nomen (ohne Artikel):
▶ Peters Buch, Petras Computer

 Eigennamen auf *-s, -ss, -ß, -z, -tz* oder *-x* haben einen Apostroph:
▶ Elias' Schwester, Max' Haus

Nomen

	Maskulinum	Neutrum	Femininum	Plural
Nominativ	der/ein Mann	das/ein Kind	die/eine Frau	die/– Lehrer
Genitiv	**des/eines** Mannes	**des/eines** Kindes	**der/einer** Frau	**der** Lehrer / – (*Ersatz:* von Lehrern)

 Im Genitiv Singular haben Maskulinum und Neutrum dieselbe Endung: *-(e)s.*

Im Femininum ist der Genitiv Singular identisch mit dem Dativ.

Endung **-es**:
▶ immer bei Nomen **auf -s, -ss, -ß, -x, -tsch, -z** (*des Hauses, des Kusses …*)
▶ meistens bei kurzen Nomen (*des Mannes, des Kindes …*)

von + Dativ statt Genitiv:
▶ immer bei Nomen **ohne Artikel:**
die Produktion von Milch, der Besuch von Freunden
▶ häufig **in der Umgangssprache / der gesprochenen Sprache:**
das Buch von ihrem Lehrer (*statt:* das Buch ihres Lehrers)

Sie finden die **Genitivendung** und die **Pluralendung** in jedem Wörterbuch, z. B.:
▶ Ort, der, **-[e]s, -e**; Kind, das; **-[e]s, -er**; Flasche, die; **-, -en**

A1

21. Sagen Sie es mit dem Genitiv.

1. der Vater von Ina: *Inas*   Vater

2. die Mutter von Paul: _____ Mutter

3. das Fahrrad von Jens: _____ Fahrrad

4. das Buch von Inge: _____ Buch

5. das Auto von Felix: _____ Auto

6. der Chef von Patrick: _____ Chef

22. *Mein Zahnarzt.* Ergänzen Sie die Wörter im Genitiv.

✉ @ Senden	**Von:** l.kramer@mailforyou.com
	An: marty@mailforyou.com
	Betreff: Re: Hast Du einen guten Zahnarzt?

Hallo, Martin,

ja, ich kann Dir helfen: Hier ist die Internetadresse _____

(der Zahnarzt) (1), der mich seit Jahren behandelt: www.zahnarzt-wischnowski.de. Er hat seine

Praxis in der Nähe _____ *(das Stadion)* (2). Die Öffnungszeiten

_____ *(die Praxis)* (3) und die Beschreibung

_____ *(die Anfahrtswege)* (4) stehen auf der Seite.

Liebe Grüße und gute Besserung

Lara

23. *Quiz.* Ergänzen Sie die Wörter im Genitiv.

1. Welches Gebäude in Berlin ist der Sitz _____

(der Bundestag)?

2. Wie heißt die Hauptstadt _____ *(Belgien)*?

3. Wie nennt man die Schwester _____ *(die Mutter)* oder

_____ *(der Vater)*?

Auch viele Namen von Ländern, Orten und Kontinenten bilden den Genitiv mit *-s*; er kann **hinter** oder **vor** dem Nomen stehen: ▶ die Hauptstadt Österreich**s** = Österreich**s** Hauptstadt

24. *Benutzungsordnung der Bibliothek.* Wann ist *von + Dativ* obligatorisch?

1. Rauchen ist innerhalb _____ *(die Leseräume)* verboten.

2. Das Mitbringen _____ *(Speisen)* in die Leseräume ist nicht

erlaubt.

3. Das Hören _____ *(Musik)* ist in den Leseräumen nur mit

Kopfhörer erlaubt.

4. Die Benutzung _____ *(Handschriften)* ist nur in den Räumen

_____ *(die Bibliothek)* möglich.

5. Die Karten für die Nutzung _____ *(das Kopiergerät)* sind am

Eingang erhältlich.

n-Deklination

Hast du immer noch Probleme mit deinem Computer?

Ja, ich habe schon mit unserem **IT-Experten** gesprochen und auch unseren neuen **Praktikanten** gefragt, aber keiner kann mir helfen.

Nomen der *n*-Deklination haben außer im Nominativ Singular immer die Endung *-(e)n*.

	Singular	Plural
Nominativ	der/ein Praktikant	die/– Praktikant**en**
Akkusativ	den/einen Praktikant**en**	die/– Praktikant**en**
Dativ	dem/einem Praktikant**en**	die/– Praktikant**en**
Genitiv	des/eines Praktikant**en**	der/– Praktikant**en**

Zur *n*-Deklination gehören nur maskuline Nomen:

Nomen für Menschen und Tiere **auf -e**	der Jung**e**, der Kund**e**, der Löw**e** …
▶ auch: Nationalitäten **auf -e**	der Franzos**e**, der Pol**e**, der Portugies**e** … *Ausnahme:* der Deutsche (↑ S. 68–69)
▶ auch: Berufe **auf -oge**	der Biol**oge**, der Pädag**oge** …
Nomen **auf -and, -ant, -ent, -ist, -at**	der Doktor**and**, der Praktik**ant**, der Pati**ent**, der Poliz**ist**, der Autom**at** …
wenige andere Nomen	der Herr, der Mensch, der Nachbar, der Bauer, der Bär …

Ausnahmen:
Wenige Nomen der *n*-Deklination haben im Genitiv Singular ein *-s:*
▶ der Name → des Namen**s**, der Gedanke → des Gedanken**s**,
  der Buchstabe → des Buchstaben**s**, der Frieden → des Frieden**s**,
  der Wille → des Willen**s**, das Herz → des Herzen**s** *(einziges Neutrum)*

Maskuline Nomen auf *-or* gehören **nicht** zur *n*-Deklination:
▶ der Autor, den Autor, dem Autor, des Autors; die Autoren

B1

25. Unterstreichen Sie die Nomen mit *n*-Deklination.

der Affe ▪ der Biologe ▪ die Dame ▪ das Dokument ▪ der Dozent ▪ die Dozentin ▪
die Fliege ▪ die Giraffe ▪ der Grieche ▪ der Hase ▪ der Herr ▪ der Ingenieur ▪
der Italiener ▪ der Junge ▪ das Labor ▪ der Lehrer ▪ die Lehrerin ▪ das Mädchen ▪
der Mensch ▪ der Migrant ▪ der Nachbar ▪ der Österreicher ▪ der Portugiese ▪
der Russe ▪ der Schimpanse ▪ der Student ▪ der Türke ▪ der Tourist

26. Schreiben Sie jetzt die unterstrichenen Nomen aus Übung **25** in die Tabelle.   B1

Nomen auf -e (auch: -oge)	Nomen auf -and, -ant, -ent, -ist, -at	Andere Nomen
der Affe		

27. *Gespräch unter Kollegen.* Ergänzen Sie die Nomen in der richtigen Form.   B1

🗨 Kennst du den _____ *(Herr)* (1) dort am

_____ *(Kaffeeautomat)* (2) neben dem _____

(Direktor) (3)?

💬 Ich habe von einem _____ *(Kollege)* (4) gehört, dass er für einen großen

_____ *(Kunde)* (5) unserer _____ *(Firma)* (6)

arbeitet.

🗨 Du meinst den _____ *(Lieferant)* (7) aus Toulouse?

💬 Nein, ich meine den _____ *(Filmproduzent)* (8) aus Paris.

28. Ergänzen Sie die Endungen, wenn nötig.   B1

1. Der Journalist_____ bittet den Präsident_____ um ein Interview_____.

2. Der Präsident_____ spricht mit dem Journalist_____.

3. Das Büro_____ des Architekt_____ ist neben dem Geschäft_____ des Fotograf_____.

4. Die Größe_____ des Apartment_____ ist ideal, aber die Miete_____ ist für einen Student_____

zu hoch.

5. Mein Hund_____ wird regelmäßig von meinem Nachbar_____ gefüttert.

B1 **29.** Ergänzen Sie die Sätze mit einem Genitiv.

1. Ist Silke die Freundin von Timo? – Ja, Silke ist _____ Freundin.

2. Ist Jens der Bruder von Heike? – Ja, Jens ist _____ Bruder.

3. Wo ist das beste Restaurant _____ *(die Stadt)*?

4. Wo arbeitet Daniela? – Sie ist die Direktorin _____

(das Stadtmuseum).

5. Wer ist das? – Das ist der Trainer _____ *(das Team)*.

B1 **30.** *Nordrhein-Westfalen.* Ergänzen Sie die Sätze mit einem Genitiv.

Nordrhein-Westfalen ist das bevölkerungsreichste Bundesland _____

_____ *(die Bundesrepublik Deutschland)* (1). Die Hauptstadt

_____ *(das Land)* (2) ist Düsseldorf, aber die größte Stadt ist Köln –

mit mehr als einer Million Einwohnern. Rund 50 Jahre lang war sogar der Sitz

_____ *(die Bundesregierung)* (3) in Nordrhein-Westfalen,

nämlich in Bonn. Der wirtschaftliche Erfolg _____ *(Nordrhein-*

Westfalen) (4) basierte seit dem 19. Jahrhundert vor allem auf der Industrialisierung und dem

Bergbau. Nach dem Rückgang _____ *(der Bergbau)* (5) hat sich

das Land stark verändert.

B1 **31.** Schreiben Sie Sätze mit Akkusativ- und Dativobjekten.

1. ein Polizist – ein Passant – den Weg zum Bahnhof – beschreiben

   Ein Polizist ... _____

2. die Lehrerin – die Schüler – die Grammatikregeln – erklären

   Die Lehrerin ... _____

3. der Verkäufer – ein Kunde – bedienen

   Der Verkäufer ... _____

4. der Vater – der Junge – ein Eis – kaufen

   Der Vater ... _____

5. mein Freund – sein Neffe – besuchen

   Mein Freund ... _____

32. Ergänzen Sie die fehlenden Formen.

	Singular				Nominativ Plural
	Nominativ	**Akkusativ**	**Dativ**	**Genitiv**	
1.	das Auto				
2.		den Lehrer			
3.				der Mutter	
4.	der Praktikant				
5.	die Praktikantin				
6.	das Herz				
7.					die Nachbarn
8.				des Herrn	
9.			dem Jungen		
10.	der Pole				
11.				des Buchstabens	

Welche dieser Nomen gehören zur *n*-Deklination?

_____

_____

33. Ergänzen Sie die Endung, wenn nötig.

1. Für das neue Haus brauchen wir noch einen Innenarchitekt_____, einen Maurer_____, einen Gartenarchitekt_____ und einen Gärtner_____.

2. Ich glaube, das ist das Schloss eines Graf_____ oder eines Fürst_____.

3. Hier sind Lisa_____, Jürgen_____, Andreas_____ und Susanne_____ Schuhe.

4. Die Spaghetti sind für den Herr_____, der dort am Fenster sitzt.

5. Der Zoobesucher gibt dem Affe_____ eine Banane_____.

Bestimmter und unbestimmter Artikel: Formen

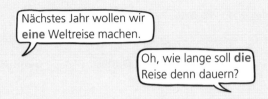

Nächstes Jahr wollen wir **eine** Weltreise machen.

Oh, wie lange soll **die** Reise denn dauern?

Artikel stehen vor einem Nomen. Sie zeigen sein Genus (*Maskulinum, Femininum, Neutrum*), seinen Numerus (*Singular, Plural*) und seinen Kasus (*Nominativ, Akkusativ, Dativ, Genitiv*) an.

Bestimmter (= *definiter*) Artikel

	Maskulinum	Neutrum	Femininum	Plural
Nominativ	der Mann	das Kind	die Frau	die Leute
Akkusativ	den Mann	das Kind	die Frau	die Leute
Dativ	dem Mann	dem Kind	der Frau	den Leuten
Genitiv	des Mannes	des Kindes	der Frau	der Leute

Unbestimmter (= *indefiniter*) Artikel

	Maskulinum	Neutrum	Femininum	Plural
Nominativ	ein Mann	ein Kind	eine Frau	– Leute
Akkusativ	einen Mann	ein Kind	eine Frau	– Leute
Dativ	einem Mann	einem Kind	einer Frau	– Leuten
Genitiv	eines Mannes	eines Kindes	einer Frau	– meist Ersatz: von Leuten (*von + Dat.*)

Der unbestimmte Artikel hat keine Pluralform:
▶ Sie hat ihrem Vater **ein** Buch gegeben.
▶ Sie hat ihrem Vater Bücher gegeben.

A1

34. Ergänzen Sie den bestimmten Artikel im Nominativ und Akkusativ.

1. Wo ist denn _____ Brot (*n.*)? – Ich habe _____ Brot schon gegessen.

2. Bitte machen Sie _____ Handys (*Pl.*) aus. Gleich beginnt _____ Prüfung (*f.*).

3. (*Auf dem Markt:*) Sind _____ Äpfel (*Pl.*) frisch? – Ja, der Bauer hat _____ Äpfel gerade geliefert.

4. Warum hast du _____ Installateur (*m.*) gerufen? – _____ Heizung (*f.*) ist kaputt; _____ Installateur repariert _____ Heizung.

5. _____ Unterricht (*m.*) beginnt heute erst um vier Uhr. – Wirklich? Ich habe _____ Lehrer schon gesehen.

35. *Was ist das?* Ergänzen Sie den unbestimmten Artikel.   A1

1. Die Schweiz ist _____ Land *(n.)*. Deutschland und Österreich sind auch _____ Länder.

2. Berlin ist _____ Stadt *(f.)*. Hamburg und München sind auch _____ Städte.

3. Der Rhein ist _____ Fluss *(m.)*. Die Elbe und die Donau sind auch _____ Flüsse.

4. Der Bodensee ist _____ See *(m.)*, aber die Nordsee ist _____ Meer *(n.)*.

5. Die Zugspitze ist _____ Berg *(m.)*, aber die Alpen sind _____ Gebirge *(n.)*.

36. *Im Stadtzentrum.* Ergänzen Sie den unbestimmten Artikel.

Ich wohne mitten im Stadtzentrum. In meiner Straße gibt es drei Cafés, _____ (1) Restaurant *(n.)* und _____ (2) Club *(m.)*. Der Club gehört _____ (3) Künstler *(m.)*. Außerdem befindet sich hier auch _____ (4) Bäckerei *(f.)*. Dort kann man schon morgens um fünf Uhr _____ (5) frische Croissants *(Pl.)* kaufen. Direkt neben der Bäckerei ist _____ (6) Supermarkt *(m.)*; er ist von Montag bis Samstag 24 Stunden am Tag geöffnet!

---

37. *Das Wetter in Deutschland.* Ergänzen Sie den bestimmten Artikel.   A2

Wie kann man _____ (1) Wetter *(n.)* in Deutschland beschreiben? Am häufigsten scheint _____ (2) Sonne *(f.)* im Süden; durchschnittlich 4,5 Stunden am Tag. _____ (3) sonnigste Stadt *(f.)* in Deutschland ist Freiburg. _____ (4) Wetter *(n.)* in _____ (5) Sommermonaten *(Pl.)* ist oft schön. Man zählt aber auch viele Regentage. Im Herbst ist es manchmal sehr windig. _____ (6) Wind *(m.)* ist dann oft schon sehr kalt. Im Winter kann es schneien. Dann sind _____ (7) Straßen *(Pl.)* glatt, und _____ (8) Autos *(Pl.)* auf _____ (9) Straßen fahren sehr langsam. Die meisten Deutschen mögen _____ (10) Sommer *(m.)* am liebsten.

---

38. Ergänzen Sie den bestimmten oder den unbestimmten Artikel.   B1

1. Das ist _____der Mann einer Kollegin_____ *(der Mann – eine Kollegin)*.

2. Wir sprechen mit _____ *(der Direktor – die Schule)*.

3. Im Stadtmuseum hängen _____
   (die Bilder – ein bekannter Maler).

Heute habe ich mir **eine** neue Tasche gekauft.

Die Tasche ist blau.

Den bestimmten und den unbestimmten Artikel benutzt man in den folgenden Fällen:

Bestimmter Artikel

Personen/Sachen, die man schon genannt hat	Gestern habe ich einen Deutschlehrer kennengelernt. (…) **Der** Deutschlehrer hat gesagt, dass …
Allgemein bekannte Personen/Sachen, z. B. – Sonne, Mond, Planeten – Flüsse, Berge	Heute scheint **die** Sonne. **Die** Donau fließt durch Passau.
Nomen mit Adjektiv im Superlativ	Die Donau ist **der** längste Fluss Deutschlands.
Nomen mit Ordnungszahl; Datum	Sie bekommt **das** dritte Kind. Heute ist **der** 6. April.
Personen/Sachen, die allgemein für *alle* dieser Art stehen	**Die** Kartoffel stammt aus Amerika.

Unbestimmter Artikel

Personen/Sachen, die neu sind, also noch nicht bekannt	Gestern habe ich **einen** Deutschlehrer kennengelernt.

A1

39. *Im Kaufhaus.* Ergänzen Sie den bestimmten oder den unbestimmten Artikel.

💬 Guten Tag. Ich suche _____ (1) Jacke *(f.)* für _____ (2) Winter *(m.)*.

💬 Winterjacken sind dort bei _____ (3) Rolltreppe *(f.)*.

💬 Außerdem brauche ich noch _____ (4) Hemd *(n.)* und _____ (5) Schal *(m.)*.

💬 Schals sind dort bei _____ (6) Wintersachen, neben _____ (7) Schuhabteilung *(f.)*;

Hemden sind im ersten Stock.

💬 Haben Sie auch Taschen? Ich suche noch _____ (8) Reisetasche *(f.)*.

💬 Koffer und Taschen gibt es im zweiten Stock.

💬 Vielen Dank.

40. Ergänzen Sie den bestimmten oder den unbestimmten Artikel. A2

1. Maria, du bist immer _____ Letzte!

2. Gestern Abend habe ich _____ tollen Film *(m.)* gesehen.

3. Das ist _____ schönste Buch *(n.)*, das ich jemals gelesen habe.

4. In diesen Nächten scheint _____ Mond *(m.)* besonders hell.

5. _____ Rhein *(m.)* fließt durch Köln und Bonn.

6. Mein Freund will mir zum Geburtstag _____ Kuchen *(m.)* backen.

7. Für das Rezept brauche ich _____ Kilo *(n.)* Mehl, sechs Eier und _____ Liter *(m.)* Milch.

> Das Zahlwort „1" ist identisch mit dem unbestimmten Artikel, wenn man es vor dem Nomen verwendet:
> ▸ Ich habe zwei Brüder und **eine** Schwester.

41. Ergänzen Sie den bestimmten oder den unbestimmten Artikel. A2

1. Heute ist Montag, _____ erste Mai. _____ erste Mai ist in Deutschland, Österreich und

teilweise in der Schweiz _____ Feiertag *(m.)*. _____ Geschäfte *(Pl.)* sind geschlossen.

2. In unserer Stadt gibt es _____ neuen Park. In _____ Mitte *(f.)* _____ Parks ist

_____ Grillplatz *(m.)*. _____ Grillplatz ist _____ größte der Stadt.

3. _____ Kartoffel *(f.)* kommt aus Amerika. Aber woher kommen _____ Pommes frites *(Pl.)*?

Wer hat _____ Nudeln *(Pl.)* erfunden? Wer hat _____ erste Pizza *(f.)* gebacken, wer hat

_____ ersten Döner gemacht? Und wer hat _____ erste Bier *(n.)* getrunken?

42. Ergänzen Sie den bestimmten oder den unbestimmten Artikel. A2

🗨 Sag mal, wo gibt es denn hier _____ (1) beste Eis *(n.)* in _____ (2) Stadt *(f.)*?

🗨 Das gibt es in _____ (3) Eisdiele *(f.)* *Venezia* am Marktplatz.

🗨 Und wo kann man _____ (4) gute Pizza *(f.)* essen?

🗨 In _____ (5) Pizzeria *(f.)* *Roma*, direkt bei uns in _____ (6) Straße *(f.)*.

🗨 Und gibt es hier auch _____ (7) Buchgeschäft *(n.)*?

🗨 Ja, in der Bahnhofstraße. Suchst du _____ (8) bestimmtes Buch *(n.)*?

🗨 Ich suche _____ (9) Buch über die Geschichte Österreichs.

🗨 Das findest du dort sicher.

🗨 Danke für den Tipp!

Nullartikel: Funktionen

Anne ist Journalistin.

Andreas ist Fotograf.

Nomen können manchmal auch **ohne** Artikel stehen.

Kein Artikel („Nullartikel" = Ø)

im Plural, wenn im Singular der unbestimmte Artikel steht (↑ S. 28)	*Singular:* Ich muss eine Birne kaufen. *Plural:* Ich muss Ø Birnen kaufen.

nicht zählbare Dinge	Wir trinken Ø Wein. Der Ring ist aus Ø Gold.
abstrakte Nomen	Hast du Ø Zeit? Haben Sie genug Ø Platz?
Eigennamen	Ø Linus wohnt jetzt nicht mehr hier.
Berufe, Nationalitäten, Sprachen	Gabriele ist Ø Ärztin. Andreas ist Ø Österreicher. Federico spricht Ø Italienisch.
Fahrzeuge, Instrumente, Studienfächer, Sportarten	Ich fahre Ø Fahrrad. Ich spiele Ø Flöte. Er studiert Ø Jura. Sie spielt Ø Volleyball.
Kontinente; die meisten Städte, Länder	Ich komme aus Ø Amerika/Bremen/Ägypten.

Manche Länder stehen **mit bestimmtem Artikel,** z. B.:
▶ **der** Irak, **der** Iran, **die** Niederlande, **die** Schweiz, **die** Slowakei, **die** Türkei, **die** Ukraine, **die** USA (= **die** Vereinigten Staaten von Amerika)

A1 **43.** *Eine Band.* Ergänzen Sie den Artikel, wenn nötig.

1. Das ist _____ Svetlana. Sie kommt aus _____ Russland *(n.)*. Sie spricht _____ Russisch

und _____ Deutsch. Sie ist _____ Sängerin.

2. Das ist _____ Irina. Sie ist _____ Kollegin von _____ Svetlana. Sie kommt aus _____

Polen *(n.)*. Sie ist _____ Polin. Irina spielt _____ Gitarre *(f.)*.

3. Das ist _____ Michael. Er kommt aus _____ USA. Er ist _____ Kollege von _____

Svetlana und _____ Irina und spielt _____ Keyboard *(n.)*.

4. _____ drei machen zusammen _____ Musik *(f.)*.

In der Umgangssprache verwendet man oft auch vor Eigennamen den bestimmten Artikel, vor allem im Süden:
▸ **Die** Irina spielt Gitarre.

44. *Ein Interview.* Ergänzen Sie den Artikel, wenn nötig.

A2

💬 Daniel, du bist _____ (1) Student hier an _____ (2) Uni *(f.)*. Was studierst du denn?

💬 Erst habe ich zwei Semester _____ (3) Sport *(m.)* studiert, aber jetzt habe ich endlich einen

    Studienplatz für _____ (4) Medizin *(f.)* bekommen.

💬 Du möchtest _____ (5) Arzt werden?

💬 Ja, _____ (6) sehr guter Arzt. Das ist _____ (7) interessanteste Beruf *(m.)*,

    den ich mir vorstellen kann.

💬 Hast du denn neben dem Studium noch _____ (8) Zeit *(f.)* für _____ (9) Hobbys *(Pl.)*?

💬 Ja, klar! Ich spiele _____ (10) Fußball *(m.)* in _____ (11) Verein *(m.)*. Wir trainieren dreimal

    in _____ (12) Woche *(f.)*. Nach _____ (13) Sport *(m.)*, wenn ich draußen an

    _____ (14) Luft *(f.)* war, kann ich auch besser lernen.

💬 Daniel, viel Spaß und viel Erfolg! Und danke für _____ (15) Interview *(n.)*.

Wenn man eine Person/Sache näher bestimmt, steht immer ein Artikel:
▸ Isabell ist Ø Köchin. – Isabell ist **eine bekannte** Köchin.

45. *Im Café.* Ergänzen Sie den Artikel, wenn nötig.

A2

1. Ich hätte gerne _____ Wurst *(f.)* mit _____ Pommes frites *(Pl.)* und _____ Ketchup *(n.)*

    und dazu bitte _____ großes Wasser.

2. Für mich bitte _____ Spaghetti *(Pl.)* und _____ kleinen Orangensaft.

3. Und ich hätte gerne _____ Tasse *(f.)* Kaffee mit _____ Milch *(f.)*.

46. *Echt oder künstlich?* Ergänzen Sie den Artikel, wenn nötig.

B1

1. _____ Blumen *(Pl.)* sind aber schön. Sind die echt? – Nein, sie sind aus _____ Plastik *(n.)*.

2. Ist _____ Ring *(m.)* aus _____ Gold *(n.)*? – Nein, der ist aus _____ 1-Euro-Shop *(m.)*.

3. Ich trage nur _____ Kleidung *(f.)* aus _____ natürlichen Materialien *(Pl.)*. _____

    Schuhe *(Pl.)* sind aus _____ Leder *(n.)*, und _____ Pullover *(m.)* ist zu 100 Prozent aus

    _____ Baumwolle *(f.)*.

A1   **47.** Ergänzen Sie den Artikel, wenn nötig.

1. Am Freitag habe ich _____ Jacke *(f.)* für _____ Winter *(m.)* gekauft. _____ Jacke ist

grau.

2. Lisa hat mir _____ Pullover *(m.)* geschenkt. _____ Pullover ist aus _____ Wolle *(f.)*.

3. Ich habe gestern _____ neuen Rucksack *(m.)* besorgt. _____ Rucksack brauche ich zum

Einkaufen.

4. In meiner Handtasche ist immer _____ Portemonnaie *(n.)*. _____ Portemonnaie habe ich

in der Stadt gekauft.

A2   **48.** Ergänzen Sie den Artikel, wenn nötig.

1. Schau mal, deine Schwester hat dir _____ Brief *(m.)* geschrieben. – Oh, gibst du mir

_____ Brief mal?

2. Warst du schon mal hier in _____ Stadtbibliothek *(f.)*? – Ja, warum fragst du? – Gibt es hier

auch _____ Wörterbücher *(Pl.)*? – Das weiß ich nicht. Aber wenn du _____ Buch *(n.)*

ausleihen möchtest, brauchst du _____ Bibliotheksausweis *(m.)*.

3. Habt ihr _____ Sofa *(n.)* gekauft, das ihr im Internet gesehen habt? – Nein. Wir haben es uns

danach im Möbelhaus angesehen, aber auf _____ Foto *(n.)* hat es uns besser gefallen.

A2   **49.** *Wegbeschreibungen.* Ergänzen Sie den Artikel, wenn nötig.

Entschuldigung, können Sie mir sagen, ob es hier in _____ (1) Nähe *(f.)* _____ (2) Post *(f.)*

gibt? – Ja, ungefähr fünf Minuten von hier. Gehen Sie geradeaus und an _____ (3) zweiten

Kreuzung nach rechts. Dort sehen Sie dann nach hundert Metern auf _____ (4) linken Seite *(f.)*

_____ (5) Post.

Verzeihung, wo finde ich _____ (6) Stadtschwimmbad *(n.)*? – Am besten fahren Sie

_____ (7) drei Stationen mit _____ (8) Buslinie 3 *(f.)*. Von _____ (9) Haltestelle *(f.)*

geht _____ (10) Fußweg *(m.)* direkt zum Schwimmbad. Folgen Sie einfach _____ (11)

anderen Leuten, die Sie sehen.

50. Ergänzen Sie den Artikel, wenn nötig.

Hallo! Ich bin _____ (1) Ahmet. Ich wohne seit zwanzig Jahren in _____ (2) München *(n.)*, aber geboren bin ich in _____ (3) Türkei *(f.)*. Ich bin _____ (4) Ingenieur und mache jetzt eine Ausbildung als _____ (5) Pilot. In meiner Freizeit spiele ich _____ (6) Fußball *(m.)* in _____ (7) Club *(m.)*.

Grüezi! Mein Name ist _____ (8) Miriam Koch und ich wohne in _____ (9) Basel *(n.)*. Ich werde in zwei Wochen 18; mein Geburtstag ist übrigens _____ (10) 31. Dezember *(m.)* – Silvester! Ich gehe noch in _____ (11) Schule *(f.)*. Danach möchte ich am liebsten _____ (12) Designerin werden. Zweimal in _____ (13) Woche *(f.)* arbeite ich als _____ (14) Babysitterin.

Guten Tag, ich bin Max aus _____ (15) Wien *(n.)*. Ich bin seit 30 Jahren _____ (16) Lehrer für _____ (17) Englisch und _____ (18) Deutsch. _____ (19) Sprachen sind mein großes Hobby: Ich spreche auch _____ (20) Russisch und _____ (21) Ungarisch. Außerdem spiele ich gut _____ (22) Gitarre *(f.)* und singe in _____ (23) Chor *(m.)*. Ich bin verheiratet und habe drei erwachsene Kinder: zwei Töchter und _____ (24) Sohn. Wir haben auch _____ (25) Hund; _____ (26) Hund heißt _____ (27) Paul.

51. *Quiz: Superlative.* Ergänzen Sie den Artikel, wenn nötig.

1. Wie heißt _____ größte Stadt *(f.)* _____ Schweiz *(f.)*?

2. Wann ist _____ längste Tag *(m.)* _____ Jahres *(n.)*?

3. Welches ist _____ meistgesprochene Sprache *(f.)* _____ Welt *(f.)*?

4. Was ist _____ größte Insel *(f.)* _____ Europas *(n.)*?

Personalpronomen

Yvonne ist meine Nachbarin.

Sie arbeitet in einem Hotel.
Ich sehe **sie** oft im Treppenhaus.
Wenn ich im Urlaub bin,
gebe ich **ihr** meinen Briefkastenschlüssel.

Personalpronomen ersetzen Nomen:

Tobias ist Yvonnes Freund.	$\longrightarrow$	**Er** ist Yvonnes Freund.
Ich kenne **Tobias** vom Fußballtraining.	$\longrightarrow$	Ich kenne **ihn** vom Fußballtraining.
Tobias und Yvonne feiern oft Partys.	$\longrightarrow$	**Sie** feiern oft Partys.

Nur in der 3. Person Singular unterscheidet man das Genus (Maskulinum, Femininum und Neutrum).

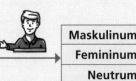

	Nominativ	Akkusativ	Dativ
	ich	mich	mir
	du	dich	dir
Maskulinum	er	ihn	ihm
Femininum	sie	sie	ihr
Neutrum	es	es	ihm
	wir	uns	uns
	ihr	euch	euch
	sie	sie	ihnen
	Sie	Sie	Ihnen

Die Höflichkeitsformen *Sie* und *Ihnen* (auch den Possessivartikel / das Possessivpronomen *Ihr*, ↑ S. 40) schreibt man immer groß.

Struktur (↑ S. 194)

Pronomen + Nomen	$\longrightarrow$	erst Pronomen, dann Nomen
Pronomen + Pronomen	$\longrightarrow$	erst Akkusativ, dann Dativ

POS. 1	POS. 2	
Wir	schenken	ihr ein Buch.
Wir	schenken	es ✕ ihr.

A1

52. *Unsere Wohngemeinschaft.* Ergänzen Sie die Personalpronomen.

1. Das ist Jana. _____ unterrichtet Englisch. Das ist Frank. _____ ist Taxifahrer.

2. Hanna und Tobias wohnen auch hier. _____ studieren Mathematik.

3. Und was machst _____ ? – _____ arbeite als Köchin in einem Restaurant.

53. *Eine Geburtstagseinladung.* Ergänzen Sie die Personalpronomen. A2

✉ Senden	**Von:** s.neumann@mailforyou.com
	An: m.huber@mailforyou.com, m.schmitt@mailforyou.com
	Betreff: Einladung zur Grillparty

Liebe Marie, lieber Matthias,

am Mittwoch feiere _____ (1) eine Grillparty im Park und lade _____ (2) herzlich ein.

Ich hoffe, _____ (3) habt Zeit! Den genauen Ort erkläre ich _____ (4) am besten

am Telefon. Matthias, möchtest _____ (5) auch Deinen Bruder mitbringen? Ich habe

_____ (6) neulich bei einer Feier kennengelernt, habe aber seine E-Mail-Adresse nicht.

Ich würde mich freuen, _____ (7) alle wiederzusehen!

Liebe Grüße

Sofie

> In Briefen kann man auch *du, dir, dich* (und den Possessivartikel / das Possessiv-
> pronomen *dein, euer,* ↑ S. 40) großschreiben.

54. *Gute Besserung.* Ergänzen Sie die Personalpronomen. A2

💬 Guten Tag, Frau Müller. Wie geht es _____ (1)?

🗨 Nicht so gut. Mein Mann ist im Krankenhaus, _____ (2) hatte einen Unfall.

💬 Oh, das tut _____ (3) leid! Was ist denn passiert?

🗨 Eine Autofahrerin hat _____ (4) beim Abbiegen nicht gesehen; _____ (5) hat

   zu spät gebremst. Aber es geht _____ (6) schon wieder etwas besser.

💬 Der Arme! Dann wünschen Sie _____ (7) doch bitte gute Besserung von _____ (8),

   wenn Sie _____ (9) wieder besuchen.

55. Ersetzen Sie die unterstrichenen Satzteile durch ein Personalpronomen. A2

1. Hast du Tobias dein Fahrrad geschenkt?

   Hast du es ihm geschenkt?

2. Hast du Franziska deine Nummer gegeben?

   _____

3. Kannst du dem Lehrer deine Adresse aufschreiben?

   _____

Artikelwörter und Pronomen **35**

Demonstrativartikel/-pronomen

Demonstrativartikel: mit Nomen	Demonstrativpronomen: ohne Nomen
Möchten Sie **das** Brot? Möchten Sie **dieses** Brot?	– Nein, ich möchte **das**. – Nein, ich möchte **dieses**.

Demonstrativartikel

▶ *der/das/die* (gleiche Form wie bestimmter Artikel, ↑ S. 26, aber betont)
▶ *dieser/dieses/diese*: Endungen wie bestimmter Artikel *der/das/die* (↑ S. 26):

	Maskulinum	Neutrum	Femininum	Plural
Nominativ	der dies**er**	das dies**es**	die dies**e**	die dies**e**
Akkusativ	den dies**en**	das dies**es**	die dies**e**	die dies**e**
Dativ	dem dies**em**	dem dies**em**	der dies**er**	den dies**en**
Genitiv	des dies**es**	des dies**es**	der dies**er**	der dies**er**

Demonstrativpronomen

▶ gleiche Form wie Demonstrativartikel
▶ *Ausnahme:* Dativ Plural von *der/das/die* = **denen**;
  Genitiv = **dessen/dessen/deren/deren** (selten)
  Das sind die Katzen von meiner Nachbarin. **Denen** habe ich gestern Futter gegeben.

 In der gesprochenen Sprache benutzt man das Demonstrativpronomen *der, das, die* häufig zusammen mit *da, hier, da hinten, hier vorn* usw.
▶ *der da, das da hinten*

[A1] **56.** Ergänzen Sie den Demonstrativartikel *dieser/dieses/diese*.

1. Fährt _____ Zug *(m.)* nach Stuttgart? – Nein, _____ Zug fährt nach Frankfurt.

2. Gehört _____ Auto *(n.)* Ihnen? – Ja. – Sie dürfen hier leider nicht parken.

3. Wer sind denn _____ Leute *(Pl.)* dort? – Das sind meine Kollegen.

4. Kann ich mit _____ Fahrkarte *(f.)* auch bis zum Bahnhof fahren?

5. Heute regnet es den ganzen Tag. Bei _____ Wetter *(n.)* bleibe ich zu Hause.

In Sätzen mit *sein* verwendet man normalerweise immer das **neutrale** Demonstrativpronomen *das*, wenn das Nomen später folgt:
▶ **Das** ist mein Vater. **Das** ist meine Mutter. **Das** sind meine Kinder.

57. *In der Schule.* Ergänzen Sie das Demonstrativpronomen *der/das/die*. [A1]

1. Wer ist denn diese Frau dort? – ◯ *Der* ◯ *Das* ◯ *Die* ist unsere Lehrerin.

2. Und der Herr dort drüben? – ◯ *Der* ◯ *Das* ◯ *Die* ist auch ein Lehrer.

3. Ist ◯ *der* ◯ *das* ◯ *die* unser Kursraum *(m.)*? – Ja, unser Kurs findet hier statt.

58. *Getränkeeinkauf.* Ergänzen Sie das Demonstrativpronomen *der/das/die*. [A2]

💬 Welche Cola sollen wir nehmen? _____ (1) oder _____ (2)?

💬 Nimm doch einfach _____ (3) hier. _____ (4) ist billiger.

💬 Und welcher Wein ist besser? _____ (5) hier oder _____ (6) da?

💬 _____ (7) weiß ich nicht. Aber _____ (8) hier schmeckt ganz gut. _____ (9) habe ich

schon einmal getrunken.

💬 Gut, dann nehmen wir _____ (10). Und dann brauchen wir noch Säfte. Sollen wir

_____ (11) hier nehmen?

💬 _____ (12) hier sind nicht so gut. _____ (13) da drüben sind ein bisschen teurer, aber viel

besser.

💬 Gut, dann nehmen wir sechs Flaschen von _____ (14).

59. *Die kenne ich doch!* Ergänzen Sie das Demonstrativpronomen *der/das/die*. [A2]

💬 Heute Morgen hat jemand angerufen, der dich sprechen wollte. Er heißt Paul Wegner.

Kennst du _____ (1)?

💬 Na klar! _____ (2) kenne ich schon lange; _____ (3) war mit mir in der Schule.

💬 Die Frau da drüben, _____ (4) kennen wir doch, oder?

💬 Ja, _____ (5) ist Ina, die Frau von Richard. Mit _____ (6) hast du auf unserer letzten

Gartenparty getanzt.

💬 Stimmt, Ina und Richard! Bei _____ (7) waren wir doch neulich eingeladen, hatten aber

keine Zeit … Ich gehe gleich mal zu ihr!

Frageartikel: mit Nomen	Fragepronomen: ohne Nomen
Welches Kleid findest du besser? **Was für ein** Buch suchst du?	– Das blaue. Und **welches** magst *du* lieber? – Einen Krimi. Und **was für eins** suchst *du*?

welcher/welches/welche

▶ Formen: Frageartikel = Fragepronomen
▶ Endungen wie bestimmter Artikel *der/das/die* (↑ S. 26):

	Maskulinum	Neutrum	Femininum	Plural
Nominativ	welch**er**	welch**es**	welch**e**	welch**e**
Akkusativ	welch**en**	welch**es**	welch**e**	welch**e**
Dativ	welch**em**	welch**em**	welch**er**	welch**en**
Genitiv	welch**es/-en**	welch**es/-en**	welch**er**	welch**er**

was für ein(er)/ein(es)/eine

▶ Frageartikel: Endungen wie unbestimmter Artikel *ein/ein/eine* (↑ S. 26)
▶ Fragepronomen: Endungen wie *meiner …, einer …, keiner …* (↑ S. 40, 46)

welches: begrenzte Wahl zwischen mehreren (gegebenen) Möglichkeiten
▶ An **welcher** Station muss ich aussteigen? – Am Königsplatz.
was für ein: offene Entscheidung für eine Art, einen Typ
▶ **Was für ein** Buch hast du gekauft? – Ein Wörterbuch.

Weitere Fragewörter:

wer (Personen), was (Sachen)

Nominativ	wer/was	**Wer** hat angerufen?	– Mein Vater.
Akkusativ	wen/was	**Wen** hast du begrüßt?	– Meinen Vater.
Dativ	wem	**Wem** gibst du die Blumen?	– Meinem Vater.
Genitiv	wessen	**Wessen** Hund ist das?	– Reginas Hund.

wo	**Wo** warst du gestern?	– Im Kino.
wohin	**Wohin** gehst du heute?	– Ins Theater.
woher	**Woher** kommst du?	– Vom Markt.
wann	**Wann** kommst du heute?	– Um vier Uhr.
warum/weshalb	**Warum/Weshalb** bist du hier?	– Weil ich Eva besuchen will.
wie	**Wie** heißt du?	– Niklas.
wie viel(e)	**Wie viele** Hemden kaufst du?	– Zwei.

60. Ergänzen Sie die Fragewörter. A1

1. _____ heißen Sie? – Anne Bauer.   3. _____ wohnen Sie? – In Köln.

2. _____ kommen Sie? – Aus Soest.   4. _____ fahren Sie? – Nach Münster.

61. *Rund um den Deutschkurs.* Ergänzen Sie die Fragewörter. A1

1. _____ ist das? – Das ist unser Deutschlehrer.

2. _____ heißt er? – Sein Name ist Matthias Schmidt.

3. _____ findet unser Kurs statt? – Im ersten Stock, Zimmer 120.

4. _____ beginnt der Kurs? – Am 1. März um 8:30 Uhr.

5. _____ Teilnehmer hat der Kurs? – Fünfzehn.

6. _____ im Kurs kennst du schon? – Lidia und John.

7. _____ hast du dein Buch gegeben? – Dem Jungen neben mir.

62. Schreiben Sie die Fragen. A2

1. _Wohin geht ihr?_____ – Wir gehen ins Kino.

2. _____ – Das hat unsere Lehrerin gesagt.

3. _____ – Ich treffe mich mit meinen Freunden.

4. _____ – Die Blumen sind für eine Kollegin.

63. *Quiz.* Ergänzen Sie *welcher/welches/welche.* A2

1. _____ Fluss *(m.)* fließt durch München?

2. _____ Farben *(Pl.)* hat die deutsche Flagge?

3. _____ Familienname *(m.)* ist in Deutschland am häufigsten?

4. _____ Vorwahl *(f.)* muss man bei Telefonaten nach Österreich wählen?

64. Ergänzen Sie *welcher/welches/welche* oder *was für ein/eine.* A2

1. _____ Straßenbahn *(f.)* muss ich nehmen – Nummer 103 oder Nummer 105?

2. _____ Geschenk *(n.)* wollen wir Tatjana zum Geburtstag kaufen?

3. _____ Kleid *(n.)* gefällt dir besser, das rote oder das gelbe im Schaufenster?

4. _____ Gürtel *(m.)* willst du kaufen? Den für 10 € oder den für 15 €?

Possessivartikel/-pronomen

Ist das **mein** Glas oder **dein** Glas?

Das ist **meins. Deins** steht rechts neben deinem Teller.

Possessiv**artikel**: mit Nomen	Possessiv**pronomen**: ohne Nomen
Das ist **mein** Schirm. Hat er **seinen** Schirm mitgenommen?	– Das ist **meiner**. – Nein, er ist mit **meinem** weggegangen.

ich	mein
du	dein
er	sein
sie	ihr
es	sein
wir	unser
ihr	euer
sie/Sie	ihr/Ihr

Der Schirm gehört **Samuel**. Es ist **sein** Schirm *(m.)*.
Die Jacke gehört **Samuel**. Es ist **seine** Jacke *(f.)*.

Der Schirm gehört **Franziska**. Es ist **ihr** Schirm *(m.)*.
Die Jacke gehört **Franziska**. Es ist **ihre** Jacke *(f.)*.

Possessivartikel

▶ Endungen wie unbestimmter Artikel *ein/ein/eine* (↑ S. 26):

	Maskulinum	Neutrum	Femininum	Plural
Nominativ	mein Mann	mein Kind	meine Frau	meine Kinder
Akkusativ	meinen Mann	mein Kind	meine Frau	meine Kinder
Dativ	meinem Mann	meinem Kind	meiner Frau	meinen Kindern
Genitiv	meines Mannes	meines Kindes	meiner Frau	meiner Kinder

euer ohne Endung: eu**e**r Auto, eu**e**r Kind
euer mit Endung: eu~~e~~re Familie → eure Familie, mit eu~~e~~rem Auto → mit eurem Auto

Possessivpronomen

▶ Endungen wie Possessivartikel
▶ *Ausnahmen:* Nominativ Maskulinum, Nominativ/Akkusativ Neutrum

der Mann   mein**er**   das Kind   mein**(e)s**

	Maskulinum	Neutrum	Femininum	Plural
Nominativ	meiner	mein(e)s	meine	meine
Akkusativ	meinen	mein(e)s	meine	meine
Dativ	meinem	meinem	meiner	meinen
Genitiv	meines	meines	meiner	meiner

65. Ergänzen Sie die Possessivartikel *sein/ihr* in der richtigen Form.

	... von Julia	... von Paul	... von Julia und Paul
der Freund ...	_____ Freund	_____ Freund	_____ Freund
das Hobby ...	_____ Hobby	*sein* Hobby	_____ Hobby
die Schule ...	_____ Schule	_____ Schule	_____ Schule
die Freunde ...	_____ Freunde	_____ Freunde	*ihre* Freunde

66. *Julia und Paul.* Ergänzen Sie die Possessivartikel *sein/ihr* in der richtigen Form.

Julia und Paul sind Zwillinge; sie leben mit _____ (1) Eltern in Hannover. Julia mag

Sport, _____ (2) Hobbys sind Laufen, Reiten und Schwimmen. Paul ist nicht so sport-

lich wie _____ (3) Schwester. Julia und _____ (4) Bruder spielen oft zusammen

am Computer; das ist _____ (5) gemeinsames Hobby.

67. Antworten Sie mit Possessivartikel und Possessivpronomen.

	Possessivartikel	Possessivpronomen
1. Ist das deine Jacke *(f.)*?	– Ja, das ist _____ Jacke.	– Ja, das ist _____.
2. Ist das euer Buch *(n.)*?	– Ja, das ist _____ Buch.	– Ja, das ist _____.
3. Ist das sein Stift *(m.)*?	– Nein, das ist nicht _____ Stift.	– Nein, das ist nicht _____.

68. *Aufräumen nach der Party.* Ergänzen Sie Possessivartikel oder Possessivpronomen.

💬 Was für ein Chaos, wenn die Gäste weg sind ... Sieh mal, Fabian hat _____ (1) Hut *(m.)*

vergessen.

💬 Das ist nicht _____ (2) Hut. Fabian hat _____ (3) mitgenommen. Dieser Hut

gehört Max.

💬 Und die Schüssel hier, ist das _____ (4)?

💬 Nein, die gehört uns nicht. Darin war der Nachtisch, den Karin mitgebracht hat. Es ist

_____ (5).

💬 Ach so. Und hier liegt ein Schirm. Gehört der dir?

💬 Ja, das ist _____ (6). Den kennst du doch, _____ (7) Schirm hängt immer

hier an der Garderobe.

A2 **69.** Antworten Sie mit Personalpronomen.

1. Erzählt deine Mutter ihren Enkelkindern manchmal Geschichten? – Ja, sie erzählt _____ oft etwas.

2. Kannst du mal bitte deinen Namen buchstabieren? – Okay, ich buchstabiere ____.

3. Hast du das Buch schon gekauft? – Nein, ich habe _____ noch nicht gekauft.

4. Hast du schon mit unseren neuen Nachbarn gesprochen? – Nein, ich habe _____ noch nicht einmal gesehen.

A2 **70.** Antworten Sie mit Personalpronomen.

1. Hat deine Schwester dir den Koffer zurückgebracht? – Ja, sie hat _ihn mir_ zurückgebracht.

2. Hast du ihr deinen Computer geliehen? – Ja, ich habe _____ _____ geliehen.

3. Haben Sie diesem Herrn Ihr Handy verkauft? – Ja, ich habe _____ _____ verkauft.

4. Kannst du unseren Nachbarn diese Plastikbox zurückbringen? Sie haben _____ _____ geliehen. – Ja, ich bringe _____ _____ zurück.

A2 **71.** *Am Bahnhof.* Ergänzen Sie das Demonstrativpronomen *der/das/die*.

1. Ist _____ der Fahrkartenautomat? – Ja, aber _____ ist leider kaputt.

2. Und fährt der Bus hier zum Flughafen? – Ja, mit _____ kommen Sie zum Flughafen.

3. Ist das Ihre Fahrkarte? – Oh ja, _____ gehört mir. _____ hätte ich fast vergessen.

4. Siehst du die beiden Frauen an Gleis 4? Mit _____ habe ich mal in einer WG gewohnt.

A2 **72.** *Wochenende im Freizeitpark.* Ergänzen Sie die Fragewörter.

1. _____ macht ihr am Wochenende? – Wahrscheinlich fahren wir in einen Freizeitpark.

2. _____ kommt ihr dorthin? Mit dem Auto oder dem Zug? – Mit dem Auto. Der Zug fährt am Wochenende nicht so oft.

3. _____ macht der Park am Morgen auf? – Um neun Uhr.

4. _____ hat er abends geöffnet? – Am Wochenende bis acht Uhr.

5. _____ kostet der Eintritt? – Eine Tageskarte kostet 26,50 Euro.

73. *Sich kennenlernen.* Ergänzen Sie *welcher/welches/welche*. A2

1. _____ Länder *(Pl.)* in Europa hast du schon besucht?

2. _____ Musik *(f.)* hörst du lieber – Pop oder Klassik?

3. _____ Schauspieler *(m.)* findest du besser – Til Schweiger oder Moritz Bleibtreu?

4. Für _____ Sport *(m.)* interessierst du dich mehr – Fußball oder Basketball?

74. *Anmeldung zum Sprachkurs.* Ergänzen Sie *welcher/welches/welche* oder *was für ein/eine*. A2

1. In _____ Stadt *(f.)* möchten Sie den Sprachkurs machen? In Köln oder Bonn?

2. _____ Zimmer *(n.)* möchten Sie buchen? – Ich weiß nicht, haben Sie auch

   Zimmer bei Familien? Auf keinen Fall ein Hotelzimmer.

3. An _____ Tag *(m.)* reisen Sie an? Freitag, Samstag oder Sonntag?

4. _____ Kurse *(Pl.)* haben Sie in der Vergangenheit besucht? – Letztes Jahr habe

   ich einen Sommerkurs in Kiel gemacht, davor war ich an der Volkshochschule in Bonn.

75. *Einladung zu einem Seminar.* Ergänzen Sie die Personalpronomen und Possessivartikel in der Höflichkeitsform *(Sie/Ihr)*. A2

✉ @ Senden	**Von:** m.beck@mailforyou.com
	An: d.maier@mailforyou.com; f.müller@mailforyou.com
	Betreff: Einladung zum Schreibseminar

Sehr geehrte Damen und Herren,

möchten auch _____ (1) immer die richtige Formulierung für _____ (2)

Briefe *(Pl.)* finden? Auch dieses Jahr bieten wir _____ (3) in _____ (4)

Firmenräumen *(Pl.)* wieder das Schreibtraining „Moderne Geschäftskorrespondenz" an und

laden _____ (5) herzlich ein. Unsere Experten geben _____ (6) die

richtigen Tipps!

Ort und Zeit: Haus E, Raum 4.531, 23. Oktober, 9:30–14:30 Uhr.

Wir freuen uns auf _____ (7) Anmeldung *(f.)*.

Mit freundlichen Grüßen

Martina Beck

Indefinitartikel *kein*, Negation *(kein/nicht)*

| Barbara nimmt ihren Schirm **nicht** mit. | Es regnet. Barbara hat **keinen** Schirm. |

Mit dem Indefinitartikel **kein, kein, keine** kann man ein **Nomen** oder eine **Wortgruppe mit einem Nomen** verneinen:

Sie haben eine große Wohnung.   ⟶   Sie haben **keine** große Wohnung.
Ich habe Zeit.   ⟶   Ich habe **keine** Zeit.

▸ Endungen wie unbestimmter Artikel *ein/ein/eine* (↑ S. 26):

	Maskulinum	**Neutrum**	**Femininum**	**Plural**
Nominativ	kein Mann	kein Kind	kein**e** Frau	kein**e** Leute
Akkusativ	kein**en** Mann	kein Kind	kein**e** Frau	kein**e** Leute
Dativ	kein**em** Mann	kein**em** Kind	kein**er** Frau	kein**en** Leuten
Genitiv	kein**es** Mannes	kein**es** Kindes	kein**er** Frau	kein**er** Leute

Mit *nicht* kann man einen Satz oder einen Satzteil verneinen; es verändert seine Form nicht.

Wenn man den **Satz** verneint, steht *nicht* so weit wie möglich **rechts** im Satz:

Ich liebe dich.		
Ich liebe dich	**nicht**.	
Ich habe dich	**nicht**	geliebt.
Ich rufe dich	**nicht**	an.
Ich bin	**nicht**	müde.
Ich singe	**nicht**	gut.
Ich fahre heute	**nicht**	nach Bochum.

nicht steht aber z. B.
– **vor** dem zweiten Teil des Verbs (z. B. Partizip, Präfix)
– **vor** Adjektiven nach *sein* und *werden*
– **vor** adverbial gebrauchten Adjektiven
– **vor** lokalen Angaben

Wenn man einen **Satzteil** verneint, steht *nicht* **vor** dem Satzteil, z. B.:

Nicht *ich* liebe dich, sondern *mein Bruder*.	*nicht* vor dem Subjekt:	→ verneintes Subjekt (= *Jemand anderes liebt dich.*)
Ich liebe **nicht** *dich*, sondern *deine Schwester*.	*nicht* vor dem Objekt:	→ verneintes Objekt (= *Ich liebe jemand anderen.*)

Man kann *nichts, kein-* und *niemand* mit *gar* verstärken:
▸ Ich bin **gar** nicht zufrieden.
  (= Ich bin **überhaupt/absolut** nicht zufrieden.)

76. *Auf der Party.* Was passt? Ergänzen Sie *nicht* oder *kein-*. A2

1. Bist du mit dem Bus gekommen? – Nein, heute bin ich _____ mit dem Bus,

   sondern mit dem Fahrrad gekommen.

2. Hast du ein Auto? – Nein, ich habe _____ Auto.

3. Möchtest du etwas essen? – Nein, danke, ich habe _____ Hunger *(m.)*.

4. Möchtest du ein Bier? – Nein, danke, ich trinke _____ Bier, aber gern Wein.

5. Kannst du mir die anderen Gäste vorstellen? – Leider nein, ich kenne die meisten von ihnen

   gar _____.

77. Antworten Sie mit *nicht*. A2

1. Wart ihr gestern im Kino? – Nein, _____.

2. War das Konzert gut? – Nein, _____.

3. Hast du deine Schwester angerufen? – Nein, _____.

78. *Gesund oder nicht gesund?* Verneinen Sie die Sätze mit *nicht* oder *kein-*. A2

	gesund ☺	nicht gesund ☹
1.	Johanna lebt gesund.	Lena lebt *nicht gesund.*
2.	Sie macht Sport *(m.)*.	
3.	_____	Sie hat Stress *(m.)*.
4.	Sie isst Obst *(n.)* und Gemüse *(n.)*.	
5.	Sie schläft genug.	

79. *An der Uni – wie ist es wirklich?* Korrigieren Sie die Sätze mit *nicht … sondern*. B1

1. Der Abgabetermin für die Hausarbeit ist der 1. März. *(1. Mai)*

   Der Abgabetermin für die Hausarbeit ist nicht der 1. März,

   sondern der 1. Mai.

2. Der Spanischkurs findet im ersten Stock statt. *(dritter Stock)*

   _____

3. Die Vorlesung von Professor Lohmann beginnt um 17 Uhr. *(15 Uhr)*

   _____

4. Die Bibliothek ist heute bis 20 Uhr geöffnet. *(bis 22 Uhr)*

   _____

Indefinitartikel/-pronomen: *(k)einer, jeder, alle, man ...*

> Sind gestern **alle** Spieler zum Training gekommen?

> Ja, denn **jeder**, der nicht kommt, muss 5 Euro in die Clubkasse zahlen ...

Indefinit**artikel**: mit Nomen	Indefinit**pronomen**: ohne Nomen
Kein Spieler ist gekommen. (↑ S. 44) **Jeder** Spieler ist gekommen.	**Keiner** ist gekommen. **Jeder** ist gekommen.

Indefinitpronomen *(k)einer*
▶ Endungen wie (Indefinit-)Artikel *(k)ein-* (↑ S. 26, 44)
▶ *Ausnahmen:* Nominativ Maskulinum, Nominativ/Akkusativ Neutrum

der Mann → kein**er**   das Kind → kein**(e)s**

	Maskulinum	Neutrum	Femininum	Plural
Nominativ	(k)ein**er**	(k)ein**(e)s**	(k)ein**e**	welche/keine
Akkusativ	(k)ein**en**	(k)ein**(e)s**	(k)ein**e**	welche/keine
Dativ	(k)ein**em**	(k)ein**em**	(k)ein**er**	welch**en**/kein**en**
Genitiv	(k)ein**es**	(k)ein**es**	(k)ein**er**	welch**er**/kein**er**

▶ Ich brauche **ein** Rad. – Hast du **kein(e)s**? – Doch, ich habe **ein(e)s**, aber es ist kaputt.
▶ Ich brauche neue Schuhe. – Du hast doch erst letzte Woche **welche** gekauft!

Indefinitartikel oder -pronomen *jeder, alle, viele, einige, manche, wenige*
▶ Endungen wie bestimmter Artikel *der/das/die* (↑ S. 26):

jeder	Singular	Jeder (Spieler) ist gekommen.
alle		= Alle (Spieler) sind gekommen.
viele	Plural	Viele (Spieler) sind gekommen.
einige		Einige (Spieler) sind gekommen.
manche		= Manche (Spieler) sind gekommen.
wenige		Wenige (Spieler) sind gekommen. = Nicht viele (Spieler) sind gekommen.

Für Sachen auch im Singular:
▶ Hast du **alles** mitgenommen? Ich habe **viel/wenig** mitgebracht.
▶ Es bleibt noch **vieles** / nur noch **weniges** zu tun.

Indefinitpronomen *man*

Nominativ	man
Akkusativ	einen
Dativ	einem

▶ **Man** sollte viel Sport machen.
▶ Wenn der Chef **einen** schlecht behandelt, kann man sich an die Personalstelle wenden.
▶ Wenn **einem** so etwas passiert, braucht man Hilfe.

80. *Im Deutschkurs.* Ergänzen Sie *ein-* oder *kein-*. A2

1. Kannst du mir dein Wörterbuch kurz geben? – Ich habe leider _____ .

2. Hast du eine Schere? – Nein, aber unsere Lehrerin hat bestimmt _____ .

3. Kannst du mir einen Stift leihen? – Mal sehen … Ja, hier habe ich noch _____ .

81. *Den Einkaufszettel schreiben.* Antworten Sie mit *ein-/kein-/welch-*. A2

1. Haben wir noch Nudeln *(Pl.)*? – Ja, **wir haben noch welche.** _____

2. Haben wir noch Obst *(n.)*? – Nein, _____ mehr.

3. Haben wir noch Milch *(f.)*? – Ja, _____

4. Haben wir noch Reis *(m.)*? – Nein, _____

5. Haben wir noch einen Kopfsalat? – Ja, _____

82. *Am Bankschalter.* Ergänzen Sie die richtigen Formen von *man*. A2

Meine Bankkarte ist gesperrt! Wenn _____ (1) dreimal seine PIN falsch eingibt,

wird die Bankkarte gesperrt. Das müssen Sie _____ (2) doch sagen! Können

Sie _____ (3) denn nicht informieren?

83. *Alles klar?* Kreuzen Sie an. A2

💬 Hast du das jetzt ○ *alle* ○ *alles* (1) verstanden?

💬 Ich habe ○ *vieles* ○ *viele* (2) verstanden, aber nicht ○ *alle* ○ *alles* (3).

○ *Einige* ○ *Welche* (4) Regeln sind mir noch nicht ganz klar.

💬 Es sind ja auch so ○ *viel* ○ *viele* (5) Regeln. Wie soll man

die ○ *alle* ○ *alles* (6) lernen?

84. *Kuchenpause.* Ergänzen Sie die Wörter in der richtigen Form. A2

all- ▪ jed- *(2x)* ▪ kein- ▪ welch-

💬 Kinder, ich habe Kuchen mitgebracht. _____ (1) darf sich ein Stück nehmen.

💬 Gibt es für _____ (2) von uns ein Stück?

💬 Ja, natürlich. Du kannst auch gern zwei nehmen, es ist genug da.

💬 Mmh, die Kuchen sehen _____ (3) gut aus … Gibt es auch _____ (4)

ohne Obst?

💬 Ja, im Schokoladenkuchen ist _____ (5).

Artikelwörter und Pronomen **47**

Indefinitpronomen: *jemand, niemand*

> Kennst du **jemanden** auf dieser Party?

> Nein, ich kenne **niemanden**. Und du?

jemand ↔ niemand (Personen)		
auch: *irgendjemand*		
▸ Hast du es **jemandem** erzählt? – Nein, **niemandem**.		
Nominativ	jemand	niemand
Akkusativ	jemand**(en)**	niemand**(en)**
Dativ	jemand**(em)**	niemand**(em)**

etwas ↔ nichts (Sachen)
auch: *irgendetwas*
▸ Ist **etwas** passiert? – Nein, **nichts**.   ▸ Hast du **etwas** gehört? – Nein, **nichts**.
Die Indefinitpronomen *etwas* und *nichts* verändern sich nicht.

Ein Adjektiv nach *etwas* oder *nichts* steht im Nominativ Singular Neutrum und ist dann ein Nomen (↑ S. 68):
▸ etwas Gutes, etwas Schöneres, nichts Besseres

A2 **85.** Ergänzen Sie *jemand, niemand, nichts*.

1. Hast du etwas gesagt? – Nein, ich habe _____ gesagt.

2. Hat jemand für mich angerufen? – Nein, hier hat _____ angerufen.

3. Kennst du jemanden hier? – Nein, ich kenne _____.

4. Hast du _____ dein Passwort gegeben? – Nein, ich habe es niemandem gegeben.

5. Du hast dich von deiner Freundin getrennt. – Wer hat dir das gesagt? – Das hat mir _____ gesagt. Ich habe es gemerkt.

A2 **86.** Ergänzen Sie *etwas* oder *nichts*.

🗨 Du siehst ein bisschen müde aus. Geht es dir nicht gut?

💬 Es geht mir gut. Aber ich habe heute Morgen _____ (1) gefrühstückt, weil es schon so spät war.

🗨 Dann solltest du vielleicht jetzt _____ (2) frühstücken. Es ist nicht gut, wenn man den ganzen Morgen _____ (3) isst.

💬 Ich esse später _____ (4) in der Kantine.

87. Ergänzen Sie die Wörter. Verwenden Sie im Akkusativ und Dativ *jemand/niemand* mit Endung. A2

etwas ▪ jemandem ▪ nichts ▪ niemanden ▪ niemand

1. Wie war euer Urlaub? – Wir wollten diesmal ___**etwas**___ Besonderes machen:

   Urlaub in einer Hütte am See. Aber leider war es den ganzen Tag so neblig, dass man

   _____ sehen konnte.

2. Seit einer Stunde versuche ich schon, beim Rathaus anzurufen, aber ich kann

   _____ erreichen. – Heute ist doch ein Feiertag. Da ist _____

   im Büro. Du kannst erst morgen wieder mit _____ dort sprechen. – Ach so,

   das wusste ich nicht.

88. Ergänzen Sie *etwas/nichts*. A2

🔲 Hast du in letzter Zeit _____ (1) von Enrico gehört?

🔲 Enrico? Nein, leider gar _____ (2). Nachdem er seinen Job verloren hatte, ist

   er im Mai nach Hannover gezogen.

🔲 Ich habe gehört, dass er eine neue Stelle gefunden hat. Aber ich weiß _____ (3)

   Genaueres. Er hat sich noch nicht bei mir gemeldet.

89. Ergänzen Sie die Wörter. Verwenden Sie im Akkusativ und Dativ *jemand/niemand* mit Endung. A2

etwas *(2x)* ▪ jemand *(2x)* ▪ jemandem ▪ niemand *(2x)*

🔲 Gestern ist mir _____ (1) Schönes passiert: Ich habe meinen Rucksack

   an der Kasse vergessen und _____ (2) hat ihn mir gebracht, als ich

   schon auf dem Parkplatz war.

🔲 Mir ist letzte Woche _____ (3) Ähnliches passiert. Ich war auf dem

   Marktplatz und habe mein Portemonnaie verloren. _____ (4) hat es

   gefunden und bei der Polizei abgegeben.

🔲 Da haben wir ja Glück gehabt, dass _____ (5) die Sachen behalten

   hat. Ich habe neulich von _____ (6) gehört, der seinen Haustür-

   schlüssel verloren hat. Aber leider hat ihn _____ (7) ins Fundbüro

   gebracht, deshalb musste er das Türschloss auswechseln!

Funktionen von *es*

Hast du schon gesehen, dass **es** schneit?

Ja, ich habe **es** gerade gesehen!

Das Pronomen *es* hat verschiedene Funktionen:

Das Wort *es* ersetzt ein Nomen im Neutrum oder einen Satz (↑ S. 34).

Ich suche **mein rotes Hemd.**   Hast du **es** gesehen?

Mit wem hast du dich getroffen?   Sag **es** mir!

Das Wort *es* steht als Subjekt bei bestimmten Verben, z. B.:

feste Wendungen	**Es** gibt keine andere Möglichkeit. / **Es** gibt Kuchen. Wie geht **es** dir? / **Es** geht mir gut.
Wetter	**Es** regnet. / **Es** schneit. / **Es** ist kalt.
Sinneseindrücke	**Es** riecht nach Essen. / **Es** klopft. / **Es** klingelt.
Zeit	**Es** ist 12 Uhr. / Wie spät ist **es**? / **Es** ist Nacht.

Das Wort *es* steht auf POSITION 1, wenn das Subjekt an einer anderen Stelle im Satz steht und kein anderes Element auf POSITION 1 steht.

Es sind <u>drei Teilnehmer</u> gekommen.   Aber: <u>Drei Teilnehmer</u> sind gekommen.
                                                 <u>Heute</u> sind drei Teilnehmer gekommen.

Auch wenn das Subjekt ein Nebensatz ist, kann *es* stehen:
Es ist schön, <u>dass du mir geholfen hast.</u>   Aber: <u>Dass du mir geholfen hast,</u> ist schön.

B1

90. Welche Funktion hat *es* in den folgenden Sätzen? Kreuzen Sie an.
(P = Personalpronomen als Ersatz für ein Nomen, S = Subjekt bei bestimmten Verben,
POS. 1 = auf POSITION 1, wenn kein anderes Element auf POSITION 1 steht.)

	P	S	POS. 1
1. Ist das dein neues Fahrrad? Wie viel hat <u>es</u> denn gekostet?			
2. <u>Es</u> war billiger, als ich gedacht habe.			
3. <u>Es</u> freut mich, dass du endlich ein neues Fahrrad hast.			
4. Und wie geht <u>es</u> dir so? – Danke, <u>es</u> geht mir gut.			
5. Aber heute ist <u>es</u> sehr windig. Das gefällt mir nicht so gut.			

91. Schreiben Sie den Dialog neu. Ergänzen Sie *es*, wo nötig.

> 💬 Das ist aber ein schönes Kleid. Wo ■ hast ■ du ■ gekauft?
>
> 🗨 Ich ■ habe ■ in ■ einem ■ kleinen ■ Geschäft ■ in ■ der ■ Nähe ■ des ■
> Bahnhofs ■ gekauft.
>
> 💬 In welchem Geschäft ■ hast ■ du ■ gekauft?
>
> 🗨 Wenn du vom Marktplatz Richtung Bahnhof gehst, dann ■ ist ■ gleich ■ links ■
> neben ■ dem ■ Supermarkt.
>
> 💬 Gibt ■ da ■ noch ■ mehr ■ solche ■ Kleider?
>
> 🗨 Da ■ gibt ■ viele ■ schöne ■ Sachen, ■ nicht ■ nur ■ Kleider.

💬 Das ist aber ein schönes Kleid. Wo _____ (1)?

🗨 Ich _____ (2).

💬 In welchem Geschäft _____ (3)?

🗨 Wenn du vom Marktplatz Richtung Bahnhof gehst, _____

_____ (4).

💬 Meinst du, _____ (5)?

🗨 Da _____ (6).

92. Mit *es* oder ohne *es*? Formulieren Sie die Sätze um.

1. Es kommen immer mehr Touristen in unsere Stadt.

In unsere Stadt ... _____

2. Es ist schön, dass unsere Stadt so beliebt ist.

Dass unsere Stadt ... _____

3. Es ist aber auch nötig, dass wir die Infrastruktur ausbauen.

Dass wir die Infrastruktur ausbauen, ... _____

4. Es werden zurzeit neue Parkplätze am Stadtrand angelegt.

Zurzeit ... _____

5. Es wird bald günstige Busfahrkarten und Kombitickets geben.

Bald ... _____

6. Es geht uns dabei auch um den Umweltschutz.

Dabei ... _____

A2 **93.** Ergänzen Sie *nicht* oder *kein-*.

> Automat wechselt
> _____ (1).
> Bitte passend zahlen!

> _____ (2) Alkohol
> an Jugendliche
> unter 18 Jahren.

> Bitte die Pinguine
> _____ (3) füttern!

Was bedeuten die drei Schilder? Erklären Sie sie. Schreiben Sie Sätze mit *nicht* oder *kein-*.

1. der Automat – *nicht/kein* – Wechselgeld – geben

Der Automat _____

2. Jugendliche unter 18 Jahren – hier – *nicht/keinen* – Alkohol – kaufen – dürfen

Jugendliche _____

3. man – den Pinguinen – *nicht/kein* – Futter – geben – soll

Man _____

A2 **94.** Ergänzen Sie *etwas, nichts, ein-, kein-*.

1. Möchtest du vielleicht _____ trinken? – Nein, danke, ich möchte _____

trinken. Aber hast du vielleicht _____ zu essen? Ich habe heute noch

_____ gegessen.

2. Wie spät ist es eigentlich? Hast du eine Uhr? – Ja, ich habe _____, hier auf meinem

Smartphone. Hast du denn kein Smartphone? – Nein, ich habe _____.

3. Oh, es ist schon halb acht. Jetzt habe ich den Bus verpasst. Hast du einen Fahrplan? – Nein,

ich habe _____. Aber das macht _____. Ich weiß, dass der Bus alle

20 Minuten fährt.

B1 **95.** *Am Telefon.* Leider vergessen die Sprecher in manchen Sätzen das Wort *es.*
Schreiben Sie die unterstrichenen Sätze neu.

> 🔊 Hi Noah, sorry, ich komme zu spät,
> ▪ fährt ▪ kein ▪ Bus, ▪ weil ▪ einen ▪
> Unfall ▪ in ▪ der ▪ Hauptstraße ▪ gab.
> 💬 Und wann bist du da?
> 🔊 Hoffentlich um vier Uhr, ▪ aber ▪ ich ▪
> kann ▪ nicht ▪ versprechen.

1. *Es fährt kein Bus, ...* _____

_____

_____

_____

2. *aber ...* _____

_____

● Hallo Lena, hier ist Marie. <u>Wie ■ geht ■ dir?</u>

○ Hey! <u>Mir ■ geht ■ gut.</u> <u>Schneit ■ bei ■</u> <u>euch ■ auch ■ schon ■ den ■ ganzen ■</u> <u>Tag?</u>

● Ja, unglaublich! <u>Mir ■ reicht ■ !</u>

○ <u>Ich ■ finde ■ eigentlich ■ schön.</u>

3. <u>Wie ...</u>

4. <u>Mir ...</u>

5. <u>Schneit ...</u>

6. <u>Mir ...</u>

7. <u>Ich ...</u>

Das Pronomen *es* können Sie in der Umgangssprache mit dem Wort davor zusammenziehen:
▶ Wie gehts dir? (*oder:* Wie geht's dir?)

96. *Verkehrsregeln.* Schreiben Sie Sätze mit *man.* [B1]

1. Vor einer Einfahrt darf nicht geparkt werden.

Vor einer Einfahrt _____

2. In dieser Straße darf nicht schneller als 30 km/h gefahren werden.

In dieser Straße _____

3. An einem Stoppschild muss immer angehalten werden.

An einem Stoppschild _____

97. Ergänzen Sie die Wörter. Verwenden Sie im Akkusativ und Dativ *jemand/niemand* mit Endung. [B1]

etwas ■ jemandem ■ jemanden ■ man *(2x)* ■ viel

1. Kennen Sie _____, der die B1-Prüfung schon gemacht hat? – Ja, ich habe

mit _____ gesprochen, der die Prüfung bestanden hat.

2. Darf ich dich _____ fragen? Was ist der Unterschied zwischen *zählen* und

zahlen? – _____ *zahlt* im Restaurant eine Rechnung, aber _____

zählt das Wechselgeld. – Uff, ich muss noch _____ üben ...

98. *Quiz: Scherzfragen.* Ergänzen Sie die Wörter. [B1]

keine *(2x)* ■ nichts ■ ~~niemand~~

1. Auf welcher Straße ist noch ___*niemand*___ gefahren?

2. Welcher Vogel kann _____ Eier legen?

3. Welcher Raum hat _____ Fenster und Türen?

4. In welcher Schule lernt man _____?

Adjektive nach bestimmtem Artikel

Hast du **das große Messer** gesehen?

Und den Dosenöffner?

Ja, rechts neben **den kleinen Löffeln**.

Unter **dem großen Messer**.

Wenn ein Adjektiv vor dem Nomen steht, hat es immer eine Endung.
Am bestimmten Artikel sind Kasus, Genus und Numerus markiert, z. B.

der,	den,	dem,	des
↓	↓	↓	↓
Nominativ	Akkusativ	Dativ	Genitiv

Maskulinum Singular

Beim Adjektiv steht dann nur noch *-en* oder *-e*.

	Maskulinum	**Neutrum**	**Femininum**	**Plural**
Nominativ	der groß**e** Löffel	das groß**e** Messer	die groß**e** Gabel	die groß**en** Löffel
Akkusativ	den groß**en** Löffel	das groß**e** Messer	die groß**e** Gabel	die groß**en** Löffel
Dativ	dem groß**en** Löffel	dem groß**en** Messer	der groß**en** Gabel	den groß**en** Löffeln
Genitiv	des groß**en** Löffels	des groß**en** Messers	der groß**en** Gabel	der groß**en** Löffel

Das gilt auch für Artikelwörter, die dieselben Endungen wie der bestimmte Artikel haben:
dieser/dieses/diese, diesen/dieses/diese, diesem/diesem/dieser ... (↑ S. 36),
ebenso: *welch-, jed-, all-, manch-* (↑ S. 46)

Wenn mehrere Adjektive vor einem Nomen stehen, dekliniert man alle gleich:
▶ die groß**e**, silbern**e**, neu**e** Gabel
▶ die groß**en**, silbern**en**, neu**en** Löffel

Aber:
▶ hoch: der hohe Gewinn

Adjektive auf *-el* und *-er:*
▶ dunkel: der dunk~~e~~le Wald → der dunkle Wald
▶ teuer: das teu~~e~~re Kleid → das teure Kleid

Ich habe Deutsch gelernt, weil ich
in Deutschland wohnen will.
Ich lerne Deutsch, ~~auch~~, weil
ich mit die ~~Deutschen~~ Kollegen
arbeiten muss.
Ich habe eine Londonreise gebucht,
weil ~~wein Projekt~~ ich mit die Leuten
Gesellschaften in England sprechen will.
Ich habe in Café ~~ein~~ gekommt, weil
ich ~~meinen Frauen~~ etwas essen will.
Ich bin ins Café gegangen

99. *Im Büro.* Ergänzen Sie die Endungen. [A2]

1. Ist das nicht der alt_____ Direktor? – Keine Ahnung. Ich kenne den alt_____ Direktor nicht. Ich

   bin noch nicht so lange in dieser Firma.

2. Und das dort drüben? Ist das nicht die neu_____ Praktikantin? – Das weiß ich nicht. Die

   neu_____ Praktikantin kenne ich auch nicht.

3. Wie gefällt dir das modern_____ Bürogebäude gegenüber? – Gut. Ich finde aber, es passt mit

   den bunt_____ Farben nicht so gut zu den ander_____ Häusern hier.

4. Wem gehört denn dieses gelb_____ Fahrrad? – Das gehört Finn. Er fährt jetzt immer mit dem

   Fahrrad zur Arbeit, weil er öfter an der frisch_____ Luft sein will.

100. Ergänzen Sie die Adjektive im Nominativ. [A2]

1. dunkel → ein _____ Sessel *(m.)* _____ Haare *(Pl.)*

2. sauer → eine _____ Zitrone _____ Gurken *(Pl.)*

3. teuer → eine _____ Bluse _____ Autos *(Pl.)*

4. hoch → ein _____ Haus *(n.)* _____ Häuser *(Pl.)*

101. *Eine Stadtführung.* Ergänzen Sie die Endungen. [B1]

Willkommen in Mühlhausen! In dieser schön_____ (1) alt_____ (2) Stadt gibt es viel zu sehen. Wir

stehen auf dem zentral_____ (3) Marktplatz gegenüber dem historisch_____ (4) Rathaus. Auf der

link_____ (5) Seite sehen wir einen Teil der dick_____ (6) Stadtmauer. Eine schmal_____ (7) Treppe

führt nach oben in einen breit_____ (8) Gang. In diesem dunkl_____ (9) Gang können Sie einmal

um die ganz_____ (10) Stadt gehen. Dabei blicken Sie auf die alt_____ (11) Dächer der Stadt.

Genießen Sie den herrlich_____ (12) Ausblick

auf die schön_____ (13) Landschaft. Bleiben

Sie noch länger in unserer Stadt: Auch in

der nah_____ (14) Umgebung finden Sie

viele interessante Ausflugsziele.

Adjektive ohne Artikel

> Der Wetterbericht:
>
> Heute **längere sonnige Abschnitte**,
> am Nachmittag 14 bis 17 Grad,
> **schwacher Wind** aus Nordost …

Wenn vor dem Adjektiv kein Artikelwort steht, muss das Adjektiv die Markierung allein tragen.
Die Markierung ist die gleiche wie beim Artikelwort:

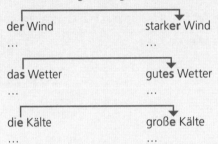

de**r** Wind → → star**ker** Wind

…   …

da**s** Wetter → → gute**s** Wetter

…   …

di**e** Kälte → → groß**e** Kälte

…   …

	Maskulinum	**Neutrum**	**Femininum**	**Plural**
Nominativ	star**ker** Wind (de**r** Wind)	gute**s** Wetter (da**s** Wetter)	groß**e** Kälte (di**e** Kälte)	hoh**e** Temperaturen (di**e** Temperaturen)
Akkusativ	star**ken** Wind (de**n** Wind)	gute**s** Wetter (da**s** Wetter)	groß**e** Kälte (di**e** Kälte)	hoh**e** Temperaturen (di**e** Temperaturen)
Dativ	star**kem** Wind (de**m** Wind)	gute**m** Wetter (de**m** Wetter)	groß**er** Kälte (de**r** Kälte)	hoh**en** Temperaturen (de**n** Temperaturen)
Genitiv	star**ken** Windes (de**s** Windes)	gute**n** Wetters (de**s** Wetters)	groß**er** Kälte (de**r** Kälte)	hoh**er** Temperaturen (de**r** Temperaturen)

Ausnahme:
Im Genitiv Singular Maskulinum und Neutrum tragen die Adjektive die Endung *-en*,
weil die Markierung schon am Nomen steht *(Windes/Wetters)*.

A2 **102.** *Gute Wünsche.* Ergänzen Sie die Endungen.

1. Ich kann heute nicht mit euch ins Schwimmbad gehen. Ich bin krank. – Schade. Dann bis zum

nächsten Mal. Und gut_____ Besserung *(f.)*.

2. Hallo, Miriam! Herzlich_____ Glückwunsch *(m.)* zum Geburtstag! – Oh, viel_____ Dank *(m.)*!

3. Schön_____ Wochenende *(n.)*! – Danke, das wünsche ich dir auch!

4. Liebe Mitarbeiterinnen und Mitarbeiter, wir wünschen Ihnen schön_____ Ferien *(Pl.)*,

angenehm_____ Feiertage *(Pl.)* und gut_____ Erholung *(f.)*!

5. Schön_____ Urlaub *(m.)*, Elisabeth! – Danke, Paul, und bis nächst_____ Jahr *(n.)*!

103. *Angebote.* Ergänzen Sie die Endungen. [A2]

Erstklassig___ (1)
frischer
Bohnenkaffee

Original italienisch_____ (2)
Salami *(f.)* – Bioqualität –
verschieden_____ (3) Sorten *(Pl.)*
200 g nur 1,99 €

Trocken_____ (4)
französisch_____ (5)
Landwein *(m.)*
Flasche nur 3,99 €

Täglich
frisch_____ (6) Brot *(m.)* und
frisch_____ (7) Brötchen *(Pl.)*

Gebäck vom Vortag
zum halb_____ (8)
Preis *(m.)*

Feinst_____ (9) Pralinen *(Pl.)*
mit edl_____ (10) Füllung *(f.)*
200-g-Packung nur 8,99 €

104. *Eine Speisekarte.* Ergänzen Sie die Endungen. [A2]

Speisekarte

Täglich warm_____ (1) Speisen *(Pl.)*

von 11 bis 14 Uhr und von 17 bis 22 Uhr

Heute besonders zu empfehlen:

Gegrillt_____ (2) Lammfleisch *(n.)* mit grün_____ (3) Bohnen *(Pl.)* – nur 12,50 €

Paniert_____ (4) Schnitzel *(n.)* mit gemischt_____ (5) Salat *(m.)* – nur 8,50 €

Frisch gepresst_____ (6) Fruchtsäfte *(Pl.)*, 0,2 l – nur 2,50 €

105. *Kleinanzeigen.* Ergänzen Sie die Endungen. [A2]

Verkaufe alt_____ (1)
Fahrrad *(n.).* 50 €

Wegen Umzug günstig abzugeben:
antik_____ (2) Kleiderschrank *(m.),*
und groß_____ (3) Holztisch *(m.).*

Schön_____ (4) Sofa *(n.)* zu
verschenken.
Best____ (5) Qualität *(f.)*!

Praktikant sucht
möbliert_____ (6) Zimmer *(n.)*
in zentral _____ (7) Lage *(f.)*
ab September.

Modern_____ (8)
Antiquariat sucht
gebraucht_____ (9)
Bücher und CDs.

Rockband sucht
einen neu_____ (10),
erfahren_____ (11)
Sänger und Bassisten.

Adjektive nach unbestimmtem Artikel

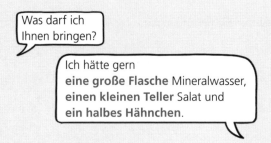

> Was darf ich Ihnen bringen?

> Ich hätte gern
> **eine große Flasche** Mineralwasser,
> **einen kleinen Teller** Salat und
> **ein halbes Hähnchen**.

Wenn das Artikelwort keine Markierung hat, steht sie beim Adjektiv.

der große Teller → ein großer Teller

das große Glas → ein großes Glas

auf dem großen Teller   auf einem großen Teller
in der großen Flasche   in einer großen Flasche

	Maskulinum	**Neutrum**	**Femininum**	**Plural**
Nominativ	ein großer Teller	ein großes Glas	eine große Flasche	keine großen Teller
Akkusativ	einen großen Teller	ein großes Glas	eine große Flasche	keine großen Teller
Dativ	einem großen Teller	einem großen Glas	einer großen Flasche	keinen großen Tellern
Genitiv	eines großen Tellers	eines großen Glases	einer großen Flasche	keiner großen Teller

Das gilt auch für Artikelwörter, die dieselben Endungen wie der unbestimmte Artikel haben:
kein/kein/keine, keinen/keinen/keine, keinem/keinem/keiner ... (↑ S. 44),
ebenso: *mein, dein, sein, ihr, unser, euer, ihr* (↑ S. 40)

A2

106. *Am Imbissstand.* Ergänzen Sie die Endungen im Nominativ.

Döner	groß	4,50 €
	klein	3,50 €
Pizza	groß	6,50 €
	klein	3,50 €
½ Hähnchen		3,50 €

Ein groß_____ (1) Döner *(m.)* kostet 4,50 €.

Ein klein_____ (2) Döner kostet 3,50 €.

Eine groß_____ (3) Pizza *(f.)* kostet 6,50 €.

Eine klein_____ (4) Pizza kostet 3,50 €.

Ein halb_____ (5) Hähnchen *(n.)* kostet 3,50 €.

107. Adjektive im Akkusativ. Bestellen Sie die Gerichte aus Aufgabe **106**. A2

> Wir hätten gern einen groß_____ (1) Döner und zwei klein_____ (2) Döner *(Pl.)*. Außerdem
> zwei groß_____ (3) Pizzas *(Pl.)*, eine klein_____ (4) Pizza und ein halb_____ (5) Hähnchen.

108. *Empfehlungen.* Ergänzen Sie die Endungen. A2

1. Ihr wollt essen gehen? Ich kann euch ein gut____ und günstig____ Restaurant *(n.)* empfehlen.

2. Ich suche noch ein Geschenk für Juliane, eine schön_____ Vase vielleicht. Hast du eine Idee? –

Juliane liest sehr viel. Schenk ihr doch lieber ein gut_____ Buch *(n.)*, zum Beispiel einen

spannend_____ Roman. – Ich kenne keine aktuell_____ Romane *(Pl.)*. Kennst du dich da aus?

109. *Ein altes Fahrrad.* Ergänzen Sie die Endungen, wenn nötig. A2

💬 Felix kommt jetzt immer mit seinem neu_____ (1) Fahrrad zur Arbeit.

💬 Felix hat ein neu_____ (2) Fahrrad *(n.)*? Und was hat er mit seinem alt_____ (3) Fahrrad

gemacht?

💬 Sein alt____ (4) Fahrrad hängt jetzt an einer schön_____ (5) weiß_____ (6) Wand in

unserem neu_____ (7) Kunstmuseum.

💬 Wirklich?

💬 Ja, er hat es vor einem halb_____ (8) Jahr für ein paar Euro an einen jung_____ (9),

arm_____ (10) und unbekannt_____ (11) Künstler verkauft, der dann ein

modern_____ (12) Kunstwerk *(n.)* daraus gemacht hat.

💬 Und jetzt ist er wohl ein reich_____ (13) und bekannt_____ (14) Künstler …

110. *Die Weihnachtsfeier.* Ergänzen Sie die Endungen. B1

> Liebe Mitarbeiterinnen und Mitarbeiter,
>
> die Fotos unserer diesjährig_____ (1) Weihnachtsfeier *(f.)* stehen jetzt online. Wir danken allen,
>
> die trotz des spät_____ (2) Termins *(m.)* am 22. Dezember gekommen sind und mit uns das
>
> Ende eines lang____ (3) und erfolgreich_____ (4) Jahres *(n.)* gefeiert haben.
>
> Einen schönen Urlaub und ein gut____ (5) neu____ (6) Jahr!

Adjektivgebrauch ohne Deklination

> Philipp ist **sportlich**:
> Er läuft **schnell**.

Wenn ein Adjektiv **vor einem Nomen** steht, hat es eine Endung (↑ S. 54, 56, 58):

Philipp ist ein **sportlicher** <u>Mann</u>. Anna ist eine **sportliche** <u>Frau</u>.

Er ist Mitglied in **verschiedenen** <u>Vereinen</u>. Sie mag **zahlreiche** <u>Sportarten</u>.

Wenn ein Adjektiv **nach den Verben** *sein, werden, bleiben* steht (= prädikativer Gebrauch), hat es **keine** Endung:

<u>Philipp</u> ist **sportlich**. <u>Anna</u> ist **sportlich**.

Auch <u>seine Freunde</u> sind **sportlich**. Auch <u>ihre Freundinnen</u> sind **sportlich**.

Wenn sich ein Adjektiv auf ein **Verb** oder ein **anderes Adjektiv** bezieht (= adverbialer Gebrauch), hat es **keine** Endung:

Philipp <u>läuft</u> **schnell**. Anna <u>schwimmt</u> **gut**.

Er läuft oft **ganz** <u>allein</u>. Sie ist **wirklich** <u>schnell</u>.

A2 **111.** *Alles neu.* Ergänzen Sie die Endungen, wenn nötig.

1. Wir brauchen ein neu_____ Sofa. Das alt_____ Sofa wollen wir verschenken. – Aber euer Sofa

ist doch gar nicht so alt___! – Schon, aber es ist nicht so bequem_____.

2. Außerdem brauchen wir einen neu_____ Küchentisch. Unser alt_____ Küchentisch ist viel zu

klein_____. Da haben nicht so viel_____ Gäste Platz. – Ich finde, der alt__ Küchentisch ist

groß___ genug.

3. Ich würde auch gern noch ein paar schön___ grün___ Zimmerpflanzen kaufen. – Gut, dann

können wir die alt_____ Pflanzen endlich wegwerfen. Sie sehen wirklich nicht mehr gut___ aus.

4. Für unsere Bücher brauchen wir unbedingt ein neu_____, groß_____ Regal *(n.)*. Im

Möbelmarkt habe ich ein wirklich_____ schön_____ Regal gesehen, das nicht so teuer_____

ist, nur 80 €. – 80 €? Das ist aber doch ganz schön teuer___.

112. *Im Tierpark.* Ergänzen Sie die Endungen, wenn nötig.　　　　B1

> **Besuchen Sie unseren Tierpark**
>
> Der Tierpark liegt am nördlich_____ (1) Stadtrand *(m.)* in einer natürlich_____ (2) Landschaft
>
> mit klein_____ (3) Wäldern *(Pl.)*, einer weit_____ (4) Ebene und flach_____ (5) Seen *(Pl.)*, auf
>
> denen man alle möglich_____ (6) Wasservögel aus allen Kontinenten beobachten kann.
>
> Zahlreich_____ (7) Affen *(Pl.)* klettern hier auf echt_____ (8) Felsen *(Pl.)*, und natürlich gibt
>
> es auch viel_____ (9) bunt_____ (10) Papageien. Die Elefanten sehen ein bisschen
>
> müde_____ (11) aus und bewegen sich sehr langsam_____ (12). Aber Vorsicht: Sie können
>
> auch extrem___ (13) gefährlich_____ (14) werden.

113. *Die Deutschprüfung.* Ergänzen Sie die Endungen, wenn nötig.　　　　B1

💬 Wie war denn deine Deutschprüfung letzt_____ (1) Woche *(f.)*? Waren die Aufgaben sehr

　　schwer_____ (2)?

🗨 Mit den Grammatikaufgaben hatte ich keine groß____ (3) Probleme *(Pl.)*; ich hatte vorher viel

　　gelernt. Aber einen eigen_____ (4) Text zu schreiben, finde ich immer noch ganz_____ (5)

　　schön_____ (6) schwierig_____ (7).

> Auch nach Verben wie *finden, halten für, machen* hat das Adjektiv keine Endung:
>
> ▶ Ich finde das Geschenk **schön**.
> ▶ Ich halte dich für **intelligent**.
> ▶ Diese Nachricht hat meine Mutter **glücklich** gemacht.

114. *Ein Motorradfahrer.* Ergänzen Sie die Endungen, wenn nötig.　　　　B1

> Roland (44) ist ein ehemalig____ (1) Profi-Rennfahrer; mit seinem Motorrad trainierte er
>
> viel___ (2) Jahre lang täglich____ (3) bei hoh___ (4) Geschwindigkeiten. Heute berät er
>
> jung___ (5) Menschen, die einen Beruf aus ihrem Hobby machen wollen. Überraschend____ (6)
>
> ist, was er zum Straßenverkehr sagt: „Der Straßenverkehr ist mir zu riskant____ (7), da lasse
>
> ich mein Motorrad lieber zu Hause. Besonders in Großstädten sind so viel___ (8) Menschen
>
> unterwegs – das macht mich ganz___ (9) nervös___ (10)."

A2

115. *Buchtitel.* Ergänzen Sie die Endungen, wenn nötig.

> Deutsch_____ (1)
> Geschichte *(f.)*

> Englisch_____ (2)
> Kinderlieder *(Pl.)*

> Italienisch_____ (3)
> Kochbuch *(n.)*

> Die chinesisch_____ (4)
> Küche

> Das groß___ (5) Vorlesebuch
> für Kinder

> Gesund___ (6) Ernährung *(f.)*
> von A bis Z

> Glücklich_____ (7) werden
> mit positiv_____ (8) Denken *(n.)*

> Entscheidungen richtig_____ (9)
> treffen: Nie wieder im Zweifel!

A2

116. Ergänzen Sie die Endungen.

1. Wer ist denn das? Ist das ein neu_____ Mitarbeiter? – Nein, wir haben keinen neu_____
   Mitarbeiter. Das ist wahrscheinlich ein neu_____ Kunde *(m.)*.
2. Der Kuchen ist wirklich_____ lecker_____. Woher hast du denn dieses toll_____ Rezept? –
   Das habe ich von meiner alt_____ Großmutter. Sie ist nicht nur eine sehr gut_____ Köchin, sie
   kann auch sehr gut___ backen.
3. Ich brauche unbedingt einen neu_____ Computer. Wir arbeiten jetzt mit einem neu_____
   Programm *(n.)*, und mein alt_____ Computer ist einfach viel_____ zu langsam_____ für unser
   neu_____ Programm.
4. Hat jemand meinen gelb_____ Stift gesehen? – Meinst du diesen hier? – Nein, der schreibt
   doch blau_____; er hat nur eine gelb_____ Hülle.

A2

117. *Quiz: Was ist das?* Ergänzen Sie die Endungen.

1. Eine oft blau___ Hose aus fest_____ Stoff *(m.)*.
2. Eine süß_____ Frucht, die unten rund_____ und oben schmal_____ ist.
3. Ein groß_____ Tier *(n.)* mit einem sehr lang_____ Hals *(m.)*, das in Afrika lebt.
4. Ein groß_____ Musikinstrument *(n.)* mit weiß_____ und schwarz_____ Tasten *(Pl.)*.
5. Ein künstlerisch___ Text *(m.)*, oft in einem besonder_____ Rhythmus *(m.)*
   geschrieben.

118. *Am Imbiss.* Ergänzen Sie die Endungen.

Heiß_____ (1) Würstchen *(Pl.)*

Groß_____ (2) / klein_____ (3) Döner *(m.)*

Groß_____ (4) / klein_____ (5) Pizza *(f.)*

Heiß_____ (6) und kalt_____ (7) Getränke *(Pl.)*

Verschieden_____ (8) Tees *(Pl.)*

Frisch_____ (9) gepresst_____ (10) Säfte *(Pl.)*

119. *Eine Stadtrundfahrt.* Ergänzen Sie die Endungen.

Sehr geehrt_____ (1) Damen und Herren, wir begrüßen Sie ganz_____ (2) herzlich_____ (3) zu

unserer historisch_____ (4) Stadtrundfahrt. Auf der recht_____ (5) Seite sehen Sie das alt____ (6)

Opernhaus, das in diesem Jahr seinen 150. Geburtstag feiert. Auf der link_____ (7) Seite sehen

Sie den südlich_____ (8) Teil der

äußer_____ (9) Stadtmauer, hinter der sich

auch das größt_____ (10) und

bekanntest_____ (11) Museum der

deutsch_____ (12) Kulturgeschichte befindet.

Dieses einzigartig_____ (13) Museum …

120. *In Neuburg angekommen.* Ergänzen Sie die Endungen, wenn nötig.

Liebe Heike, lieber Andi,

endlich sind wir umgezogen. Neuburg ist ein mittelgroß____ (1) Ort *(m.)* mit einer schön_____ (2)

Altstadt. Unsere neu_____ (3) Wohnung liegt in der Nähe eines klein_____ (4) Parks *(m.)* am

südlich_____ (5) Stadtrand *(m.)*. In der Nähe gibt es ein modern_____ (6) Einkaufszentrum *(n.)*

mit einem groß____ (7) Supermarkt *(m.)* und mit viel_____ (8) interessant____ (9) Geschäften.

Jeden Samstag gibt es auf dem zentral_____ (10) Marktplatz *(m.)* auch einen klein_____ (11)

Markt. Dort kann man lecker____ (12) Obst *(n.)*, frisch_____ (13) Gemüse *(n.)* und viel____ (14)

ander_____ (15) regional_____ (16) Produkte kaufen. Die Preise sind relativ_____ (17)

günstig____ (18). Besonders gut____ (19) gefallen uns die viel____ (20) verschieden_____ (21)

Restaurants und die gemütlich_____ (22) Kneipen *(Pl.)*. Wenn ihr mal wieder ein frei_____ (23)

Wochenende *(n.)* habt, dann kommt uns doch besuchen.

Lieb_____ (24) Grüße *(Pl.)* und bis bald

Sarah und Ralf

Komparativ und Superlativ

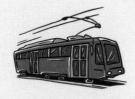  

| Die Straßenbahn ist schnell. | Der Zug ist **schneller**. | Das Flugzeug ist **am schnellsten**. |

Adjektive kann man steigern.
Den **Komparativ** bildet man mit *-er*.
Den **Superlativ** bildet man mit *-st*.
Wenn der Superlativ bei einem Verb steht, benutzt man die Form ***am ...sten***.

	Vor einem Nomen: mit Adjektivendungen	Mit einem Verb
	ein schnell**es** Verkehrsmittel	Die Straßenbahn ist schnell.
Komparativ	ein schnell**eres** Verkehrsmittel	Der Zug ist schnell**er**.
Superlativ	das schnell**ste** Verkehrsmittel	Das Flugzeug ist **am** schnell**sten**.

Besonderheiten:

	Komparativ	Superlativ	
alt groß gesund	älter größer gesünder	am ältesten am größten am gesündesten	Umlaut (*a→ä, o→ö, u→ü*) bei den meisten kurzen Adjektiven (*arm, groß, hart, kalt, lang, nah, scharf, schwach, stark, warm ...*, aber: *schmal, schlank* ohne Umlaut)
dunkel teuer	dunkeler → dunkler teuerer → teurer	am dunkelsten am teuersten	Adjektive auf *-el* und *-er*
nett frisch	netter frischer	am nettesten am frischesten	Adjektive auf *-s, -z, -ß, -sch,- d, -t* (aber: *am größten*)
hoch	**höher**	**am höchsten**	Adjektive (und Adverb *gern*) mit unregelmäßigen Formen
nah	**näher**	**am nächsten**	
gut	**besser**	**am besten**	
viel	**mehr**	**am meisten**	
gern	**lieber**	**am liebsten**	

Vergleiche:

Samuel ist
größer als Tim.

Jan ist **so (= genauso)**
groß wie Tim.

121. Ergänzen Sie die Komparative.

A2

1. Der Mond ist _____ (klein) _____ die Sonne.

2. Hamburg ist _____ (groß) _____ Köln.

3. Köln ist _____ (alt) _____ München.

4. Madrid liegt _____ (hoch) _____ Paris.

122. Ergänzen Sie die Komparative.

A2

1. Diese Wohnung ist zu teuer. Ich suche eine _____ (billig) Wohnung.

2. Ralf hat ein _____ (teuer) und _____ (groß) Auto als

Olaf.

3. Sofies Laptop läuft sehr langsam; sie braucht unbedingt einen _____ (gut)

Laptop.

4. Jonathan ist zu seiner Freundin gezogen; leider hat er jetzt einen _____

(lang) Weg zur Arbeit.

5. Ich kann jetzt nicht weg. Ich muss auf meine _____ (jung) Geschwister (Pl.)

aufpassen.

123. _Der Weg zum Bahnhof._ Ergänzen Sie die Superlative.

A2

1. Wie komme ich _____ (schnell) zum Bahnhof?

2. Welches Ticket ist _____ (billig)?

3. Wo ist hier die _____ (nah) Haltestelle?

4. Können Sie mir den _____ (kurz) Weg zur Haltestelle zeigen?

124. _Vergleiche._ Ergänzen Sie _als_ oder _so_ (= genauso) ... _wie_.

A2

1. Bist du eigentlich älter oder jünger _____ dein Bruder? – Mein Bruder ist

_____ alt _____ ich. Wir sind Zwillinge.

2. Ihr habt bestimmt eine größere Wohnung _____ wir. – Nein, unsere Wohnung hat auch nur

50 m². Sie ist _____ groß _____ eure Wohnung.

> Man kann es auch anders sagen:
> ▶ Diese Hose kostet **so/genauso viel wie** die andere. = Sie kosten **gleich viel**.
> ▶ Meine Schwester läuft **so/genauso schnell** wie ich. = Wir laufen **gleich schnell**.

Partizipien als Adjektive

die **geöffneten** Türen

der **abgefahrene** Bus

wartende Fahrgäste

einsteigende Fahrgäste

Partizip Präsens	Partizip Perfekt
Die Handlung findet **gleichzeitig mit einer anderen** statt. Sie ist **nicht abgeschlossen**.	Die Handlung hat **vor einer anderen** stattgefunden. Sie ist **abgeschlossen**.
Heiko beobachtet die **einsteigenden** Fahrgäste. → Heiko beobachtet die Fahrgäste, die gerade einsteigen.	Der Schüler spricht durch die **geöffnete** Tür mit dem Fahrer. → Die Tür ist vorher geöffnet worden. *(Passiv)* Lisa sieht noch den **abgefahrenen** Bus. → Der Bus ist vorher abgefahren. *(Aktiv)* *(Meistens ist die Bedeutung passivisch.)*
Form: **wartend, einsteigend, singend ...** Infinitiv + *d* + **Endung**	Form: **geöffnet, abgefahren, geschrieben ...** (↑ S. 114, 116) + **Endung**

Wenn man das Partizip Präsens und das Partizip Perfekt wie ein Adjektiv verwendet, dekliniert man sie wie ein Adjektiv (↑ S. 54, 56, 58):
▶ ein geöffnet**es** Fenster, das geöffnet**e** Fenster, geöffnet**e** Fenster

B1 **125.** Ergänzen Sie das Partizip Präsens oder Perfekt.

1. das Kind, das schläft → das _____ Kind

2. ein Kind, das lacht → ein _____ Kind

3. Kinder, die spielen → _____ Kinder

4. die Tür, die geöffnet worden ist → die _____ Tür

5. der Bus, der gerade ankommt → der _____ Bus

6. der Bus, der angekommen ist → der _____ Bus

7. die Gäste, die eingeladen worden sind → die _____ Gäste

8. ein Haus, das renoviert worden ist → ein _____ Haus

9. ein Telefon, das nicht funktioniert → ein nicht _____ Telefon

10. ein Termin, der vereinbart worden ist → ein _____ Termin

126. Ergänzen Sie das Partizip Perfekt.

B1

1. Wenn Sie eine ___abgeschlossene___ _(abschließen)_ Berufsausbildung

   haben, dann bewerben Sie sich bei uns!

2. Die Vorstellung muss heute leider ausfallen. Bereits _____ _(kaufen)_ Karten

   können an der Theaterkasse zurückgegeben werden.

3. Bitte stellen Sie das _____ _(benutzen)_ Geschirr auf den Geschirrwagen am

   Ausgang.

4. Sie müssen die vom Arzt _____ _(verschreiben)_ Medikamente regelmäßig

   einnehmen.

5. Bitte speichern Sie die _____ _(herunterladen)_ Dateien in einem

   eigenen Ordner.

127. _Eine Mail aus dem Urlaub._ Ergänzen Sie das Partizip Präsens oder das Partizip Perfekt.

B1

✉ Senden	**Von:** j.riemer@mailforyou.com
	An: familie_riemer@mailforyou.com; hanni34@mailforyou.com
	Betreff: Grüße aus dem Urlaub

Hallo, Ihr Lieben,

hier ist die _____ _(versprechen)_ (1) Urlaubsmail. Unser lange

_____ _(planen)_ (2) Urlaub ist leider nicht so

_____ _(entspannen)_ (3), wie wir gedacht haben. Unser Hotel liegt an

einer Hauptstraße hinter der Bahnlinie. Am Morgen wecken uns _____ _(hupen)_ (4)

Autos und _____ _(vorbeifahren)_ (5) Züge. Die täglich

_____ _(stattfinden)_ (6) Partys in der Disco gegenüber dauern die

ganze Nacht. Die _____ _(lachen)_ (7) und _____ _(singen)_ (8)

Partygäste auf der Straße lassen uns kaum schlafen. Im Restaurant gibt es immer dasselbe lang-

weilig _____ _(schmecken)_ (9) Essen, die Getränke werden in schlecht

_____ _(spülen)_ (10) Gläsern serviert. Den Strand kann man nicht betreten,

denn dort liegt _____ _(wegwerfen)_ (11) Müll _(m.)_. Von der im Katalog

_____ _(abbilden)_ (12) schönen Landschaft ist hier leider nichts zu sehen.

Liebe Grüße von Susi und Jörg

Adjektive **67**

Nominalisierte Adjektive und Partizipien

Wer ist das auf dem Foto?

Das sind **Verwandte** von mir: meine Tante Monika, mein Cousin Achim und meine Cousine Beate.

Man kann aus Adjektiven Nomen bilden; man schreibt sie dann **groß** (↑ S. 242) und sie behalten **dieselben** Endungen (↑ S. 54, 56, 68). Das gilt auch für Partizipien.

Adjektiv	der/die Jugendliche, der/die Fremde, der/die Verwandte … das Gute, das Neue, das Schöne, das Wichtigste …
Partizip Präsens (↑ S. 66)	der/die Anwesende, der/die Abwesende, der/die Lernende, der/die Reisende, der/die Studierende …
Partizip Perfekt (↑ S. 66, 114, 116)	der/die Angestellte, der/die Betrunkene, der/die Verletzte, der/die Vorgesetzte …

	Maskulinum	Femininum	Plural
Nominativ	der Verwandte	die Verwandte	die Verwandten
Akkusativ	den Verwandten	die Verwandte	die Verwandten
Dativ	dem Verwandten	der Verwandten	den Verwandten
Genitiv	des Verwandten	der Verwandten	der Verwandten

	Maskulinum	Femininum	Plural
Nominativ	ein Verwandter	eine Verwandte	– Verwandte
Akkusativ	einen Verwandten	eine Verwandte	– Verwandte
Dativ	einem Verwandten	einer Verwandten	– Verwandten
Genitiv	eines Verwandten	einer Verwandten	– Verwandter

Nach *etwas, nichts, wenig, viel* … steht das Adjektiv im Nominativ Singular Neutrum:
▶ Er hat mir etwas **Wichtiges** gesagt.
▶ Der Zeitungsartikel enthält wenig **Neues**.

B1

128. Bilden Sie Nomen aus den Adjektiven oder Partizipien.

1. neu   → etwas _Neues_

2. interessant → nichts _____

3. komisch   → das _____

4. bekannt   → mein _____

5. angestellt → einige _____

6. arbeitslos → die vielen _____

129. Ergänzen Sie die Adjektive als Nomen.

B1

1. Wir wünschen dir alles _____ (gut) zum Geburtstag!

2. Möchtest du noch ein Stück Torte haben? – Nein, danke. Sie ist wirklich sehr lecker, aber ich

   darf leider nicht so viel _____ (süß) essen.

3. Sag mal, was ist eigentlich der Unterschied zwischen einer Orange und einer Apfelsine? –

   _____ (beide) ist das _____ (gleich); es gibt keinen

   Unterschied.

4. Weißt du schon das _____ (neuest-)? – Nein, was gibt es denn

   _____ (neu)? – Luisa und Marc bekommen ein Baby.

130. *Ein Hochzeitsgeschenk.* Ergänzen Sie die Adjektive als Nomen.

B1

🗨 Guten Tag, ich suche nach einem Hochzeitsgeschenk für Freunde, etwas

   _____ (speziell) (1).

💬 Wie wäre es mit neuen Töpfen und Geschirr?

🗨 Ich suche eher etwas _____ (origineller) (2).

💬 Denken Sie an etwas _____ (bestimmt) (3)?

🗨 Na ja, nichts _____ (alltäglich) (4).

💬 Da fällt mir etwas _____ (schön) (5) ein. Moment, ich hole es …

131. Ergänzen Sie die Endungen.

B1

Neue Kurse für Anfänger und

Fortgeschritten_____ (1)

Zu unserem Sommerfest sind alle Mitarbeiterinnen und

Mitarbeiter mit ihren Angehörig_____ (2) eingeladen!

Krankenversicherung und

Rente: Was Deutsch_____ (3)

im Ausland wissen müssen

Kein Alkohol an Kinder und

Jugendlich_____ (4)

unter 18 Jahren!

„Mein Weg zum Job" –

Informationen für

Auszubildend_____ (5)

> Auch *der Deutsche / die Deutsche* ist ein nominalisiertes Adjektiv.
> Dagegen gehören die anderen maskulinen Nationalitätenbezeichnungen auf -e wie
> *der Grieche, der Russe, der Türke* … zur n-Deklination (↑ S. 22); das feminine Nomen
> heißt *die Griechin, die Russin, die Türkin* …

A2 **132.** Ergänzen Sie die Komparative.

1. In München ist es heute etwas _____ *(warm)* und _____ *(sonnig)*

   als in Berlin.

2. Auf den Bergen ist es _____ *(kalt)* als im Tal.

3. Ich finde, beim Karneval ist es _____ *(lustig)* als auf dem Oktoberfest.

4. Für mich ist Wiesbaden _____ *(schön)* als Mainz.

A2 **133.** Ergänzen Sie die Superlative.

1. Wo gibt es denn hier den _____ *(gut)* Kaffee und die _____

   (lecker) Torten *(Pl.)*? – Das kann ich dir nicht so genau sagen. Ich weiß nur, wo es das

   _____ *(frisch)* Obst und das _____ *(gesund)* Gemüse gibt.

2. In dieser Stadt habe ich die _____ *(nett)* Menschen getroffen und den

   _____ *(viel)* Spaß gehabt.

A2 **134.** *Quiz.* Ergänzen Sie die Superlative.

1. Welches ist das _____ *(klein)* deutsche Bundesland?

2. Welches ist der _____ *(lang)* Fluss in Österreich?

3. Wo befindet sich der _____ *(groß)* Flughafen Deutschlands?

4. Welches ist der _____ *(hoch)* Berg in Deutschland?

A2 **135.** *Eine Umfrage.* Ergänzen Sie den Komparativ oder Superlativ und *als*.

Meer oder Berge, Stadt oder Land? Wo verbringen Sie Ihren Urlaub?

1. Ich fahre _____ *(gern, Komparativ)* ans Meer _____ in die Berge. Ich

   schwimme sehr gern.

2. _____ *(gern, Superlativ)* fliege ich zu meiner Schwester nach New York:

   Da ist immer was los!

3. Wir machen immer Urlaub in der Natur: Da können wir _____ *(leicht,*

   Komparativ) entspannen _____ in der Stadt.

136. Unterstreichen Sie die Adjektive/Partizipien, die hier als Nomen verwendet werden.

B1

Eintrittspreise:

Erwachsene	4,00 €
Kinder und Jugendliche unter 18 Jahren	2,50 €
Schüler und Studierende ab 18 (nur mit Ausweis)	3,00 €

137. Ergänzen Sie die Adjektive als Nomen.

B1

💬 Am Freitag muss ich unbedingt in die Stadt fahren. Ich habe etwas

_____ (wichtig) (1) zu erledigen.

💬 Da komme ich mit. Ich brauche noch ein Geschenk für meine Schwester. Vielleicht finde ich

etwas _____ (schön) (2).

💬 Es war eine gute Idee, sich einen Film anzusehen. Das war genau das

_____ (richtig) (3) bei diesem Regenwetter.

💬 Wollen wir noch ins Café gehen? Ich würde gern etwas _____ (warm) (4)

trinken.

💬 Ja, gern. Es gibt dort auch immer etwas _____ (lecker) (5) zu essen.

💬 Hast du schon etwas _____ (neu) (6) von Sabine und Markus gehört? Ich

habe die beiden lange nicht gesehen.

💬 Nein, nichts _____ (besonder-) (7). Das _____ (neuest-) (8)

ist, dass sie im August umgezogen sind. Aber das weißt du schon, oder?

💬 Am Wochenende besuchen wir unsere _____ (verwandt) (9) in Köln.

💬 Wie viele _____ (verwandt) (10) habt ihr denn in Köln?

💬 Meine Schwägerin und drei Cousins meiner Frau mit ihren Familien – und wir treffen dort

außerdem einen _____ (bekannt) (11), einen früheren Arbeitskollegen.

Zahlwörter: Grundzahlen

1	eins	11	**elf**	21	ein**undzwanzig**	40	**vierzig**
2	zwei	12	**zwölf**	22	zwei**undzwanzig**	50	**fünfzig**
3	drei	13	**dreizehn**	23	drei**undzwanzig**	60	**sechzig**
4	vier	14	**vierzehn**	24	vier**undzwanzig**	70	**siebzig**
5	fünf	15	**fünfzehn**	25	fünf**undzwanzig**	80	**achtzig**
6	sechs	16	**sechzehn**	26	sechs**undzwanzig**	90	**neunzig**
7	sieben	17	**siebzehn**	27	sieben**undzwanzig**		
8	acht	18	**achtzehn**	28	acht**undzwanzig**		
9	neun	19	**neunzehn**	29	neun**undzwanzig**		
10	zehn	20	**zwanzig**	30	**dreißig**		

100	**hundert**	1 000	**tausend**	1 000 000	eine **Million**
200	**zwei**hundert	2 000	**zwei**tausend	2 000 000	zwei **Millionen**

Grundzahlen haben normalerweise keine Endung.

> Ausnahme: Die Zahl *eins* dekliniert man wie den unbestimmten Artikel:
> ▶ Wir haben zwei Bier, **einen** Kaffee und **eine** Flasche Wasser bestellt.

A1

138. *Kartoffel-Karotten-Auflauf.* Schreiben Sie die Zahlen in Wörtern.

Zutaten für 6 Personen:

– 450 g Kartoffeln

– 375 g Karotten

– 125 ml Sahne

– 30 g Butter

– 75 g Käse

Pfeffer, Salz, Petersilie

Vorbereitungszeit: ca. 35 Min.

sechs _____

_____

_____

_____

_____

_____

139. *Angebote.* Schreiben Sie die Zahlen in Wörtern.

A1

Vollwaschmittel

4 kg

für 65 Wäschen

statt 15,49 €

nur 12,55 € –

Sie sparen 19 %!

_____

_____

_____

_____

Bio-Shampoo

275 ml

statt 5,98 €

nur 3,78 € –

Sie sparen 37 %!

Man spricht:
▶ 2,99 €: „zwei Euro neunundneunzig"
▶ 1,72 m: „ein Meter zweiundsiebzig"

140. *Entfernungen und Rekorde.* Schreiben Sie die Zahlen in Wörtern.

A2

1. Berlin – New York: 6 384 km

2. Der längste Fluss der Welt: 6 852 km

3. Der höchste Berg der Welt: 8 848 m

4. Der tiefste Punkt im Meer: 11 034 m

5. Erde – Mond: 384 000 km

6. Einmal um die Erde: 40 074 km

Zahlwörter: Ordnungszahlen und Datum

die **Erste**, die **Zweite**, die **Dritte**

Ordnungszahlen

1.		erste
2.		zweite
3.		**dritte**
4.		vierte
5.	der/ das/ die	fünfte
6.		sechste
7.		siebte
8.		achte
9.		neunte
10.		zehnte

11.		elfte
12.		zwölfte
13.		dreizehnte
14.		vierzehnte
15.	der/ das/ die	fünfzehnte
16.		sechzehnte
17.		siebzehnte
18.		achtzehnte
19.		neunzehnte

20.		zwanzigste
21.	der/ das/ die	einundzwanzigste
22.		zweiundzwanzigste
23.		dreiundzwanzigste
…		…

100.		hundertste
1 000.	der/ das/ die	tausendste
1 000 000.		millionste
…		…

Man dekliniert Ordnungszahlen wie Adjektive (↑ S. 54, 56, 58):

▶ Der **erste** Gast an diesem Abend war Markus.
▶ Frau Koch feiert heute ihren **hundertsten** Geburtstag.
▶ Der Flohmarkt findet heute zum **dritten** Mal in diesem Monat statt.
▶ Diese Fabrik gab es schon Ende des **neunzehnten** Jahrhunderts.

Auch das **Datum** bildet man mit Ordnungszahlen:

Der Wievielte ist heute?	Der 26.5. („der **sechsundzwanzigste Fünfte**"). Der **sechsundzwanzigste** Mai.

Wann hast du Geburtstag?	Am 13.4. („am **dreizehnten Vierten**"). Am **dreizehnten** April.

141. *Der erste Schultag.* Schreiben Sie die Zahlen in Wörtern.

A2

Dieses Jahr beginnt das neue Schuljahr am _____ (12.) September. Ina

ist _____ (6) Jahre alt, und für sie und viele andere Kinder ist es der

_____ (1.) Schultag. An diesem Tag geht Ina zum _____ (1.) Mal in

die Schule, und zwar in die _____ (1.) Klasse. Ihre Brüder Jan und Jörg sind auch in

dieser Schule. Jan geht in die _____ (2.) Klasse, Jörg ist schon in der

_____ (10.) Klasse.

142. *Besondere Tage.* Schreiben Sie die Daten in Wörtern.

A2

	Welcher Tag ist das?	Wann ist das?
1. Neujahr (1.1.)	*der erste Erste*	*am ersten Ersten*
2. Tag der Arbeit (1.5.)		
3. Tag der Menschenrechte (10.12.)		
4. Weihnachten (25. und 26.12.)		
5. Silvester (31.12.)		

So spricht man Jahreszahlen aus:
▶ 1999: „neunzehnhundertneunundneunzig"
▶ 2016: „zweitausendsechzehn"

143. *Geburtstage.* Schreiben Sie die unterstrichenen Daten in Wörtern.

A2

💬 Wann bist du geboren?

🗨 Am 17.3.2001 (1).

💬 Du bist ein bisschen jünger als ich –

ich bin am 23.11.1999 (2) geboren.

Und dein Bruder?

🗨 Am 31.5.2004 (3).

1. _____

_____

_____

2. _____

_____

_____

3. _____

_____

_____

Uhrzeit

Es ist **sieben Uhr dreißig**.
Die Nachrichten.

Schon **halb acht** …
ich komme zu spät!

Die **Uhrzeit** spricht man in **formellen** Situationen anders als im **Alltag** aus.

Wie viel Uhr ist es? Wie spät ist es?

	formell *(Bahnhofsdurchsage, Radio ….)*	informell *(Alltag, Freunde, Familie …)*
9:00 Uhr	neun Uhr	neun (Uhr)
9:05 Uhr	neun Uhr fünf	fünf nach neun
9:15 Uhr	neun Uhr fünfzehn	Viertel nach neun
9:25 Uhr	neun Uhr fünfundzwanzig	fünf vor halb zehn
15:30 Uhr	fünfzehn Uhr dreißig	halb vier
15:40 Uhr	fünfzehn Uhr vierzig	zwanzig vor vier
15:45 Uhr	fünfzehn Uhr fünfundvierzig	Viertel vor vier
15:58 Uhr	fünfzehn Uhr achtundfünfzig	kurz vor vier

Regional sagt man informell auch:
▶ 9:15 Uhr: „viertel zehn"
▶ 9:45 Uhr: „drei viertel zehn"

A1 **144.** *Wie spät ist es?* Schreiben Sie die Uhrzeit in Wörtern – erst formell, dann informell.

	formell	informell
1.	fünf Uhr fünfzehn / siebzehn Uhr fünfzehn	Viertel nach fünf
2.		
3.		

145. *Mein Stundenplan.* Schreiben Sie die Uhrzeit im Text informell in Wörtern und ergänzen Sie die Tabelle. A1

	Montag	Dienstag	Mittwoch
8:00–8:45 Uhr	Deutsch	Kunst	Biologie
8:55–9:40 Uhr	Chemie	Kunst	Englisch
_____ (3)	Mathematik	Englisch	Deutsch
10:55–11:40 Uhr	Musik	Physik	Chemie
11:50–12:35 Uhr	Französisch	Sport	Mathematik
_____ (8)	Physik	–	–

„Ich gehe in die neunte Klasse. Am Montag habe ich von *acht* bis *Viertel vor neun* Deutsch.

Danach habe ich von _____ (1) bis

_____ (2) Chemie und *von zehn bis Viertel vor elf*

Mathematik, von _____ (4)

bis _____ (5) Musik und von

_____ (6)

bis _____ (7) Französisch.

Nach der Mittagspause haben wir *von fünf nach eins bis zehn vor zwei* eine Stunde Physik."

146. *Fahrplanauskunft.* Schreiben Sie die Uhrzeit formell in Wörtern. A2

🟫 Guten Tag. Wann fährt der nächste
Regionalexpress nach München?

💬 Der nächste Zug fährt um 7:01 Uhr (1)
an Gleis 8. Aber Sie müssen sich
beeilen. Es ist schon 6:58 Uhr (2).

🟫 Das schaffe ich nicht. Wann geht der
nächste Zug?

💬 Um 7:32 Uhr (3) fährt die Regional-
bahn, aber sie braucht 20 Minuten
länger. Der nächste Regionalexpress
fährt um 7:48 Uhr (4).

🟫 Danke.

1. _____
_____
_____

2. _____
_____
_____

3. _____
_____
_____

4. _____
_____
_____

Bruchzahlen, Zahlen mit -mal, Rechenzeichen

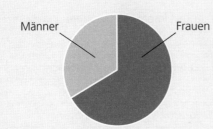

Männer   Frauen

> In meinem Deutschkurs sind fünfzehn Personen:
> zwei **Drittel** Frauen und ein **Drittel** Männer.

Bruchzahlen

½	ein **halb-** / die **Hälfte**
⅓	ein **Drittel**
¼	ein Vier**tel**
⅕	ein Fünf**tel**
...	...
½₀	ein Zwanzig**stel**
...	...

- ► ein **halbes** Brot
- ► die **Hälfte** des Brots
- ► ein **Drittel** des Wegs
- ► ein **Zwanzigstel** der Bevölkerung

Zahlen mit -mal (Wiederholung)

1×	ein**mal**
2×	zwei**mal**
3×	drei**mal**
4×	vier**mal**
5×	fünf**mal**
...	...

- ► Ich habe es dir schon **zweimal** gesagt.
- ► Man kann die Prüfung **dreimal** wiederholen.

Rechenzeichen

+	plus
–	minus
×	mal
:	(geteilt) durch
=	ist / gleich / ist gleich

3 + 2 = 5	„Drei **plus** zwei **ist** fünf."
5 – 3 = 2	„Fünf **minus** drei **ist** zwei."
2 × 3 = 6	„Zwei **mal** drei **ist** sechs."
6 : 3 = 2	„Sechs **(geteilt) durch** drei **ist** zwei."

A2

147. Schreiben Sie die Zahlen in Wörtern.

2	_zwei_	5	_____
2.1.	_der zweite Erste_	5.7.	_____
½	_ein halb- / die Hälfte_	⅕	_____
2×	_zweimal_	5×	_____
3	_____	10	_____
3.5.	_____	10.9.	_____
⅓	_____	½₀	_____
3×	_____	10×	_____

148. Schreiben Sie die Rechenbeispiele in Wörtern. | A2 |

$3 + 4 = 7$ *Drei plus ...* _____

$13 - 4 = 9$ _____

$23 + 4 = 27$ _____

$5 \times 7 = 35$ _____

$18 : 6 = 3$ _____

149. Ergänzen Sie die Zahlen in Wörtern. | B1 |

1. Heute fehlt _____ (¹⁄₃) meiner Schüler! – In meiner Klasse ist es

   noch schlimmer, nur die _____ (¹⁄₂) der Schüler ist da.

2. Nehmen Sie diesen Hustensaft _____ (4x) am Tag ein.

3. _____ (¹⁄₅) der Kursteilnehmer kommt aus der Türkei.

4. Wir haben schon _____ (³⁄₄) der Arbeit erledigt. – Ich

   weiß, das hast du schon _____ (2x) gesagt.

5. Ich habe schon _____ (3x) versucht, ihn telefonisch zu erreichen.

150. Schreiben Sie die Wörter aus der Wortschlange in die Tabelle – und notieren | B1 |
      Sie sie dann in Zahlen.

zweifünftelplusdreifünftelgleicheinsachtmalsiebengleich
sechsundfünfzigvierundzwanzigminusfünfzehngleichneun

In Wörtern	In Zahlen
1. _____ _____	_____
2. _____ _____	_____
3. _____ _____	_____

A2 **151.** *Kennen Sie diese Buch- und Filmtitel?* Schreiben Sie die Zahlen in Wörtern.

1. 100 Jahre Einsamkeit _____

2. In 80 Tagen um die Welt _____

3. Fahrenheit 451 _____

4. Das 7. Kreuz _____

5. 40 qm Deutschland _____

6. Der 3. Mann _____

7. 1001 Nacht _____

A2 **152.** *Geburtstage.* Schreiben Sie die Zahlen in Wörtern.

💬 Morgen ist der _____ *(5.4.)*, da hat Antonia Geburtstag.

💬 Wirklich? Ich dachte, sie hat am _____ *(4.5.)* Geburtstag.

💬 Oh – ja, du hast recht. Antonia ist genau _____ *(2)* Monate

älter als Florian. Und Florians Geburtstag ist am _____ *(4.7.)*.

💬 Ja, aber Antonia ist nicht älter als Florian. Antonia ist doch _____

_____ *(1988)* geboren und Florian

_____ *(1987)*.

💬 Ach so? Dann ist Antonia also _____ *(10)* Monate jünger als Florian.

A2 **153.** *Angebote.* Schreiben Sie die Zahlen, Uhrzeiten (formell) und Preise in Wörtern.

Mittagsmenü

Montag bis Freitag

11:30 bis 14:00 Uhr

für nur 6,89 €

(mit Getränk: 7,49 €)

1. _____

2. _____

3. _____

3 Lichterketten

3 × 5 Meter

je 40 Lichter –

jetzt für nur 44,79 €!

4. _____

5. _____

6. _____

7. _____

154. *Der 1000. Besucher.* Schreiben Sie die Zahlen in Wörtern. A2

> **Tolle Aktion!**
>
> Der _____ (1000.) Besucher erhält
>
> _____ (1) Gutschein (m.) für _____ (1) exklusives Wochenende
>
> für _____ (2) Personen in Wien und _____
>
> _____ (99) Rosen!

155. *Am Morgen.* Schreiben Sie die Uhrzeit informell in Wörtern. A2

Jeden Tag um 5:45 Uhr (1) klingelt mein
Wecker. Ich stehe auf und schalte die
Kaffeemaschine ein. Dann gehe ich ins Bad.
Wenn ich aus dem Bad komme, ist es
6:05 Uhr (2). Ich frühstücke und trinke
Kaffee. Um 6:15 Uhr (3) gehe ich aus dem
Haus und zur Bushaltestelle. Der Bus fährt
um 6:25 Uhr (4) ab und kommt um 6:55 Uhr
an (5). Jetzt muss ich mich beeilen, denn
um 7:00 Uhr (6) muss ich in der Firma sein.

1. _____
   _____
2. _____
3. _____
   _____
4. _____
   _____
5. _____
   _____
6. _____

156. Schreiben Sie die Wörter als Zahlen. B1

sechshundertelf   _____

dreihunderteinundachtzig   _____

siebenhundertfünfundzwanzig   _____

viertausenddreihundertzweiundfünfzig   _____

achtzigtausendsiebenunddreißig   _____

eine Million fünfhundertdreißigtausendachthundert   _____

zweiunddreißig minus vier ist achtundzwanzig   _____

ein Zweiunddreißigstel   _____

ein Fünfhundertstel   _____

Zusammengesetzte Nomen

das **Eis** + die Verkäuferin → die **Eis**verkäuferin

Man kann Wörter verschiedener Wortarten mit Nomen zusammensetzen und so neue Nomen bilden.

Nomen + Nomen	das Zimmer + die Pflanze	→ die Zimmerpflanze
	die Umwelt + der Schutz	→ der Umweltschutz
Verbstamm + Nomen	waschen + die Maschine	→ die Waschmaschine
	rasieren + der Apparat	→ der Rasierapparat
Adjektiv + Nomen	neu + der Wagen	→ der Neuwagen
	alt + das Papier	→ das Altpapier
Präposition + Nomen	vor + der Name	→ der Vorname
	nach + der Name	→ der Nachname

Das letzte Wort ist das Grundwort. Das Wort davor gibt weitere Informationen:
▸ die Zimmer**pflanze** = die **Pflanze** *für das Zimmer*
▸ der Groß**einkauf** = der *große* **Einkauf**

Das zusammengesetzte Nomen hat das Genus des Grundworts:
▸ die Umwelt + **der Schutz** → **der** Umwelt**schutz**
▸ der Garten + **das Haus** → **das** Garten**haus**

Ein zusammengesetztes Nomen kann auch aus drei oder mehr Wörtern bestehen:
▸ der Fußballweltmeister, der Haustürschlüssel, der Grundwortschatz

> Zwischen den Teilen eines zusammengesetzten Nomens steht manchmal (ca. 30 %)
> **-e-, -(e)s-, -(e)n-** oder **-er-**, z. B.:
> ▸ Hund**e**futter, Arbeit**s**platz, Stund**en**plan, Nummer**n**schild, Kind**er**schuhe

A1 **157.** Was bedeuten diese zusammengesetzten Nomen?

1. Ein Papierkorb ist ein Korb für _____.

2. Ein Tomatensaft ist ein Saft aus _____.

3. Eine Hautcreme ist eine Creme für die _____.

158. *Kennen Sie die Speisen?* Schreiben Sie zusammengesetzte Nomen mit Artikel.

1. der Apfel   + der Kuchen   → _____

2. die Nudel   + der Salat   → _____

3. die Kartoffel   + die Suppe   → _____

4. die Butter   + das Brot   → _____

159. *Was ist das?* Schreiben Sie zusammengesetzte Nomen mit Artikel.

1. die Schüssel für Salat   → *die Salatschüssel* _____

2. die Tüte aus Plastik   → _____

3. die Tasse für Kaffee   → _____

4. das Tuch für den Tisch   → _____

160. *Was ist das?* Schreiben Sie zusammengesetzte Nomen mit *-n-* und ergänzen Sie den Artikel.

= *der Blumentopf* (1)   = _____ (3)

-n-   = _____ (2)   -n-   = _____ (4)

161. *Was ist das?* Schreiben Sie zusammengesetzte Nomen mit Artikel.

1. das Rad zum Fahren   = *das Fahrrad* _____

2. das Zimmer zum Schlafen   = _____

3. der Topf zum Kochen   = _____

4. die Pfanne zum Braten   = _____

162. *Adjektiv + Nomen.* Schreiben Sie zusammengesetzte Nomen mit Artikel.

| ~~alt~~ ■ früh ■ groß ■ weiß | Brot *(n.)* ■ Eltern *(Pl.)* ■ Jahr *(n.)* ■ ~~Papier *(n.)*~~ |

das Altpapier _____

163. *Präposition + Nomen.* Schreiben Sie zusammengesetzte Nomen mit Artikel.

| nach *(2x)* ■ neben *(2x)* ■ vor *(2x)* | Kosten *(Pl.)* ■ Mittag *(m.)* *(2x)* ■ Speise *(f.)* *(2x)* ■ Straße *(f.)* |

Nomen mit Suffix und Infinitive als Nomen

die Katze

das Kätz**chen**

Man kann aus anderen Wörtern mit Suffixen *(-chen, -er, -ung, -heit…)* neue Nomen bilden.

Nomen			
+ *-chen/* *-lein (mit* *Umlaut)*	die Katze → das Kätz**chen** das Brot → das Brö**tchen** das Buch → das Büch**lein**	Neutrum	*Verkleinerung*
+ *-in*	der Arzt (Pl. die Ärzte) → die Ärzt**in** (Pl. die Ärzt**innen**) der Russe (Pl. die Russen) → die Russ**in** (Pl. die Russ**innen**)	Femininum	*weibliche Person*
+ *-er/-ler*	die Musik → der Musik**er** die Wissenschaft → der Wissenschaft**ler**	Maskulinum	*männliche Person*

Verbstamm			
+ *-er*	fahr~~en~~ → der Fahr**er** lehr~~en~~ → der Lehr**er** rasier~~en~~ → der Rasier**er**	Maskulinum	*männliche Person* *Maschine/Gerät*
+ *-ung*	wohn~~en~~ → die Wohn**ung** erklär~~en~~ → die Erklär**ung**	Femininum	

Infinitiv	
lachen → das **Lachen** putzen → das **Putzen** ▶ Ich mag ihr Lachen. ▶ Beim Putzen höre ich Radio.	Neutrum

Adjektive		
+ *-heit*	sicher → die Sicher**heit** zufrieden → die Zufrieden**heit**	Femininum
+ *-keit*	ähnlich → die Ähnlich**keit** schwierig → die Schwierig**keit**	Femininum

 Nomen schreibt man immer groß (↑ S. 242):
▶ singen → das **S**ingen, beim **S**ingen; schwimmen → vor dem **S**chwimmen
▶ jugendlich → der **J**ugendliche (↑ S. 68)

164. *Kleine Dinge.* Schreiben Sie Nomen mit *-chen* oder *-lein* mit Artikel. **A1**

1. das Brot → *das Brötchen*

2. die Wurst → _____

3. das Buch → _____

4. das Haus → _____

5. der Baum → _____

6. das Tier → _____

> Das Suffix zur Verkleinerung ist regional unterschiedlich.
> Im Standarddeutschen verwendet man fast immer *-chen;*
> *-lein* verwendet man fast nur dann, wenn ein Nomen auf *-ch* endet.

165. *Berufe – Männer und Frauen.* Ergänzen Sie die Tabelle. **A1**

Mann	Frau	Mann	Frau
1. der Friseur	→ *die Friseurin*	4. der Briefträger	→ _____
2. _____	→ die Lehrerin	5. _____	→ die Apothekerin
3. der Taxifahrer	→ _____	6. der Zahnarzt	→ _____

166. *Wie nennt man diese Personen?* Schreiben Sie die Nomen. **A2**

1. Ein Mann, der malt, ist ein _____ *Maler* _____.

2. Eine Frau, die schwimmt, ist eine _____.

3. Ein Mann, der zuschaut, ist ein _____.

4. Eine Frau, die singt, ist eine _____.

5. Ein Mann, der raucht, ist ein _____.

6. Eine Frau, die aus Leipzig kommt, ist eine _____.

7. Ein Mann, der mit dem Rad fährt, ist ein _____.

8. Eine Frau, die Fußball spielt, ist eine _____.

167. Schreiben Sie die Infinitive als Nomen. **A2**

1. Henriette bastelt gern. Das ___ *Basteln* ___ macht ihr Spaß.

2. Philipp geht jeden Morgen schwimmen. Das tägliche _____ tut ihm gut.

3. Ich jogge jeden Samstag. Beim _____ kann ich mich gut entspannen.

4. Ich räume jetzt mal auf. Hat jemand Zeit, mir beim _____ zu helfen?

5. Ich kaufe gern ein, weil ich beim _____ immer etwas Neues finde.

6. Rauchst du nicht mehr? – Nein, ich habe mit dem _____ aufgehört.

7. Ich lese gern, aber zu langes _____ macht mich müde.

> Lass uns spazieren gehen, draußen ist es heute **eiskalt**, aber sehr **sonnig**.

> Gern! Morgen soll es wieder **windig** und **regnerisch** werden ...

Man kann Wörter verschiedener Wortarten mit Adjektiven zusammensetzen und so neue Adjektive bilden.

Nomen + Adjektiv	der Zucker + arm	→ zuckerarm	*mit wenig Zucker*
	das Kind + reich	→ kinderreich	*mit vielen Kindern*
	das Risiko + frei	→ risikofrei	*ohne Risiko*
	die Hoffnung + voll	→ hoffnungsvoll	*voll von Hoffnung*
	der Stein + hart	→ steinhart	*hart wie ein Stein*
	der Schnee + weiß	→ schneeweiß	*weiß wie Schnee*
Adjektiv + Adjektiv	hell + rot	→ hellrot	
	nass + kalt	→ nasskalt	

Aus Nomen und Verben kann man mit Suffixen (*-ig*, *-lich* ...) Adjektive bilden.

Nomen/Verbstamm		
+ *-ig*	Wind → wind**ig**	Sand → sand**ig**
	Fieber → fiebr**ig**	zitter~~n~~ → zitter**ig**
+ *-(er)isch*	Spanien → span**isch**	Technik → techn**isch**
	Alphabet → alphabet**isch**	wähl~~en~~ → wähl**erisch**
+ *-lich*	Kind → kind**lich**	Staat → staat**lich**
	Gesetz → gesetz**lich**	beweg~~en~~ → beweg**lich**
+ *-los*	Arbeit → arbeits**los**	*-los* = „ohne"
	Fantasie → fantasie**los**	arbeitslos = *ohne Arbeit*

Verbstamm		
+ *-bar*	ess~~en~~ → ess**bar**	*-bar* = „etwas kann gemacht werden"
	trenn~~en~~ → trenn**bar**	*Der Pilz ist essbar.*
	liefer~~n~~ → liefer**bar**	= *Der Pilz kann gegessen werden.*

Mit dem Präfix *un-* drückt man das Gegenteil aus.

un- + Adjektiv	deutlich ↔ **un**deutlich	undeutlich = *nicht deutlich*
	fair ↔ **un**fair	
	freundlich ↔ **un**freundlich	

Zwischen den Teilen eines zusammengesetzten Adjektivs steht manchmal
-e-, -(e)s-, -(e)n- oder **-er-:**
▶ hilf**s**bereit, sonn**en**klar, kind**er**reich ...
Nach *-heit, -keit, -ion, -ung, schaft* steht fast immer ein **-s:**
▶ Öffentlichkeit**s**arbeit, Aktion**s**tag, Wohnung**s**schlüssel ...

168. *Essen und Getränke.* Bilden Sie zusammengesetzte Adjektive mit *-arm, -frei* und *-reich*. A2

1. Dieses Menü hat wenige *Kalorien*, es ist _____.

2. Dieser Salat hat viele *Vitamine*, er ist _____.

3. Dieses Getränk hat keinen *Alkohol*, es ist _____.

4. Diese Milch hat wenig *Fett*, sie ist _____.

5. Dieser Text ist ohne *Fehler*, er ist _____.

169. Schreiben Sie zusammengesetzte Adjektive. A2

1. leicht wie eine Feder: _____

5. klar wie Glas: _____

2. grün wie Gras: _____

6. schnell wie ein Blitz: _____

3. blau wie der Himmel: _____

7. rot wie Feuer: _____

4. trocken wie Staub: _____

8. hell wie der Tag: _____

170. Bilden Sie Adjektive mit *un-/-bar*. A2

1. Man kann dieses Verb trennen. → Das Verb ist _____.

2. Man kann das bezahlen. → Das ist _____.

3. Man kann dieses Problem lösen. → Dieses Problem ist _____.

4. Man kann dieses Problem nicht lösen. → Dieses Problem ist _____.

5. Man kann das Wasser trinken. → Das Wasser ist _____.

6. Man kann dieses Ziel nicht erreichen. → Dieses Ziel ist _____.

7. Man kann die Bücher ausleihen. → Die Bücher sind _____.

8. Man kann den Lärm nicht überhören. → Der Lärm ist _____.

171. Bilden Sie Adjektive und ergänzen Sie den Text. A2

sommer- ▪ sonn- ▪ täg- ▪ wind- ▪ wolken- ▪ -ig *(2x)* ▪ -lich *(2x)* ▪ -los

Iris fährt _____ *(jeden Tag)* (1) mit dem Fahrrad zur Arbeit. Heute ist es

warm und _____ *(die Sonne scheint)* (2), der Himmel ist

_____ *(ohne Wolken)* (3). Es ist April, aber die Temperaturen sind fast

schon _____ *(wie im Sommer)* (4). Allerdings ist es ein bisschen

_____ *(es weht Wind)* (5).

A2 **172.** *Was ist das?* Ordnen Sie zu. Schreiben Sie zusammengesetzte Nomen mit **-s-** und ergänzen Sie den Artikel.

die Arbeit

die Reinigung

die Wohnung

die Zeitung

+ -s- +

der Kiosk = _____ (1)

die Tür = _____ (2)

der Platz = _____ (3)

das Tuch = _____ (4)

A2 **173.** Bilden Sie Wörter und ergänzen Sie bei Nomen den Artikel.

1. der Kuchen mit Obst = _____

2. mit viel Salz = _____

3. das Regal für Bücher = _____

4. die Tür zum Keller = _____

5. kann man austauschen = _____

6. das Wohnheim für Studenten = _____

7. nicht klar = _____

8. ohne Bargeld = _____

9. nicht sicher = _____

A2 **174.** *Welches Gerät ist das?* Schreiben Sie Nomen mit Artikel.

1. Man kann damit etwas <u>drucken</u>. = *der Drucker* _____

2. Man kann damit <u>staubsaugen</u>. = _____

3. Man kann damit etwas ein- oder <u>ausschalten</u>. = _____

4. Man kann damit <u>Wasser kochen</u>. = _____

5. Man kann damit das <u>Geschirr spülen</u>. = _____

6. Man kann damit etwas <u>mixen</u>. = _____

7. Man kann damit <u>Wäsche trocknen</u>. = _____

B1 **175.** Bilden Sie Wörter mit *-heit, -keit* oder *-ung* und schreiben Sie sie in die Tabelle.

> ähnlich ▪ ausbilden ▪ beraten ▪ beschäftigen ▪ betreuen ▪ dunkel ▪ entschuldigen ▪
> frei ▪ gesund ▪ höflich ▪ krank ▪ möglich ▪ pünktlich ▪ regieren ▪ sauber ▪ schön ▪
> schwierig ▪ vergangen ▪ versichern ▪ wahr ▪ wirklich

-heit (Artikel: _die_)	**-keit** (Artikel: _____)	**-ung** (Artikel: _____)
_____	_____	_____
_____	_____	_____
_____	_____	_____
_____	_____	_____
_____	_____	_____
_____	_____	_____

176. *Eine Party.* Bilden Sie die passenden Zusammensetzungen. $\boxed{\text{B1}}$

1. Nächsten Sonntag laden wir unsere Freunde zu einer

   _____ ein. *(eine Party im Garten)*

2. Wir haben _____ und *(Fleisch zum Grillen,*

   _____ für alle gekauft. *Gemüse zum Grillen)*

3. Patrick macht einen _____ *(ein Salat aus Kartoffeln)*

4. Meine Schwester bringt einen Kasten _____ *(Saft aus Äpfeln,*

   und zwei Flaschen _____ mit. *roter Wein)*

5. Wir haben nicht genug Geschirr und benutzen deshalb

   _____. *(Teller aus Plastik)*

6. Wenn die Sonne scheint, stellen wir einen großen *(ein Schirm, der vor der*

   _____ auf. *Sonne schützt)*

177. *Quiz.* Bilden Sie die passenden Personenbezeichnungen. $\boxed{\text{B1}}$

1. Welcher _____ *(Mann, der Kunstwerke schafft)*

   wurde in Wien geboren?

   ○ *Friedensreich Hundertwasser* ○ *Pablo Picasso* ○ *Joseph Beuys*

2. Welche _____ *(Frau, die Tennis spielt)*

   gewann 22 Grand-Slam-Turniere?

   ○ *Franziska van Almsick* ○ *Steffi Graf* ○ *Boris Becker*

3. Welcher _____ *(Mann, der zeichnet)* illustrierte

   Asterix und Obelix?

   ○ *Albert Uderzo* ○ *René Goscinny* ○ *Hergé*

Präsens

	kommen
ich	komme
du	komm**st**
er/sie/es	komm**t**
wir	komm**en**
ihr	komm**t**
sie/Sie	komm**en**

In der gesprochenen Sprache hören Sie oft: *ich lach, ich komm, ich geh* (ohne *-e*).

Besonderheiten:

	Verben auf *-t/-d* **arbeiten**	**Verben auf *-s/-ss/-ß/-z*** **reisen**	**Verben auf *-el*** **wechseln**
ich	arbeite	reise	wechs**le**
du	arbeit**est**	rei**st**	wechselst
er/sie/es	arbeit**et**	rei**st**	wechselt
wir	arbeiten	reisen	wechse**ln**
ihr	arbeit**et**	rei**st**	wechselt
sie/Sie	arbeiten	reisen	wechse**ln**
auch:	*baden, bitten, husten …*	*heißen, passen, sitzen …*	*basteln, lächeln, sammeln …*

A1 **178.** Welches Pronomen passt? Kreuzen Sie an.

1. ○ *Ich* ○ *Wir* ○ *Ihr* kommen aus Tunesien. Und woher kommst du?

2. Lernt ○ *ihr* ○ *Sie* ○ *du* auch Spanisch? – Nein, wir lernen Französisch.

3. Brauchst ○ *du* ○ *sie* ○ *er* ein Wörterbuch? – Nein, ich brauche eine Grammatik.

4. Wohnen ○ *er* ○ *du* ○ *Sie* auch in Düsseldorf? – Nein, ich wohne in Bonn.

5. Besucht ○ *du* ○ *ihr* ○ *Sie* uns am Wochenende? – Ja, sehr gern!

6. Kommt ○ *du* ○ *sie* ○ *Sie* aus China? – Ich weiß es nicht.

7. Gehen ○ *sie* ○ *ich* ○ *du* schwimmen? – Nein, sie wollen zu Hause bleiben.

8. Bist ○ *du* ○ *wir* ○ *er* am Vormittag im Büro? – Ja, aber erst nach 10 Uhr.

179. Ergänzen Sie die Tabelle. A1

ich	komme			
du		lernst		
er/sie/es	kommt			
wir				
ihr				benutzt
sie/Sie			reden	

180. *Im Sprachkurs.* Ergänzen Sie die Endungen. A1

1. Der Lehrer begrüß_____ uns und wir begrüß_____ den Lehrer.

2. Carlo geh_____ zum Fenster und schließ_____ es.

3. Der Unterricht beginn_____. Wir hör_____ einen Dialog.

4. Der Lehrer schreib_____ ein Wort an die Tafel und markier_____ die Endung.

5. Wir versteh_____ das Wort nicht. Der Lehrer erklär_____ es.

6. Silvia frag_____ den Lehrer. Der Lehrer antwort_____ ihr.

7. Paul such_____ seinen Stift, aber er find_____ ihn nicht.

181. *Am Telefon.* Ergänzen Sie die Endungen. A1

● Hallo Stefan, was mach_____ (1) du gerade? Komm_____ (2) du gleich zum Sportfest?

○ Nein. Ich bin gerade in Wien. Ich besuch_____ (3) Silke; sie wohn_____ (4) jetzt hier.

● Was mach_____ (5) sie denn in Wien? Studier_____ (6) sie noch Physik?

○ Sie arbeit_____ (7) jetzt als Physikerin.

● Und ihr Freund, leb_____ (8) er jetzt auch in Wien? Er komm_____ (9) doch aus Köln, oder?

○ Ja, das stimm_____ (10). Und jetzt wohn_____ (11) sie beide in Wien.

> Wenn man betonen will, dass etwas *jetzt, in diesem Moment* passiert, kann man das Adverb *gerade* verwenden:
> ▶ Wo bist du **gerade**? – Ich bin **gerade** bei meinen Eltern in München.

Präsens: Verben mit Vokalwechsel

> Wie kommt ihr zur Arbeit?

> Sina **fährt** mit der U5 bis zum Alexanderplatz und dann **läuft** sie noch fünf Minuten.
>
> Ich **fahre** zwei Stationen mit dem Bus, aber manchmal **laufe** ich auch.

Manche Verben ändern im Präsens in der 2. und 3. Person Singular den Vokal.

	e → i(e)		*a → ä, au → äu*	
ich	gebe	sehe	fahre	laufe
du	gibst	siehst	fährst	läufst
er/sie/es	gibt	sieht	fährt	läuft
wir	geben	sehen	fahren	laufen
ihr	gebt	seht	fahrt	lauft
sie/Sie	geben	sehen	fahren	laufen
auch:	*e → i:* brechen, essen, gelten, helfen, nehmen, sprechen, stechen, treten, vergessen, werfen…		braten, einladen, empfangen, halten, fahren, fallen, lassen, laufen, raten, schlafen, schlagen, tragen, wachsen, waschen…	
	e → ie: befehlen, empfehlen, geschehen, lesen…			

auch: *o → ö (stoßen, ich stoße, du stößt, er/sie/es stößt)*

Verben mit Vokalwechsel sind unregelmäßige Verben. Sie müssen sie lernen (↑ Verbtabelle, S. 254).

A1 **182.** Präsens mit oder ohne Vokalwechsel? Ergänzen Sie die Verbformen mit *du.*

Ich gehe, du _____ (1). Ich sehe, du _____ (2). Ich lebe, du _____ (3).

Ich gebe, du _____ (4). Ich trage, du _____ (5). Ich sage, du _____ (6).

Ich kaufe, du _____ (7). Ich laufe, du _____ (8). Ich brauche, du _____ (9).

A1 **183.** Präsens mit oder ohne Vokalwechsel? Ergänzen Sie die Verbformen.

ich	lasse		wasche		helfe	
du						sitzt
er/sie/es						
ihr		steht		lest		

184. *Wortschatz-Quiz: Rund um die Wohnung.* Ergänzen Sie die Verben im Präsens. [A1]

1. Was _____ *(zahlen)* man monatlich, wenn man eine Wohnung mietet?

2. In welchen Zimmern _____ *(essen)* man normalerweise?

3. In welchem Raum _____ *(stehen)* das Auto?

4. In welchem Zimmer _____ *(schlafen)* man?

5. In welchem Raum _____ *(waschen)* man sich?

6. Wer _____ *(wohnen)* im Haus oder in der Wohnung neben mir?

185. *Sonntagnachmittag.* Ergänzen Sie die Verben im Präsens. [A1]

1. Nadine _____ *(treffen)* ihre Freunde im Café.

2. Sandra und Leopold _____ *(sitzen)* auf dem Balkon. Er _____ *(hören)* Musik und sie _____ *(lesen)* Zeitung.

3. Frau Müller _____ *(laufen)* mit dem Hund durch den Park.

4. Herr Kunz _____ *(kaufen)* ein Bahnticket und _____ *(fahren)* nach Stuttgart.

5. Svenja _____ *(helfen)* ihrem Freund beim Kochen.

186. *Ein Wochenendseminar.* Ergänzen Sie die Verben im Präsens. [A2]

✉ Senden	**Von:** m.berger@mailforyou.com
	An: l.hofmann@mailforyou.com
	Betreff: Freitag

Hi, Lena,

Du _____ *(fahren)* (1) auch zu dem Wochenendseminar „Schneller _____ *(lesen)*" (2) nach Kiel, richtig? Ich _____ *(sehen)* (3) gerade, dass es am Samstag schon um 9 Uhr _____ *(beginnen)* (4)! Das _____ *(finden)* (5) ich wirklich früh. Ich _____ *(nehmen)* (6) schon den Zug am Freitag. _____ *(fahren)* (7) Du auch schon am Freitagabend? Und _____ *(schlafen)* (8) Du von Freitag auf Samstag auch in dem Hotel in Kiel? Dann _____ *(sehen)* (9) wir uns dort!

Liebe Grüße

Max

Präsens: Verben mit Präfix

> Der Film **fängt** um acht Uhr **an**.
>
> Wir **bezahlen** 9 Euro Eintritt.

Verben mit Präfix können trennbar oder untrennbar sein.

trennbare Verben	
Präfixe sind immer **betont**: **an**fangen → ich fange **an**	
ab-	ich hole ab
an-	ich fange an
auf-	ich höre auf
aus-	ich gehe aus
ein-	ich kaufe ein
mit-	ich komme mit
vor-	ich lese vor
zu-	ich höre zu
auch: *bei-, dabei-, durch-, her-, (he)raus-, (he)rein-,* *hin-, hinaus-, hinein-, um-, vorher-, weg-,* *zurück-, zusammen-…*	

untrennbare Verben	
Präfixe sind nie **betont**: be**zahlen** → ich be**zahle**	
be-	ich bezahle
emp-	ich empfehle
ent-	ich entschuldige
er-	ich erzähle
ge-	ich gefalle
miss-	ich misstraue
ver-	ich verstehe
zer-	ich zerstöre

Präfixe von trennbaren Verben existieren auch unabhängig
(als Präposition oder Adverb, z. B. **an** *der Haltestelle,* **mit** *dir*).

Struktur

POS. 1	POS. 2		ENDE
Der Film	fängt	um acht Uhr	an.
Der Film	muss	heute später	anfangen.
Wir	bezahlen	9 Euro Eintritt.	
Wir	müssen	9 Euro Eintritt	bezahlen.

187. Trennbare Verben. Ergänzen Sie.

> ab ▪ an *(2x)* ▪ aus ▪ ein ▪ mit *(2 x)* ▪ zu

Ich kaufe am Nachmittag _____ (1). Ich rufe dich später _____ (2). Kommt ihr auch

_____ (3) ins Kino? Bringst du noch Obst _____ (4)? Wann fährt der Zug _____ (5)?

Ordnen Sie die Namen den Bildern _____ (6). Dieses Bild sieht schön _____ (7)! Wir

fangen jetzt _____ (8).

188. *Am Morgen.* Ergänzen Sie die trennbaren Verben.

> anmachen ▪ anziehen ▪ aufstehen ▪ ausmachen ▪ einsteigen

1. Um 6 Uhr klingelt der Wecker. Ich ___**mache**___ ihn _**aus**_ und dann

   _____ ich _____.

2. Es ist dunkel. Ich _____ das Licht _____ und gehe ins Bad.

3. Um 7 Uhr _____ ich meine Schuhe _____ und gehe aus dem Haus.

4. Der Bus kommt pünktlich. Ich _____ _____ und fahre zur Arbeit.

189. Trennbar oder nicht trennbar? Unterstreichen Sie die trennbaren Verben
und schreiben Sie sie auf die Linie.

> anziehen ▪ aufräumen ▪ ausfüllen ▪ bedeuten ▪ bestellen ▪ empfehlen ▪ erlauben ▪
> mitbringen ▪ verbieten ▪ vorstellen ▪ wegbringen ▪ zuhören ▪ zurückkommen

_____

_____

190. Trennbar oder nicht trennbar? Schreiben Sie Sätze.

1. Carlas Freunde – uns – am Wochenende – besuchen

   Carlas Freunde besuchen uns am Wochenende.

2. wir – sie – vom Busbahnhof – abholen

   Wir…

3. am Samstagabend – wir – sie – ins Theater – einladen

   Am Samstagabend…

4. den Sonntag – wir – gemeinsam – in den Bergen – verbringen

   Den Sonntag…

Präsens: *haben, sein, werden*

Timo **ist** Manager.
Er **hat** heute viele Termine.

Jetzt **wird** er langsam müde.

	haben	*sein*	*werden*
ich	habe	**bin**	werde
du	hast	**bist**	**wirst**
er/sie/es	hat	**ist**	**wird**
wir	haben	**sind**	werden
ihr	habt	**seid**	werdet
sie/Sie	haben	**sind**	werden

Das Verb *sein* kann mit Nomen im Nominativ, mit Adjektiven und Adverbien stehen:
▶ Sie ist Studentin. Ich bin müde. Bist du schon dort?

Das Verb *haben* steht mit einem Akkusativobjekt:
▶ Ich habe ein Fahrrad. Sie hat ein Auto. Sie haben Streit.

Das Verb *werden* kann mit Nomen im Nominativ und Adjektiven stehen:
▶ Er wird einmal ein guter Lehrer. Ich werde langsam müde. Er wird rot.

Haben, sein und *werden* sind auch Hilfsverben. Man bildet damit Tempusformen (z. B. *ich habe gekauft,* ↑ S. 114; *ich werde kommen,* ↑ S. 128) und das Passiv (z. B. *Das Auto wird gewaschen,* ↑ S. 140).

A1

191. *Das neue Team.* Ergänzen Sie das Verb *sein* im Präsens.

Hallo, wir _____ (1) das neue Team und möchten uns kurz vorstellen. Ich

_____ (2) Daniela und das _____ (3) mein Kollege Martin. Aber wo

_____ (4) Christian? Es _____ (5) schon nach neun Uhr und er

_____ (6) noch nicht hier. Ich rufe ihn mal an … Hallo Christian, wo

_____ (7) du? Wir _____ (8) schon alle da. – Hallo, Daniela, wo

_____ (9) ihr denn? Ich suche euch schon seit zehn Minuten.

192. *Gespräche im Büro.* Ergänzen Sie das Verb *haben* im Präsens. A1

1. Ich _____ keinen Stift. _____ jemand einen Stift für mich?

2. Andreas _____ kein Auto. Er fährt mit dem Fahrrad zur Arbeit.

3. _____ ihr schon eine neue Wohnung? – Ja, wir _____ jetzt eine

neue Zwei-Zimmer-Wohnung.

4. Herr Müller, _____ Sie nach der Mittagspause kurz Zeit? Ich _____

ein paar Fragen.

193. Ergänzen Sie das Verb *werden* im Präsens. A2

1. Man merkt schon, dass es Herbst _____. Die Tage _____ kürzer, und

die Bäume im Park _____ schon gelb.

2. Seit ein paar Tagen _____ ich immer so schnell müde. – Trink doch mal eine Tasse

Kaffee. Dann _____ du wieder wach.

3. Mein Mann und ich spielen jede Woche Lotto, mit etwas Glück können wir reich

_____. – Ich glaube nicht, dass ihr auf diese Weise reich _____.

4. Hast du schon gehört? Paul studiert jetzt Medizin. Er will Arzt _____.

194. Ergänzen Sie *haben, sein* oder *werden* im Präsens. A2

1. Ist die Heizung an? Mir _____ kalt. Und Kopfschmerzen _____ ich

auch. Ich glaube, ich _____ langsam krank.

2. Ich muss jetzt losfahren, denn es _____ bald dunkel. Ich _____

einen weiten Weg, und ich _____ kein Licht an meinem Fahrrad.

– Wirklich? Du _____ kein Licht an deinem Fahrrad?

– Doch. Aber es _____ kaputt.

3. Hallo, Sabrina, ich kann heute nicht zur Arbeit kommen. Ich _____ ziemlich erkäl-

tet, ich _____ Fieber und muss im Bett bleiben.

– Dann ruh dich aus, damit du wieder gesund _____.

4. Ich habe ihn dreimal erinnert, dass wir morgen einen Termin _____. Aber er

_____ keine Zeit. Jetzt mache ich wieder alles allein; langsam _____

ich müde.

A1

195. Schreiben Sie die Verben in die Tabelle.

> verkaufen ▪ steht auf ▪ spricht ▪ mache ▪ machen ▪ machst ▪
> verkaufst ▪ verkauft ▪ stehe auf ▪ spreche ▪ stehen auf ▪ sprechen

ich		verkaufe		
du			stehst auf	sprichst
er/sie/es	macht			
wir				

A1

196. Ordnen Sie zu.

1. Du	____	**a)** um 7 Uhr auf.
2. Morgen stehe ich	____	**b)** denn meine Tasche?
3. Wo ist	____	**c)** fährt nie mit der Bahn.
4. Warum sind	____	**d)** du wieder nach Hamburg?
5. Wann kommst	____	**e)** die Kinder noch in der Schule?
6. Eva	____	**f)** fährst mit dem Bus.

7. Linda und Heike	____	**g)** ihr heute zum Frühstück?
8. Hat	____	**h)** nicht so gern Fleisch, richtig?
9. Du isst	____	**i)** er keine Arbeit?
10. Haben	____	**j)** ihr heute Zeit?
11. Was esst	____	**k)** essen heute sehr wenig.
12. Habt	____	**l)** Sie Kinder?

A1

197. Ergänzen Sie die Verben im Präsens.

🔲 _____ *(gehen)* (1) wir jetzt zum Stadion?

💬 Tut mir leid, ich _____ *(lernen)* (2) noch für die Prüfung.

🔲 Gut, dann _____ *(gehen)* (3) ich allein.

💬 Aber ich _____ *(sein)* (4) bald fertig. Wenn du noch 20 Minuten

_____ *(warten)* (5), können wir zusammen gehen.

🔲 Ja, aber das Spiel _____ *(beginnen)* (6) um 16 Uhr!

198. Welches Präfix fehlt? Ordnen Sie zu. A2

1. Ich glaube, heute komme ich nicht _____ **a)** zu.

2. Es ist hell draußen. Ich mache das Licht _____ **b)** aus.

3. Wann fängt der Film _____ **c)** ein.

4. Du kennst sie also noch nicht? Dann stelle ich sie dir einmal _____ **d)** mit.

5. Ich muss dich etwas fragen. – Frag nur, ich höre dir _____ **e)** vor.

6. Um wie viel Uhr holst du Oma vom Flughafen _____ **f)** ab?

7. *(Am Telefon:)* Was machst du? – Ich bin im Supermarkt, ich kaufe _____ **g)** an?

199. Ergänzen Sie die Verben. A2

empfiehlst ■ erkältest ■ hilfst ■ ist ■ missverstehst ■ seid ■ sind

1. Du hast beide Bücher gelesen. Welches von den beiden _____ du mir?

2. *(Am Telefon:)* Hallo Jürgen, wo _____ ihr denn? Wir warten nur noch

   auf euch, alle anderen _____ schon da.

3. Es ist sehr kalt. Du _____ dich, wenn du die Jacke nicht anziehst.

4. Ich habe es nicht so gemeint, du _____ mich.

5. Es _____ zu warm hier, kann jemand die Heizung ausschalten?

6. _____ du mir bitte? Der Koffer ist sehr schwer.

200. Schreiben Sie die Sätze in der 3. Person *(er)*. A2

1. Ich spreche schon Englisch und Russisch, und ich lerne auch Französisch.

   _____

   _____

2. Ich stehe auf, esse zwei Brötchen und trinke eine Tasse Kaffee, und dann nehme ich den Bus
   und fahre zur Arbeit.

   _____

   _____

3. Ich räume zuerst den Schreibtisch auf, und dann fange ich mit der Arbeit an. Nach der Arbeit
   fahre ich zum Training.

   _____

   _____

Präsens: *müssen, dürfen*

> Ich **muss** meinen Koffer packen.
> Morgen fliege ich nach Paris.

müssen	Notwendigkeit	Ich **muss** für die Prüfung lernen. Sie **müssen** erst eine Fahrkarte kaufen.

dürfen	Erlaubnis	Sie **darf** heute früher gehen. Wir **dürfen** nicht mehr als fünfzig Personen anrufen.
	Höflichkeit	**Darf** ich dich zum Essen einladen? **Dürfen** wir Ihnen einen Tee anbieten?

Modalverben verwendet man normalerweise zusammen mit einem Vollverb im Infinitiv. Manchmal kann man das Vollverb aber auch weglassen:

▶ Ich muss nach Hause (gehen).

	müssen	*dürfen*
ich	muss	darf
du	muss**t**	darf**st**
er/sie/es	muss	darf
wir	müss**en**	dürf**en**
ihr	müss**t**	dürf**t**
sie/Sie	müss**en**	dürf**en**

Modalverben haben im Präsens in der 1. und 3. Person keine Endung.

Struktur

POS. 1	POS. 2		ENDE
	Darfst	du	mitkommen?
Ich	muss	mein Flugticket	kaufen.

A1 **201.** *Wer muss was machen?* Ergänzen Sie *müssen* im Präsens.

1. Sie sind Sportlerinnen. Sie _____ viel trainieren.

2. Du bist krank. Du _____ zum Arzt gehen.

3. Ich bin Postbote. Ich _____ den Leuten die Post bringen.

4. Wir arbeiten in einer Bäckerei. Wir _____ morgens früh aufstehen.

5. Ihr seid Schüler. Ihr _____ in die Schule gehen.

202. Ergänzen Sie *müssen* oder *dürfen* im Präsens. A1

1. Entschuldigung, _____ ich Sie etwas fragen? – Ja, gern!

2. Ich _____ mit Geschäftspartnern oft Englisch sprechen.

3. Ich habe Hunger. Ich _____ jetzt mal etwas essen.

4. Es ist schon spät. Wir _____ noch einkaufen gehen.

5. _____ ihr bei dem Test euer Handy benutzen? – Nein, natürlich nicht!

6. Wie lange _____ euer Sohn fernsehen? – Eine halbe Stunde am Tag.

7. _____ man hier rauchen? – Nein, das ist hier verboten.

8. Ich möchte zum Bahnhof fahren. Welchen Bus _____ ich nehmen?

203. Was passt? Kreuzen Sie an. A2

💬 Hast du deine Eltern schon gefragt, ob du morgen Nachmittag mit uns ins Kino gehen

⬡ *darfst* ⬡ *musst*? (1)

⬡ Ja, ich ⬡ *darf* ⬡ *muss* (2) mitgehen. Aber zuerst *darf* ⬡ *muss* (3) ich meine Hausauf-

gaben machen.

💬 Und Jonathan? ⬡ *Darf* ⬡ *Muss* (4) er auch mitgehen?

⬡ Nein, er ⬡ *darf* ⬡ *muss* (5) für die Mathearbeit lernen.

204. Schreiben Sie Fragen mit *müssen* und *dürfen* im Präsens. A2

1. du – dürfen – schon Auto fahren?

   **Darfst du schon Auto fahren?**

2. dürfen – ich – etwas – Sie – fragen?

   _____

3. wo – ich – müssen – bezahlen?

   _____

4. ich – das Fenster – öffnen – dürfen?

   _____

5. ihr – müssen – in den Ferien – für die Schule lernen?

   _____

6. müssen – Klaus – viel im Haushalt helfen?

   _____

Präsens: *wollen, mögen, möcht-*

Wollen wir Pizza für heute Abend kaufen?

Ich möchte lieber Nudeln kochen.

wollen	Plan, Wunsch	Ich **will** nach Hamburg fahren. Ich **will** einen Tee trinken.

möcht-	Plan, höflicher Wunsch	Ich **möchte** nach Hamburg fahren. Ich **möchte** einen Tee trinken.

mögen (seltener)	Plan, Wunsch	**Magst** du noch etwas essen? Ich **mag** keinen Fisch essen.

Das Verb *mögen* verwendet man **häufiger** als **Vollverb** (= *ohne Infinitiv):*
mögen + Akkusativ = *gern haben*
▶ Ich mag Schokolade. Ich mag dich. – Ich mag dich auch.

Auch *wollen* und *möcht-* kann man ohne Vollverb gebrauchen:
▶ Ich will ein neues Auto (haben). Möchtest du ein Glas Wasser (haben)?

	wollen	*„möcht-"*	*mögen*
ich	will	möchte	mag
du	will**st**	möchte**st**	mag**st**
er/sie/es	will	möchte	mag
wir	woll**en**	möcht**en**	mög**en**
ihr	woll**t**	möchte**t**	mög**t**
sie/Sie	woll**en**	möcht**en**	mög**en**

Ich mag nicht mehr bedeutet meistens: *Ich möchte nicht mehr.* In der Schweiz bedeutet es: *Ich kann nicht mehr.*	

Struktur

POS. 1	POS. 2		ENDE
Ich	will	eine Pizza	kaufen.
	Möchtest	du etwas	bestellen?

205. Ergänzen Sie *wollen* und *möcht-* im Präsens. `A1`

1. Was _____ wir am Wochenende machen? *(wollen)*

   – Ich _____ auf jeden Fall schwimmen gehen. *(wollen)*

2. Guten Tag! Was _____ Sie trinken? *(möcht-)*

   – Ich _____ eine Cola. *(möcht-)*

   – Und wir _____ zusammen eine große Flasche Mineralwasser. *(möcht-)*

206. *Höflich sein.* Ergänzen Sie *wollen* und *möcht-* im Präsens. `A2`

Schon Kinder lernen, dass man besser „ich _____" (1) als „ich _____" (2)

sagt. Aber was ist der Unterschied? Wenn Sie zu Besuch bei Freunden sind und sagen: „Ich

_____ (3) einen Apfelsaft", ist das grammatikalisch richtig, aber es ist nicht höflich. Sie

können das Modalverb *wollen* aber zum Beispiel benutzen, wenn Sie über einen festen Plan

sprechen: „Ich _____ (4) Architekt werden."

207. Schreiben Sie Sätze mit *wollen, möcht-, mögen* im Präsens. In manchen Sätzen werden `A2`
die Modalverben ohne Infinitiv verwendet.

1. ich – nach Paris – möcht- – fahren

   Ich möchte nach Paris fahren.

2. wollen – du – nach Hause?

   _____

3. ihr – wollen – Kaffee oder Tee?

   _____

4. am liebsten – Sofie – mögen – Gummibärchen

   Am liebsten ...

5. haben – das Kind – wollen – eine neue Puppe

   Das Kind ...

6. möcht- – mit mir – du – wegfahren?

   _____

7. mögen – erzählen – eine Geschichte – du – mir?

   _____

Präsens: *können*

Thomas und Sabine **können** gut tanzen.

Möglichkeit	Du **kannst** gern zum Mittagessen bei uns bleiben. Sie **können** morgen Vormittag in unsere Praxis kommen.
Fähigkeit	Sabine **kann** gut tanzen und singen. Thomas **kann** außerdem gut Gitarre spielen.
Erlaubnis	Du **kannst** gern mein Wörterbuch benutzen. Er **kann** einen Privatparkplatz benutzen.
Bitte	**Können** Sie mir helfen? **Könnt** ihr mir Bananen mitbringen?

Das Vollverb lässt man manchmal weg:
▶ Ich kann Türkisch (sprechen). Ich kann morgen Abend nicht (kommen, ins Kino gehen…).

ich	kann
du	kann**st**
er/sie/es	kann
wir	könn**en**
ihr	könn**t**
sie/Sie	könn**en**

Modalverben haben im Präsens in der 1. und 3. Person keine Endung.

Struktur

POS. 1	POS. 2		ENDE
Sie	kann	sehr gut	tanzen.
	Kann	ich mich neben dich	setzen?

A2 **208.** Welche Bedeutung/Funktion hat das Modalverb *können* in den folgenden Beispielen: Möglichkeit (M), Fähigkeit (F), Erlaubnis (E) oder Bitte (B)? Kreuzen Sie an. Es können zwei Lösungen richtig sein.

	M	F	E	B
1. Kannst du schwimmen?	○	○	○	○
2. Du kannst heute früher gehen.	○	○	○	○
3. Können Sie mir ein Wasser bringen?	○	○	○	○
4. Wo kann man hier gut essen?	○	○	○	○

209. *Im Unterricht.* Sagen Sie es höflicher mit *können* im Präsens.　　　　A2

1. Helft mir bitte. → _Könnt ihr mir bitte helfen?_____

2. Sprechen Sie bitte langsamer. → _____

3. Gib mir bitte den Stift. → _____

4. Schreiben Sie bitte das Wort an die Tafel. → _____

210. *Quiz.* Ergänzen Sie das Verb *können* im Präsens.　　　　A2

1. In welcher Stadt _____ du das größte technische Museum der Welt

besichtigen?

◯ *Hamburg* ◯ *München* ◯ *Berlin*

2. Seit welchem Jahr _____ Frauen in ganz Deutschland wählen?

◯ *1891* ◯ *1918* ◯ *1945*

3. Welches Tier _____ am schnellsten laufen?

◯ *Hauskatze* ◯ *Pferd* ◯ *Maus*

211. *Ein Internetforum.* Kreuzen Sie die richtigen Modalverben an.　　　　A2

	Mein Kind kann schon rechnen und schreiben – gut oder schlecht?
lucy323	Hallo! Unsere Tochter Mia kommt im Herbst in die Schule. Sie ◯ *kann* ◯ *darf* (1) aber jetzt schon lesen und schreiben. Ich habe Angst, dass sie sich langweilt! ◯ *Könnt* ◯ *Müsst* (2) ihr mir helfen? Was ◯ *darf* ◯ *kann* (3) ich tun?
bine53	Ich kenne das: Kinder sind neugierig. Meine Emilia, 3 Jahre, hat mir gestern gesagt: Mama, ich ◯ *will* ◯ *darf* (4) schreiben lernen! Das ist okay – und du ◯ *musst* ◯ *willst* (5) ihr helfen.
ponyhof	Unsere Söhne sind in der ersten Klasse, ◯ *können* ◯ *müssen* (6) aber schon von 1 bis 10 000 zählen. Du ◯ *musst* ◯ *willst* (7) mit den Lehrern sprechen. Sie ◯ *können* ◯ *mögen* (8) jedem Kind individuelle Aufgaben geben.
lena_q	Mia ist sicher nicht allein: Auch andere Kinder ◯ *können* ◯ *wollen* (9) schon lesen und schreiben, wenn sie in die Schule kommen.

Präsens: *sollen*

Ich **soll** mehr Gemüse essen.

Rat, Empfehlung, Auftrag von anderer Person	Ich **soll** mehr Obst und Gemüse essen. *(Das hat die Ärztin gesagt.)* Ich **soll** euch von Petra grüßen. *(Das hat Petra gesagt.)*
allgemeine Verpflichtung	Man **soll** immer freundlich sein. Man **soll** anderen Menschen helfen.
Vorschläge (Fragen in der 1. Person)	**Soll** ich mitkommen? **Soll** ich dir eine Zeitung kaufen?

Das Vollverb lässt man manchmal weg:
▶ Was sollen wir hier? Was soll das?

ich	soll
du	soll**st**
er/sie/es	soll
wir	soll**en**
ihr	soll**t**
sie/Sie	soll**en**

Modalverben haben im Präsens in der 1. und 3. Person keine Endung.

Struktur

POS. 1	POS. 2		ENDE
	Soll	ich dir etwas aus der Stadt	mitbringen?
Wir	sollen	mehr Obst	essen.

A1 **212.** Ergänzen Sie *sollen* im Präsens.

1. Vielleicht kommt Lea auch mit ins Kino. _____ wir sie mal fragen?

2. Ich gehe jetzt zum Bäcker. _____ ich dir etwas mitbringen?

3. Heinz fragt, wann wir uns morgen treffen. Was _____ ich ihm antworten? –

Schreib ihm, er _____ um halb acht am Bahnhof sein.

4. Haben wir alles für morgen, oder _____ wir noch einkaufen gehen?

5. Hallo, Arnold! Der Chef war gerade hier. Er hat gesagt, du _____ sofort zu ihm

ins Büro kommen.

6. Was _____ wir machen? – Das weiß ich nicht.

213. *Wer soll was machen?* Schreiben Sie Sätze im Präsens.   `A2`

1. Der Chef sagt, wir – jetzt – eine Pause – machen – sollen

　Der Chef sagt, wir...

2. Er sagt, du – die Briefe – zur Post – bringen – sollen

　Er sagt, du...

3. Thomas – die Rechnungen – ausdrucken – sollen

　Thomas ...

4. Andrea und Ingo – das Sommerfest – organisieren – sollen

　Andrea und Ingo...

5. ich – neue Termine – vereinbaren – sollen

　Ich...

214. *Eine Reise nach New York.* Schreiben Sie die unterstrichenen Sätze neu.   `A2`

Jan und Ulrike fliegen morgen nach New York und besuchen Vanessa.

Hallo Jan,

ich freue mich schon auf Ulrike und dich! <u>Wenn ihr direkt zu mir fahren wollt, nehmt morgen vom Flughafen aus am besten den Bus Richtung Manhattan.</u> <u>Wartet am Grand Central Terminal auf mich.</u> <u>Ruft mich an, wenn ihr da seid!</u> Ach ja: Sag Ulrike, <u>sie muss unbedingt warme Kleidung einpacken.</u> Hier in New York ist es eiskalt, und sie friert ja so schnell ....

Liebe Grüße und guten Flug

Vanessa

Wenn wir direkt zu ihr fahren wollen, sollen wir morgen vom
Flughafen aus...

Negation der Modalverben

> Hier **darf** man **nicht** schwimmen.

> Ich **soll nicht** rauchen.

> Lena **braucht nicht zu** klingeln.
> (= Lena **muss nicht** klingeln.)
> Sie hat einen Schlüssel.

nicht dürfen: Es ist verboten.	Hier **dürfen** Sie **nicht** parken.
	Bei Rot **darf** man **nicht** fahren.

nicht sollen: Es ist unerwünscht.	Ich **soll nicht** rauchen. *(Das hat der Arzt gesagt.)*
	Du **sollst nicht** immer so frech sein!

nicht müssen = nicht brauchen: Es ist nicht nötig.	Deshalb **musst** du doch **nicht** weinen!
	Du **brauchst** mir **nicht zu** helfen.

In der Standardsprache steht *nicht brauchen* mit *zu*.
In der Umgangssprache verwendet man *nicht brauchen* oft ohne *zu*.

Struktur

POS. 1	POS. 2		ENDE
	Darf	man hier nicht	schwimmen?
Du	musst	mir nicht	helfen.

A2 **215.** *Wer soll was nicht machen?* Ergänzen Sie *sollen* im Präsens.

1. Sag ihm, er _____ seinen Pass nicht vergessen.

2. Eure Lehrerin hat gesagt, ihr _____ nicht zu spät zum Unterricht kommen.

3. Der Zahnarzt sagt, ich _____ nicht so viele Süßigkeiten essen.

4. Warum rauchst du? Ich habe dir doch gesagt, du _____ nicht rauchen.

5. Katja meinte, du _____ den Mantel nicht heute kaufen – ab morgen ist er im
Angebot und kostet 20 Euro weniger!

6. Ich habe Andrea gesagt, sie _____ die neue Kollegin nicht so unfreundlich behandeln.

7. Du _____ Tante Helga nicht immer um Geld bitten.

8. Sie meint, wir _____ nicht mit dem Zug fahren. Der Bus ist viel billiger.

216. Was muss oder darf man hier nicht machen? Schreiben Sie Sätze und ordnen Sie zu. A2

a)　　　　　　　　b)　　　　　　　　c)　　　　　　　　d)

1. Hier darf man nicht parken _____ (parken). __b__
2. Hier... _____ (essen). _____
3. Hier... _____ (Tempo 30 fahren). _____
4. Hier... _____ (Fahrrad fahren). _____

217. Ergänzen Sie *dürfen, müssen* oder *brauchen* im Präsens (in der Standardsprache). A2

1. Du _____ nichts zu bezahlen. Der Eintritt ist heute frei.

2. Wir _____ hier nicht grillen. Grillen ist hier verboten.

3. Er _____ uns nicht zu helfen. Wir schaffen das auch ohne ihn.

4. Du _____ nicht mehr einkaufen. Ich habe schon eingekauft.

218. Welches Verb passt (in der Standardsprache)? Kreuzen Sie an. A2

1. Endlich haben wir Ferien und ich ◯ *darf* ◯ *muss* ◯ *brauche* nicht jeden Tag so früh

  aufstehen.

2. Ich habe jetzt ein Auto und ◯ *soll* ◯ *muss* ◯ *brauche* nicht immer auf den Bus

  zu warten.

3. Im Restaurant ◯ *darf* ◯ *braucht* ◯ *muss* man nicht rauchen. Das ist verboten.

219. Antworten Sie in ganzen Sätzen mit *dürfen, müssen* oder *brauchen* (in der Standard-sprache). Manchmal gibt es zwei Möglichkeiten. A2

1. Darf ich hier parken?

  Nein, du _____

2. Muss Raphael morgen arbeiten?

  Nein, er _____

3. Muss ich alles allein machen?

  Nein, du _____

A2 **220.** Was passt? Kreuzen Sie an.

1. ○ *Möchten* ○ *Sollen* ○ *Wollen* wir zu eurer Party etwas mitbringen? – Nein, danke,

ihr ○ *müsst* ○ *sollt* ○ *braucht* nichts mitzubringen.

2. Meine Schwester ○ *kann* ○ *will* ○ *mag* doch so gut Deutsch. Wenn du sie bittest,

○ *kann* ○ *muss* ○ *darf* sie dir sicher bei deinen Hausaufgaben helfen.

3. Wenn du ○ *magst* ○ *möchtest* ○ *darfst,* dass Annette mit dir zur Karnevalsfeier geht,

dann ○ *musst* ○ *magst* ○ *brauchst* du sie einfach mal fragen.

A2 **221.** Was muss oder darf man hier (nicht) machen? Ergänzen Sie die Sätze und ordnen Sie zu.

a)   b)   c)   d)

1. Hier _____ man nicht schneller als 60 Stundenkilometer fahren.   *a*

2. Hier _____ man aufpassen.   _____

3. Hier _____ man nicht nach links fahren.   _____

4. Hier _____ Kinder auf der Straße spielen.   _____

A2 **222.** Kreuzen Sie die passenden Modalverben an.

1. Diesen Film ○ *darf* ○ *will* man erst ab sechzehn Jahren sehen.

2. Tanja ○ *kann* ○ *darf* sehr gut Trompete spielen.

3. ○ *Möchtest* ○ *kannst* du auch eine Tasse Tee? – Ja, gern.

4. Es ist schon spät. Wir ○ *müssen* ○ *dürfen* uns beeilen. Der Zug fährt in zehn Minuten, und

wir ○ *müssen* ○ *dürfen* ihn nicht verpassen.

5. Sandra ○ *kann* ○ *mag* heute nicht ins Training kommen. Sie ist krank. – Was hat sie

denn? – Das weiß ich nicht. Sie sagt, sie ○ *muss* ○ *kann* Medikamente einnehmen und

○ *darf* ○ *muss* keinen Sport machen.

6. Entschuldigung, ○ *müssen* ○ *können* Sie mir sagen, wie ich zum Bahnhof komme? –

Ja, Sie ○ *müssen* ○ *möchten* dort an der Ampel nach links abbiegen.

7. ○ *Darf* ○ *Soll* ich dir eine Tasse Kaffee anbieten? – Nein, danke, ich ○ *muss* ○ *mag*

keinen Kaffee.

8. Paula hat gesagt, ich ○ *soll* ○ *will* zu Hause bleiben, wenn ich so krank bin.

223. Kreuzen Sie die passenden Modalverben an.

Senden	**Von:** n.schumann@mailforyou.com
	An: f.reimann@mailforyou.com; o.oswald@mailforyou.com
	Betreff: Einladung

Hallo, Ihr Lieben,

am Samstag, dem 15.10., feiern wir Christians Geburtstag und ⃝ *möchten* ⃝ *können* (1)

Euch herzlich dazu einladen. Wir hoffen sehr, dass Ihr Zeit habt und kommen ⃝ *könnt*

⃝ *sollt* (2). Eure Kinder ⃝ *könnt* ⃝ *wollt* (3) Ihr natürlich auch gern mitbringen. Wenn Ihr

kommt, sagt Eurer Tochter, sie ⃝ *will* ⃝ *soll* (4) ihre Gitarre mitbringen. Dann ⃝ *müssen*

⃝ *können* (5) wir zusammen Musik machen. Ihr ⃝ *könnt* ⃝ *sollt* (6) auch alle bei uns

übernachten, wenn Ihr ⃝ *sollt* ⃝ *möchtet* (7). Platz haben wir ja genug.

Herzliche Grüße, auch von Christian

Nadine

224. *Urlaubsplanung.* Schreiben Sie Sätze.

1. mit meinem Freund – fahren – ich – wollen – nach Rügen

   Ich will mit....

2. dort – schwimmen – jeden Tag – können – wir

   Dort...

3. nicht – unsere 17-jährige Tochter – wollen – aber – mitkommen

   Aber unsere...

4. wollen – sie – verbringen – den Sommer – mit ihren Freunden

   Sie...

5. natürlich – nicht – sie – mit uns fahren – brauchen

   Natürlich...

6. sie – selbst entscheiden – können

   Sie...

7. sollen – sie – aber – jeden Tag – die Katzen füttern

   Aber sie...

Imperativ

Gib mir mal bitte den Stift!

Der Imperativ drückt einen Befehl, eine Bitte, eine Aufforderung aus.

		du-Form	*ihr*-Form	*Sie*-Form
	(Präsens)	d~~u~~ sing~~st~~	i~~hr~~ singt	Sie singen
Verben ohne Vokalwechsel	singen	Sing(e)*!	Singt!	Singen Sie!
Verben mit Stamm auf -t/-d	arbeiten	Arbeite!	Arbeitet!	Arbeiten Sie!
Verben mit Stamm auf -el/-er	sammeln	Samm(e)le!	Sammelt!	Sammeln Sie!
Verben mit Vokalwechsel e → i(e) a → ä, au → äu	geben fahren	Gib! Fahr(e)*!	Gebt! Fahrt!	Geben Sie! Fahren Sie!
trennbare Verben	einkaufen	Kauf ein!	Kauft ein!	Kaufen Sie ein!
haben	haben	**Hab**(e)*!	Habt!	Haben Sie!
sein	sein	**Sei**!	Seid!	**Seien** Sie!

> * Die Form mit -e ist formell und vor allem in der Schriftsprache verbreitet.
> Das -e muss aber stehen, wenn der Stamm auf -d, -t, -el, -er oder -ig endet.

> Nicht nur mit *bitte*, sondern auch mit *doch* und *mal* (↑ S. 168) kann man einen Imperativ höflicher machen.
> ▶ Komm **doch mal** her! – Hilf mir **mal bitte**!

A1

225. Ergänzen Sie die fehlenden Formen.

Infinitiv	*du*-Form	*ihr*-Form	*Sie*-Form
gehen	Geh!		
			Essen Sie!
weglaufen			
klingeln			
			Sprechen Sie!

226. *Frau Müller ist krank. Was sagt der Arzt? Ergänzen Sie die Imperative.* A1

> bleiben ▪ essen ▪ ~~nehmen~~ ▪ rauchen ▪ schlafen ▪ trinken

__Nehmen Sie__ (1) täglich zwei von diesen Tabletten. _____ (2)

viel Tee, Wasser oder Saft. _____ (3) viel Obst. _____ (4)

zu Hause. _____ (5) viel und _____ (6) nicht.

> Auch bei Verben mit Stamm auf -*m*/-*n* ist das -e im Imperativ (*du*-Form) obligatorisch:
> ▶ Atm**e**! Öffn**e**!
> Ausnahme: Verben mit *r* oder *l* vor *m* oder *n* (fi**l**men, le**r**nen…).

227. *Empfehlungen an eine Freundin / einen Freund.* Ergänzen Sie die Imperative. A1

1. _____ *(fragen)* doch mal deinen Lehrer.

2. _____ *(gehen)* doch mal zum Arzt.

3. _____ *(haben)* keine Angst. Der Hund will doch nur spielen!

4. _____ *(ordnen)* mal deine Papiere, dann findest du sicher den Brief.

228. *Im Deutschkurs. Was sagt die Lehrerin?* Schreiben Sie Sätze mit dem Imperativ. A1

1. *(das Buch öffnen)* __Bitte öffnen Sie das Buch.__

2. *(den Text lesen)* _____

3. *(antworten)* _____

4. *(ankreuzen)* _____

5. *(den Test abgeben)* _____

229. *In der Schule. Was sagt die Lehrerin zu den Kindern?* Schreiben Sie Sätze mit dem Imperativ. A1

1. *(eure Hefte mitbringen)* __Bitte bringt eure Hefte mit.__

2. *(das Buch öffnen)* _____

3. *(die Hausaufgaben machen)* _____

4. *(nicht zu spät kommen)* _____

5. *(nicht so laut sein)* _____

Perfekt mit *haben*

Warum schreibst du nicht die Geburtstagskarte für Anja?

Ich **habe** sie schon **geschrieben**!

Das Perfekt beschreibt Ereignisse in der Vergangenheit. Man bildet das Perfekt mit einem Hilfsverb (meist: *haben*) im Präsens und dem Partizip Perfekt.

	Präsens von *haben*	Partizip Perfekt
ich	habe	
du	hast	
er/sie/es	hat	geschrieben
wir	haben	
ihr	habt	
sie/Sie	haben	

regelmäßige Verben	
Infinitiv	**Partizip Perfekt**
machen	→ **ge**mach**t**
hören	→ **ge**hör**t**
arbeiten	→ **ge**arbeit**et**
	ge ▨ **(e)t**
	Der Stamm bleibt gleich.

Wenn der Stamm auf -*d*/-*t* endet, endet das Partizip *auf* -*et*.

Unregelmäßige Verben: Sie müssen die Formen lernen (↑ Verbtabelle, S. 254).

unregelmäßige Verben	
Infinitiv	**Partizip Perfekt**
schreiben	→ **ge**schr**ieb**en
sehen	→ **ge**seh**en**
singen	→ **ge**s**u**ngen
	ge ▨ **en**
	Der Stamm kann sich ändern.

Nur wenige unregelmäßige Verben haben ein Partizip Perfekt auf -*t*:
bringen → *gebracht*,
denken → *gedacht*,
kennen → *gekannt*,
wissen → *gewusst* ...

Struktur

POS. 1	POS. 2		ENDE
	Hast	du die Karte	geschrieben?
Ich	habe	die Karte	geschrieben.

230. Bilden Sie zu den Verben das Partizip Perfekt oder den Infinitiv. A1

1. warten _____
2. _____ gefahren
3. fragen _____
4. kaufen _____

5. bleiben _____
6. _____ gesucht
7. stellen _____
8. _____ gezahlt

231. Ergänzen Sie die Verben im Perfekt. A1

1. Gestern _____ ich den ganzen Tag _____ *(schlafen)*.
2. Wo _____ du diese Jacke _____ *(kaufen)*?
3. _____ Lisa dir die Fotos schon _____ *(zeigen)*?
4. Wie viel _____ die Schuhe _____ *(kosten)*?
5. Was _____ ihr heute im Kurs _____ *(lernen)*?
6. _____ du mit deiner Mutter _____ *(sprechen)*?

232. *Sonja erzählt ihren Lebenslauf.* Ergänzen Sie die Verben im Perfekt. A2

Als Jugendliche _____ ich in Leipzig _____ *(wohnen)* (1). 2009

_____ ich dort das Abitur _____ *(machen)* (2). Nach dem

Abitur _____ mein Freund und ich ein Jahr in Ecuador _____ *(leben)* (3) und in

einem Tierheim _____ *(helfen)* (4). Danach _____ ich an der

Freien Universität in Berlin Anglistik als Studienfach _____ *(wählen)* (5). Im

Studium _____ ich drei Praktika _____ *(machen)* (6): In zwei

Sprachenschulen _____ ich Englischunterricht _____ *(geben)* (7) und

Prüfungsarbeiten _____ *(lesen)* (8). Bei einer kleinen Lokalzeitung

_____ ich Artikel _____ *(schreiben)* (9) und auf Leserbriefe

_____ *(antworten)* (10). Außerdem _____ ich neben dem

Studium drei Jahre lang als Fitnesstrainerin _____ *(arbeiten)* (11) und eine

Streetdance-Kindergruppe _____ *(leiten)* (12). Nach meinem Abschluss, 2014,

_____ ich eine Stelle als Englischlehrerin _____ *(finden)* (13).

> Der Film **hat** um acht Uhr **angefangen**.
>
> Er **hat** uns nicht **gefallen**.
>
> Deshalb **haben** wir den Kinosaal nach zwanzig Minuten **verlassen**.

	trennbare Verben		untrennbare Verben	
	Infinitiv	**Partizip Perfekt**	**Infinitiv**	**Partizip Perfekt**
regelmäßige Verben	einkaufen	→ ein**ge**kauf**t**	verreisen	→ verreis**t**
	zuhören	→ zu**ge**hör**t**	erlauben	→ erlaub**t**
		■ **ge** ■ **t**		■ ■ **t**
unregelmäßige Verben	anfangen	→ an**ge**fang**en**	gefallen	→ gefall**en**
	abschneiden	→ ab**ge**schnitt**en**	verlassen	→ verlass**en**
		■ **ge** ■ **en**		■ ■ **en**
	-ge- zwischen Präfix und Stamm		ohne *-ge-*	

Verben auf *-ieren*	
Infinitiv	**Partizip Perfekt**
telefonieren	→ telefonier**t**
passieren	→ passier**t**
	■ ■ **t**
	ohne *-ge-*

A1

233. Schreiben Sie zu den Verben das Partizip Perfekt.

1. abholen _____
2. anrufen _____
3. reservieren _____
4. bekommen _____
5. aufmachen _____

6. zusehen _____
7. mitspielen _____
8. verstehen _____
9. kontrollieren _____
10. verkaufen _____

Welche Verben sind trennbar? _____

_____

234. Ergänzen Sie die Verben im Perfekt.

A1

1. Was _____ ihr im Supermarkt _____ (einkaufen)?

2. _____ du die Geschenke _____ (einpacken)?

3. Gestern _____ wir meine Schwester _____ (besuchen).

4. _____ Laura ihre Tickets _____ (mitnehmen)?

5. Ich _____ meinen Schlüssel _____ (verlieren).

6. _____ du dein Fahrrad schon _____ (reparieren)?

235. Schreiben Sie Sätze im Perfekt.

A2

1. wir – letzte Woche – viel – trainieren

_Wir..._____

2. euer Team – gestern – gewinnen?

_____

3. wir – die Prüfung – bestehen

_Wir..._____

4. was – du – reparieren?

_____

5. ich – gestern – meine Tante – besuchen

_Ich..._____

236. *Ein Tag im Leben von Martin.* Schreiben Sie Sätze mit Verben im Perfekt und im Präsens.

A2

1. ~~Kinder zur Schule bringen~~ ■ ~~zur Arbeit fahren~~

2. einen Kunden treffen ■ nachmittags einen Bericht schreiben

3. den Bus nach Hause nehmen ■ mit der Familie zu Abend essen

4. sich umziehen ■ durch den Park joggen

5. die Kinder ins Bett bringen ■ schlafen gehen

1. _Nachdem er die Kinder zur Schule gebracht hat, fährt er zur Arbeit._

2. _Nachdem..._____

3. _Nachdem..._____

4. _Nachdem..._____

5. _Nachdem..._____

Perfekt mit *sein*

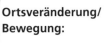

Wir sind in München. $\rightarrow$

Wir sind am Meer.

Ortsveränderung/ Bewegung:

In den Ferien **sind** wir ans Meer **gefahren**.

Der Baum ist klein. $\rightarrow$

Der Baum ist größer.

Zustands- veränderung:

Der Baum **ist gewachsen**.

Manche Verben bilden das Perfekt mit dem Hilfsverb *sein*.

Verben der Ortsveränderung/Bewegung	gehen, fahren, fliegen, kommen…
Verben der Zustandsveränderung	aufwachen, einschlafen, sterben, werden…
wenige andere Verben	sein, bleiben, geschehen, passieren…

Im Süden sagt man:
▸ ich **bin** gesessen, gestanden, gelegen

Verben der Ortsveränderung/Bewegung
ohne **Akkusativobjekt**: Perfekt mit *sein*   ▸ Ich **bin** zum Bahnhof **gefahren**.
mit **Akkusativobjekt**: Perfekt mit *haben*   ▸ Ich **habe meinen Sohn** zum Bahnhof **gefahren**.

A1 **237.** Welche Verben bilden das Perfekt mit *haben*, welche mit *sein*?

einsteigen ▪ holen ▪ kochen ▪ laufen ▪ sammeln ▪ sehen ▪ treffen ▪ wachsen

Perfekt mit *haben*	Perfekt mit *sein*

238. Ergänzen Sie die Verben im Perfekt.　　　　　　　　　　　　　　　A1

1. Wo _____ Sie zur Schule _____ (gehen)?

2. Wie lange _____ ihr gestern auf der Party _____ (bleiben)?

3. Da bist du ja! Wo _____ du denn so lange _____ (sein)?

4. _____ du mit der U-Bahn _____ (kommen)?

5. Ich _____ mit dem Motorrad _____ (kommen).

6. _____ du deine Freundin nach Hause _____ (fahren)?

7. Constanze _____ mit dem Bus nach Hause _____ (fahren).

8. _____ ihr schon einmal in die USA _____ (fliegen)?

9. _____ du heute Morgen durch den Park _____ (laufen)?

10. Ihr _____ gestern nicht in der Schule _____ (sein).

239. *Ein Ausflug zum See.* Ergänzen Sie die Verben im Perfekt.　　　　　A2

fahren ▪ fallen ▪ grillen ▪ holen ▪ laufen ▪ schwimmen ▪ spielen ▪ springen ▪ werden

Am Sonntag __*sind*__ wir an den See __*gefahren*__ (1). Am Morgen war es noch ein

bisschen kalt. Aber dann _____ es wärmer _____ (2). Tina und Marco

_____ gleich ins Wasser _____ (3) und über den See _____ (4).

Die Kinder _____ zum Spielplatz _____ (5) und _____ mit den anderen

Kindern Fußball _____ (6). Dann _____ der Ball ins Wasser

_____ (7) und Erik _____ ihn wieder aus dem Wasser _____ (8).

Maria, Ralf und Tamara _____ Gemüse und Würstchen _____ (9).

240. *Quiz.* Ergänzen Sie die Verben im Perfekt.　　　　　　　　　　　A2

1. Wer _____ 1927 als Erster allein über den Atlantik _____ (fliegen)?

　　◯ *Charles Lindbergh*　◯ *Orville Wright*　◯ *Hermann Köhl*

2. Bei welchem Film _____ Alfred Hitchcock Regie _____ (führen)?

　　◯ *Casablanca*　◯ *Die Vögel*　◯ *Frühstück bei Tiffany*

3. Welchen Namen _____ sich Norma Jean Baker _____ (geben)?

　　◯ *Ava Gardner*　◯ *Josephine Baker*　◯ *Marilyn Monroe*

A2

241. *„Du wirst nie mit der Arbeit fertig?" Tipps von einem Psychologen.*
Bilden Sie den Imperativ in der *du*-Form.

✓ eine To-do-Liste schreiben	1. <u>Schreib eine To-do-Liste!</u>
✓ den Tag gut planen	2. _____
✓ mit der Arbeit pünktlich anfangen	3. _____
✓ Pausen machen	4. _____
✓ nach Pausen schnell weiterarbeiten	5. _____
✓ immer ruhig bleiben	6. _____
✓ genug schlafen	7. _____
✓ sich über Erfolge freuen	8. _____
✓ nicht die Freizeit vergessen	9. _____

A1

242. Ergänzen Sie die fehlenden Formen.

Infinitiv	Präsens	Partizip Perfekt
	du bittest	
einkaufen		
legen		
		geschrieben
		gesucht
	du hoffst	

Welche Verben sind unregelmäßig? _____

A1

243. Ergänzen Sie die richtigen Formen von *haben* oder *sein*.

1. Was für einen Film _____ du gestern gesehen? – Eine französische Komödie.

2. _____ du gestern mit dem Zug gekommen? – Nein, mit dem Bus.

3. Wann _____ du heute Morgen aufgewacht? – Um halb acht.

4. Warum _____ du mit dem Tanzkurs aufgehört? – Er war zu schwer.

5. Wie _____ dir die Wohnung gefallen? – Sehr gut.

6. _____ du deine Tante zum Flughafen gefahren? – Nein, ich hatte keine Zeit.

244. *Interview: Ein Sommersprachkurs.* Ergänzen Sie die Verben im Perfekt. A2

💬 Hallo Francisco, du _____ dieses Jahr einen Sommersprachkurs in Deutschland

_____ *(besuchen)* (1) – in welcher Stadt?

🔵 Ich _____ vier Wochen in Heidelberg _____ *(verbringen)* (2).

💬 Wie _____ es dir _____ *(gefallen)* (3)?

🔵 Sehr gut. Morgens hatte ich Unterricht, und ich _____ wirklich viel

_____ *(lernen)* (4). Am Nachmittag und am Wochenende _____ die

Organisatoren uns verschiedene Ausflüge und Aktivitäten _____ *(anbieten)* (5).

💬 Erzähl mal – was _____ ihr _____ *(sehen)* (6)?

🔵 Wir _____ zum Beispiel das Heidelberger Schloss _____

(besichtigen) (7) und _____ einen Tag nach Köln _____ *(fahren)* (8).

💬 Und wo _____ du _____ *(wohnen)* (9)?

🔵 Bei einer Familie mit zwei kleinen Kindern – ich _____ viel Deutsch mit ihnen

_____ *(sprechen)* (10). Aber auch ein bisschen Spanisch – die Mutter

_____ nämlich vor langer Zeit ein Semester in Spanien _____ *(studieren)* (11)!

💬 Danke für das Interview, Francisco!

245. *Mit dem Bus zur Arbeit.* Ergänzen Sie die Verben im Perfekt. B1

Heute Morgen __*habe*__ ich __*verschlafen*__ *(verschlafen)* (1). Deshalb _____ ich

erst um Viertel vor acht _____ *(aufstehen)* (2). Ich _____ mich sofort

_____ *(anziehen)* (3) und _____ gleich zur Bushaltestelle

_____ *(laufen)* (4). In diesem Moment _____ der Bus aber schon

_____ *(losfahren)* (5). Ich _____ dann in den nächsten Bus

_____ *(einsteigen)* (6). Ich _____ nicht gleich _____

(bemerken) (7), dass es der falsche Bus war. Deshalb _____ ich noch einmal

_____ *(umsteigen)* (8). Am Ende _____ ich aber gut

_____ *(ankommen)* (9) und _____ mich nur ein bisschen

_____ *(verspäten)* (10).

Präteritum

Im Mittelalter **lebten** die meisten Menschen in Europa auf dem Land, nur wenige **wohnten** in Städten. Die Städte **lagen** oft an einem Fluss oder am Meer; ihr Zentrum **war** der Marktplatz.

Das Präteritum beschreibt Ereignisse in der Vergangenheit.

Unterschiede im Gebrauch: Präteritum/Perfekt

häufiger Präteritum	häufiger Perfekt
▶ in formalen Texten (Schriftsprache) ▶ in literarischen Erzählungen ▶ bei einigen Verben: *haben, sein, werden*, Modalverben	▶ in informellen Texten (z. B. persönliche E-Mails, persönliche Briefe) ▶ in gesprochener Sprache ▶ wenn man ein Ergebnis beschreibt: „Ihr Taxi ist gekommen!", „Ich habe schon gegessen".

	regelmäßige Verben		unregelmäßige Verben	
	leben	*arbeiten*	*liegen*	Nur wenige unregelmäßige Verben haben die Endungen *-te, -test, -ten, -tet*:
ich	lebte	arbeit**ete**	lag	
du	lebtest	arbeit**etest**	lagst	*bringen* → *brachte*,
er/sie/es	lebte	arbeit**ete**	lag	*denken* → *dachte*,
wir	lebten	arbeit**eten**	lagen	*kennen* → *kannte*,
ihr	lebtet	arbeit**etet**	lagt	*wissen* → *wusste*…
sie/Sie	lebten	arbeit**eten**	lagen	

Wenn der Stamm auf *-d/-t* endet, steht zwischen Stamm und Endung ein e.

Unregelmäßige Verben: Der Stamm kann sich ändern. Sie müssen die Formen lernen (↑ Verbtabellen, S. 254).

	haben	*sein*	*werden*
ich	hatte	war	wurde
du	hattest	warst	wurdest
er/sie/es	hatte	war	wurde
wir	hatten	waren	wurden
ihr	hattet	wart	wurdet
sie/Sie	hatten	waren	wurden

246. Ergänzen Sie *haben* und *sein* im Präteritum.   A2

Letzte Woche _____ (1) Vanessa und Sebastian Urlaub und

_____ (2) jeden Tag in einer anderen Stadt. Sie _____ (3)

Glück: Das Wetter _____ (4) die ganze Woche schön, auch die Abende

_____ (5) noch warm.

247. *Ausflug am Sonntag* (Teil 1). Ergänzen Sie die Verben im Präteritum.   B1

Am Sonntag _____ *(fahren)* (1) Vanessa und Sebastian nach Neustadt. Ganz früh

am Morgen _____ *(gehen)* (2) sie zum Bahnhof. Dort _____

(kaufen) (3) Sebastian eine Zeitung, Vanessa _____ *(holen)* (4) zwei Becher Kaffee.

Fünf Minuten vor der Abfahrt _____ *(bemerken)* (5) die beiden, dass sie

noch keine Fahrkarten _____ *(haben)* (6). Also _____ *(laufen)* (7) sie

schnell zu den Fahrkartenautomaten. Sie _____ *(wählen)* (8) ihr Ticket und

_____ *(zahlen)* (9) schnell. Dann _____ *(nehmen)* (10) sie ihr Ticket

und _____ *(rennen)* (11) zum Zug. Sie _____ *(schaffen)* (12) es in

letzter Sekunde.

248. *Ausflug am Sonntag* (Teil 2). Schreiben Sie Sätze im Präteritum.   B1

1. Vanessa und Sebastian – in den Zug – einsteigen

   Vanessa und Sebastian... _____

2. im Zug – sie – die Zeitung – lesen – und – den Kaffee – trinken

   Im Zug... _____

3. ein Zugbegleiter – ihre Tickets – kontrollieren; er – sehr nett – sein

   Ein Zugbegleiter... _____

4. ihre Freunde in Neustadt – Vanessa und Sebastian – am Bahnhof – abholen

   Ihre Freunde... _____

5. sie – ihnen – die Stadt – zeigen – und – sie – in ein gemütliches Lokal – bringen

   Sie... _____

6. am Abend – sie – zusammen – ein Konzert – besuchen

   Am Abend... _____

Präteritum: Modalverben

Matthias ist Lehrer. Gestern Abend **musste** er zwanzig Aufsätze korrigieren.

Modalverben stehen in der Vergangenheit meistens im Präteritum, auch in der gesprochenen Sprache:

▶ Warst du gestern bei Peters Party?
▶ Nein, ich **konnte** nicht kommen. / Ich **konnte** nicht.

	müssen	*dürfen*	*wollen*	*mögen*	*können*	*sollen*
ich	musste	durfte	wollte	mochte	konnte	sollte
du	musstest	durftest	wolltest	mochtest	konntest	solltest
er/sie/es	musste	durfte	wollte	mochte	konnte	sollte
wir	mussten	durften	wollten	mochten	konnten	sollten
ihr	musstet	durftet	wolltet	mochtet	konntet	solltet
sie/Sie	mussten	durften	wollten	mochten	konnten	sollten

Die Modalverben haben im Präteritum **keinen** Umlaut *(ö, ü)*.
Als Präteritum von *ich möchte* verwendet man *ich wollte*.

Modalverben können aber auch ein Perfekt (↑ S. 114) und ein Plusquamperfekt (↑ S. 126) bilden:

als Modalverb *(mit Infinitiv)*	Ich kann *(darf, will …)* nicht kommen. Ich habe/hatte leider nicht kommen **können (dürfen, wollen …)**.
als Vollverb *(ohne Infinitiv)*	Ich kann *(darf, will …)* nicht. Ich habe/hatte leider nicht **gekonnt (gedurft, gewollt …)**.

Struktur

POS. 1	POS. 2		ENDE
Der Lehrer	musste	gestern zwanzig Aufsätze	korrigieren.
	Konntest	du zu Yvonnes Party	gehen?

249. Schreiben Sie das Modalverb (mit Pronomen) im Präteritum.

1. Am Sonntag wollen wir ins Schwimmbad gehen. *wollten wir*

2. Er kann nicht arbeiten gehen. _____

3. Ich kann nicht zu deiner Geburtstagsfeier kommen. _____

4. In diesem Restaurant darf man nicht rauchen. _____

5. Magst du deinen Lehrer? _____

6. Ich möchte nicht mitkommen. _____

7. Du musst einkaufen gehen. _____

8. Ich will Ingenieurin werden. _____

9. Ihr dürft hier nicht parken. _____

10. Er muss genug Geld mitnehmen. _____

250. Ergänzen Sie *müssen* oder *dürfen* im Präteritum.

🗨 Papa, wie lange _____ du mit 16 Jahren abends weggehen? (1)

🗨 Ich _____ um zehn Uhr wieder zu Hause sein – wie du. (2)

🗨 Ab wann _____ man damals Auto fahren? (3)

🗨 Ab 18, und vorher _____ man natürlich den Führerschein machen. (4)

🗨 Und _____ du deinen Eltern viel im Haushalt helfen? (5)

🗨 Ja, natürlich – jeder von uns _____ mithelfen! (6)

251. *Alles anders als früher.* Ergänzen Sie *wollen* und *mögen* im Präteritum.

Früher	Heute
Als Kind _____ (1) ich Pilot werden.	Heute bin ich Lehrer.
Früher _____ (2) ich keinen Sport.	Heute trainiere ich jeden Tag.
Früher _____ (3) meine Freunde und ich immer im Wald spielen.	Heute treffen wir uns gern im Café.
In der Schule _____ (4) Lisa mich nicht.	Heute sind wir verheiratet.

Plusquamperfekt

Das Plusquamperfekt drückt aus, dass ein Ereignis A *vor* einem Ereignis B in der Vergangenheit stattgefunden hat.

A: Was ist vorher passiert? → **Plusquamperfekt**	B: Was ist dann passiert? → **Präteritum/Perfekt**
Felix **hatte eingekauft**.	Katharina kam nach Hause.
Nachdem Felix **eingekauft hatte**,	kam Katharina nach Hause.

	Präteritum von *haben*	Partizip Perfekt
ich	hatte	
du	hattest	
er/sie/es	hatte	eingekauft
wir	hatten	
ihr	hattet	
sie/Sie	hatten	

	Präteritum von *sein*	Partizip Perfekt
ich	war	
du	warst	
er/sie/es	war	gekommen
wir	waren	
ihr	wart	
sie/Sie	waren	

Die Regeln für die Wahl von *haben* oder *sein* sind die gleichen wie für das Perfekt (↑ S. 114/118).
▶ wir **haben** gemacht, wir **hatten** gemacht (*machen*: Hilfsverb *haben*)
▶ wir **sind** geblieben, wir **waren** geblieben (*bleiben*: Hilfsverb *sein*)

In der Umgangssprache ersetzt man das Plusquamperfekt häufig durch das Perfekt, z. B.:
▶ Nachdem Felix **eingekauft hat**, ist Katharina nach Hause gekommen.

Struktur

POS. 1	POS. 2		ENDE
Felix	hatte	schon	eingekauft.

252. Ergänzen Sie das passende Hilfsverb – *haben* oder *sein* – im Präteritum.

B1

1. Du _____ schon weggegangen.

4. Die Studenten _____ schon eingezogen.

2. Ich _____ schon gegessen.

5. Er _____ einen Kuchen gebacken.

3. Wir _____ schon telefoniert.

6. Jemand _____ schon hier gewesen.

253. Ergänzen Sie die Verben im Plusquamperfekt.

B1

1. Gestern habe ich meinen Schlüssel gefunden, den ich vor ein paar Tagen

_____ _____ *(verlegen)*.

2. Ich hatte ein gutes Gefühl bei der Prüfung, denn ich _____ viel _____

(lernen).

3. Ich musste eine Strafe von 60 Euro bezahlen, nachdem ich mit dem Auto durch die

Fußgängerzone _____ _____ *(fahren)*.

4. Obwohl ich das Geld sofort _____ _____ *(überweisen)*, bekam

ich zwei Wochen später eine Mahnung.

5. Gestern _____ ich kaum aus dem Haus _____ *(gehen)*, als ich

bemerkte, dass ich meinen Schirm _____ _____ *(vergessen)*.

254. *Pünktlich zum Date.* Ergänzen Sie die Verben im Plusquamperfekt.

B1

Gestern war ich den ganzen Tag sehr müde, denn ich _____ nachts schlecht

_____ *(schlafen)* (1). Dabei hatte ich am Abend noch eine wichtige

Verabredung: ein Date mit Nadine. Nachdem ich von der Arbeit nach Hause

_____ _____ *(kommen)* (2), machte ich mir erst einmal einen doppelten

Espresso. Und tatsächlich – nachdem ich den Kaffee _____ _____

(trinken) (3), wurde ich langsam wieder wach. Ich musste mich beeilen, denn ich _____

schon letztes Mal zu spät zu unserem Treffen _____ *(kommen)* (4), und

Nadine hat sich sehr geärgert. Obwohl ich _____ _____ _____

(sich beeilen) (5), verpasste ich wieder den Bus. Aber als ich das Handy herausholte und Nadine

eine Nachricht schreiben wollte, sah ich, dass sie mir schon selbst _____

_____ *(schreiben)* (6): „Ich komme eine halbe Stunde später, sorry!" Der Abend war

gerettet!

Futur

> Ich fahre morgen nach Berlin.
> Dort besuche ich Anna.

=

> Ich **werde** morgen nach Berlin **fahren**.
> Dort **werde** ich Anna **besuchen**.

Ereignisse in der Zukunft kann man mit dem Präsens oder mit dem Futur beschreiben.

Präsens mit Zeitangabe (in einer Stunde, morgen, in den Ferien...)	Futur mit oder ohne Zeitangabe (in einer Stunde, morgen, in den Ferien...)
Ich fahre morgen nach Berlin.	Ich **werde** (morgen) nach Berlin **fahren**.

 Meistens verwendet man das Präsens, vor allem, wenn die Zukunft relativ sicher ist.

Manchmal ergänzt man beim Futur auch *wohl* oder *wahrscheinlich*.
- ▸ Was meinst du: Wer wird (wohl) die nächsten Wahlen gewinnen?
- ▸ Nächstes Jahr im April werden wir (wahrscheinlich) schon in Frankfurt wohnen.

Mit dem Futur kann man auch eine Vermutung in der Gegenwart ausdrücken.
- ▸ Wo ist Klaus? – Klaus wird zu Hause sein.
  (= Ich denke, Klaus ist zu Hause.)

	Präsens von *werden*	Infinitiv
ich	werde	
du	wirst	
er/sie/es	wird	fahren
wir	werden	
ihr	werdet	
sie/Sie	werden	

Struktur

POS. 1	POS. 2		ENDE
Ich	werde	nach Berlin	fahren.

B1 **255.** Ergänzen Sie die Verben im Futur.

1. Nächstes Jahr _____ wir mehr Sport _____ *(machen)*.

2. Wenn Sie mich zum Bürgermeister wählen, _____ ich ein neues

   Schwimmbad _____ *(bauen lassen)*.

3. Wenn du im Krankenhaus bist, _____ wir dich jeden Tag _____ *(besuchen)*.

4. Im Jahr 2050 _____ 9 Milliarden Menschen auf der Erde _____ *(leben)*.

256. *Pläne für die Ferien. Ergänzen Sie das Hilfsverb* werden.

B1

💬 Was macht ihr in den Sommerferien?

🗨 Wir _____ (1) wahrscheinlich zu Hause bleiben.

💬 Wolltet ihr nicht wegfahren?

🗨 Ja, aber Paul _____ (2) vermutlich keinen Urlaub bekommen. Er

_____ (3) wohl arbeiten müssen.

💬 Und die Kinder?

🗨 Die Kinder _____ (4) zu ihrer Oma fahren.

💬 Und du? _____ (5) du auch arbeiten?

🗨 Nein. Ich habe Urlaub. Ich mache in den Ferien einen Italienischkurs.

257. *Ins Kino gehen. Ergänzen Sie die Verben im Futur.*

B1

@ ✉ Senden	**Von:** j.thürmann@mailforyou.com
	An: t.mann@mailforyou.com
	Betreff: Morgen Kino?

Hallo, Tabea,

Paul und ich _____ morgen ins Kino _____ *(gehen)* (1). Wollt Ihr

nicht mitkommen? Wir haben auch Eva gefragt, aber sie meldet sich nicht. Sie

_____ wohl für die Prüfung _____ *(lernen)* (2). Und Constanze hat

Urlaub und _____ verreist _____ *(sein)* (3). Meldet euch mal! Morgen

_____ es _____ *(regnen)* (4), da kann man sowieso nichts anderes

machen.

Liebe Grüße

Jenny

258. *Unsere Freunde sind im Urlaub. Was werden sie jetzt gerade wohl machen?*
Schreiben Sie Sätze im Futur.

B1

1. Klaus – liegen – den ganzen Tag am Strand

Klaus wird den ganzen Tag am Strand liegen.

2. Lisa und Franz – sitzen – an der Bar – und – trinken – Bier

_____

3. Daniela und Andrea – sitzen – vor dem Zelt – und – spielen – Schach

_____

B1

259. *Eine Zeitungsmeldung.* Ergänzen Sie die Verben im Präteritum.

> **Mann verliert Kontrolle über Auto.** Stuttgart. Auf der Bundesstraße 27a _____
>
> _____ *(sich ereignen)* (1) am Donnerstagmorgen ein schwerer Verkehrsunfall. Wie die Polizei
>
> berichtet, _____ *(fahren)* (2) ein 48 Jahre alter Autofahrer gegen 6:15 Uhr in Richtung
>
> Zuffenhausen, als er die Kontrolle über sein Auto _____ *(verlieren)* (3). An der
>
> Kreuzung _____ er nach links _____ *(abbiegen wollen)* (4),
>
> _____ *(übersehen)* (5) dabei aber das entgegenkommende Fahrzeug eines
>
> 52-Jährigen. Beide Fahrer _____ *(bleiben)* (6) unverletzt. Es _____
>
> *(entstehen)* (7) ein Sachschaden von rund 12 000 Euro.

B1

260. *Als Katharina nach Hause kam…* (Teil 1). Schreiben Sie Sätze im Plusquamperfekt.

Gestern hatte Katharina Geburtstag! Als sie nach Hause kam…

1. *(ihr Freund Felix: Salate machen)*

> … hatte ihr Freund Felix Salate gemacht.

2. *(ihre kleine Tochter: Luftballons aufhängen)*

_____

3. *(ihre Schwester: den Tisch decken)*

_____

4. *(ihr Cousin: einen Kuchen backen)*

_____

5. *(die Nachbarin: den Eingang dekorieren)*

_____

6. *(der Pizzaservice: die Pizza liefern)*

_____

7. *(der Getränkehändler: die Getränke bringen)*

_____

8. *(alle acht Gäste: kommen und sich an den Tisch setzen)*

_____

261. *Als Katharina nach Hause kam…* (Teil 2). Ergänzen Sie die Verben im Präteritum oder – in *nachdem*-Sätzen – im Plusquamperfekt.

B1

Katharina _____ _____ *(sich freuen)* (1) und _____ *(begrüßen)* (2) ihre

Gäste. Nachdem ihr die Gäste _____ _____ *(gratulieren)* (3),

_____ sie alle die Pizza _____ *(auspacken)* (4). Felix _____ *(stellen)* (5)

die Salate auf den Tisch, und das Essen _____ _____ *(beginnen können)* (6).

Die Pizza _____ *(schmecken)* (7) sehr gut, auch wenn sie schon ein biss-

chen kalt _____ *(sein)* (8). Nachdem alle _____ _____

(essen) (9), _____ *(öffnen)* (10) Katharina die Geschenke. Von ihrer

Schwester _____ *(bekommen)* (11) sie ein tolles Parfum; ihre Tochter

_____ *(schenken)* (12) ihr ein selbst gemaltes Bild. Die Gäste

_____ _____ *(sich unterhalten)* (13) lange, denn es war Freitag

und am nächsten Tag _____ sie nicht früh _____

(aufstehen müssen) (14). Die Letzten von ihnen _____ *(bleiben)* (15) bis Mitternacht.

Katharina _____ *(sein)* (16) am Ende müde, aber sehr zufrieden.

262. *Sportquiz.* Ergänzen Sie die Verben im Präteritum.

B1

1. Wer _____ *(gewinnen)* die Fußballweltmeisterschaft der Männer 1998?

   ○ *Frankreich*   ○ *Brasilien*   ○ *Deutschland*

2. Wann _____ die ersten Olympischen Spiele der Neuzeit _____ *(stattfinden)*?

   ○ *1896*   ○ *1918*   ○ *1954*

3. Wie oft _____ *(werden)* Michael Schumacher Formel-1-Weltmeister?

   ○ *3-mal*   ○ *5-mal*   ○ *7-mal*

263. *Ein freier Tag.* Ergänzen Sie die Verben im Futur.

B1

Morgen ist Samstag und ich habe frei! Ich _____ lange _____ *(schlafen)* (1),

mindestens bis elf Uhr. Dann _____ ich zum Pilates-Training _____

(gehen) (2). Anschließend _____ ich meine beste Freundin _____

(anrufen) (3). Abends _____ mein Freund _____ *(kommen)* (4) und

wir _____ zusammen ein Konzert _____ *(besuchen)* (5).

Konjunktiv II: Formen

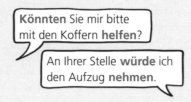

Könnten Sie mir bitte mit den Koffern helfen?

An Ihrer Stelle würde ich den Aufzug nehmen.

Der Konjunktiv II hat verschiedene Funktionen: höfliche Bitten, Ratschläge, Vorschläge, irreale Wünsche (↑ S. 134) und Bedingungen (↑ S. 136).

Den Konjunktiv II von unregelmäßigen Verben bildet man aus dem Präteritum + -(e) und Umlaut (a, o, u → ä, ö, ü). Am häufigsten kommt er bei *haben, sein, werden* und den Modalverben vor, zum Beispiel:

▶ ich war → ich wäre, ich musste → ich müsste

	haben	*sein*	*werden*	*müssen*
ich	hätte	wäre	würde	müsste
du	hättest	wär(e)st	würdest	müsstest
er/sie/es	hätte	wäre	würde	müsste
wir	hätten	wären	würden	müssten
ihr	hättet	wär(e)t	würdet	müsstet
sie/Sie	hätten	wären	würden	müssten

	dürfen	*wollen*	*können*	*sollen*
ich	dürfte	wollte	könnte	sollte
du	dürftest	wolltest	könntest	solltest
er/sie/es	dürfte	wollte	könnte	sollte
wir	dürften	wollten	könnten	sollten
ihr	dürftet	wolltet	könntet	solltet
sie/Sie	dürften	wollten	könnten	sollten

Die Modalverben *wollen* und *sollen* haben im Konjunktiv II keinen Umlaut.
▶ wollen → ich wollte, sollen → ich sollte

Auch von **einigen anderen unregelmäßigen Verben** verwendet man Konjunktiv-II-Formen, z. B. von *geben, kommen* (Übung **265**).

Bei **allen anderen Verben** ersetzt man die Konjunktiv-II-Formen meistens durch ***würde*- + Infinitiv**:

	Konj. II von *werden*	Infinitiv
ich	würde	
du	würdest	
er/sie/es	würde	nehmen
wir	würden	
ihr	würdet	
sie/Sie	würden	

264. Bilden Sie das Präteritum und den Konjunktiv II und tragen Sie die Formen in die
Tabelle ein.

A2

Präsens	Präteritum	Konjunktiv II
ich werde		ich würde
du bist	du warst	
		Sie müssten
du sollst		
wir haben	wir hatten	
		er wäre
		sie würden
ich kann		
		wir sollten
er darf		
du musst		
ihr wollt		

265. Bilden Sie das Präteritum und den Konjunktiv II und tragen Sie die Formen in die
Tabelle ein.

B1

Vor allem in **schriftlichen, formalen**
Texten verwendet man auch Konjunktiv-
II-Formen von einigen anderen
unregelmäßigen Verben, vor allem *ge-
ben, kommen, wissen, gehen, bleiben.*

	Präteritum	Konjunktiv II
ich	kam	käme
du	kamst	käm(e)st
er/sie/es	kam	käme
wir	kamen	kämen
ihr	kamt	käm(e)t
sie/Sie	kamen	kämen

Infinitiv	Präteritum	Konjunktiv II
wissen	sie wusste	sie wüsste
gehen	wir gingen	wir
geben	er	er
bleiben	wir	wir

Konjunktiv II: Bitten, Ratschläge, Vorschläge, Wünsche

Ich **wäre** gern eine berühmte Sängerin.

höfliche Bitten	Ich **hätte** gern einen Tee. **Könntest** du mir bitte zwei Flaschen Wasser **mitbringen?**
Ratschläge und Vorschläge	Du **solltest** mal Urlaub **machen.** An deiner Stelle **würde** ich mal Urlaub **machen.** Es **wäre** gut, wenn du mal Urlaub **machen würdest.** Wir **könnten** zusammen in den Urlaub **fahren.**
irreale Wünsche	Ich **wäre** gern Millionär. Wenn ich doch noch einmal 20 Jahre alt **wäre!** **Wäre** ich doch noch einmal 20 Jahre alt!

Wunschsätze ohne *wenn*: Das Verb steht am Satzbeginn.

In Wunschsätzen mit Konjunktiv II steht oft *gern (lieber, am liebsten)*.
Wenn die Wunschsätze mit *wenn* oder mit dem Verb anfangen, verwendet man immer *doch*.

A2

266. *Höfliche Bitten im Konjunktiv II. Ergänzen Sie können oder würde-.*

1. Ich glaube, ich schaffe das nicht. _**Könntest/Würdest**_ du mir _____ (helfen)?

2. _____ Sie mir bis morgen fünf Euro _____ (leihen)?

3. _____ Sie bitte Ihre Musik leiser _____ (machen)?

4. _____ du bitte deine Sachen hier _____ (wegräumen)?

A2

267. *Vorschläge im Konjunktiv II. Ergänzen Sie können.*

1. Wir _____ heute Abend ins Theater _____ (gehen). Hast du Lust?

2. Du hast so viel zu tun – ich _____ dir _____ (helfen)!

3. Hast du Hunger? Wir _____ zusammen _____

   (essen gehen).

4. Der letzte Bus ist schon weg. Du _____ dir ein Taxi _____ (nehmen).

268. *Ratschläge.* Ergänzen Sie das passende Verb im Konjunktiv II.

B1

1. Du hustest schon seit einer Woche. An deiner Stelle _____ ich zum Arzt gehen.

2. Es ist kalt geworden. Du _____ vielleicht deine Jacke anziehen.

3. Wenn er im Team immer so unfreundlich zu ihr ist, dann _____ sie vielleicht mal allein mit ihm reden.

4. Ihr seht ziemlich gestresst aus. Ihr _____ mal eine Pause machen.

5. Es _____ gut, wenn du dir einen neuen Job suchen _____.

6. Bei einem Bewerbungsgespräch _____ man gut vorbereitet sein.

7. Du siehst müde aus. An deiner Stelle _____ ich heute früh schlafen gehen.

269. *Irreale Wünsche.* Ergänzen Sie *haben* oder *sein* im Konjunktiv II.

B1

1. Wenn ich nur mehr Geld _____!

2. Immer dieses Regenwetter! Am liebsten _____ ich jetzt im Urlaub.

3. Wenn wir doch endlich Ferien _____!

4. Dieses Auto ist ständig kaputt. _____ ich es nur nicht gekauft!

5. Na, Nico, wie gefällt dir dein neuer Job? – Der gefällt mir gar nicht. _____ ich doch bei euch in der Firma geblieben!

6. Wenn das Wetter doch endlich besser _____!

270. Formulieren Sie irreale Wünsche im Konjunktiv II mit verschiedenen Verbpositionen.

B1

1. Ich kann nicht gut tanzen.

a) Wenn ich _doch gut tanzen könnte!_____

b) _____ ich doch _____!

2. Meine Freundin hat keine Zeit für mich.

a) _____!

b) _____!

3. Ich werde immer so schnell müde.

a) _____!

b) _____!

Konjunktiv II: Konditionalsätze

> Wenn das Wetter besser **wäre,**
> **könnte** Christoph auf dem Balkon **sitzen**.

Der Konjunktiv II mit Bezug auf die Gegenwart oder die Vergangenheit steht in Konditionalsätzen.

Konditionalsätze im Konjunktiv II (Gegenwart)

Bedingungen und Folgen sind **unmöglich (irreal)** …	Wenn ich Zeit **hätte, würde** ich dir gern **helfen**. Wenn ich Millionär **wäre, würde** ich mir ein großes Auto **kaufen**.
… oder **möglich**.	Wenn du mich **besuchen könntest, würde** ich mich **freuen**. Wenn er bald **käme, könnten** wir ins Kino **gehen**.

Konditionalsätze im Konjunktiv II (Vergangenheit)

Bedingungen und Folgen sind immer **unmöglich (irreal)**.	Wenn ich Zeit **gehabt hätte, hätte** ich dir gern **geholfen**. Wenn ich im Lotto **gewonnen hätte, hätte** ich **aufgehört** zu arbeiten. **Hätte** ich im Lotto **gewonnen, hätte** ich **aufgehört** zu arbeiten.

> Konditionalsätze ohne *wenn*: Das Verb steht am Satzbeginn.

Konjunktiv II (Vergangenheit): Formen

	Konj. II von *haben*	Partizip Perfekt		Konj. II von *sein*	Partizip Perfekt
ich	hätte		**ich**	wäre	
du	hättest		**du**	wär(e)st	
er/sie/es	hätte	geholfen	**er/sie/es**	wäre	gekommen
wir	hätten		**wir**	wären	
ihr	hättet		**ihr**	wär(e)t	
sie/Sie	hätten		**sie/Sie**	wären	

B1 **271.** Ergänzen Sie *haben, sein* oder *werden* im Konjunktiv II (Gegenwart).

1. Wenn es nicht regnen _____, _____ ich jetzt spazieren gehen.

2. Er _____ heute mitkommen, wenn er nicht krank _____.

3. Wenn wir mehr Geld _____, _____ wir Urlaub machen.

4. Wenn ihr uns helfen _____, _____ wir in zwei Stunden fertig.

5. Wir _____ mehr Platz, wenn du deine Bücher aufräumen _____.

272. Schreiben Sie Konditionalsätze im Konjunktiv II (Gegenwart). B1

1. Sein Drucker ist kaputt. Er muss in den Copyshop gehen.

Wenn sein Drucker nicht kaputt wäre, müsste er nicht in

den Copyshop gehen.

2. Er hat kein Geld. Er kann sich keinen neuen Drucker kaufen.

3. Er kann seinen Drucker nicht selbst reparieren. Er muss ihn zum Händler bringen.

4. Er hat kein Auto. Er muss mit dem Bus zum Händler fahren.

273. Ergänzen Sie die Verben im Konjunktiv II (Vergangenheit). B1

1. Wenn ich _____ _____ *(wissen)*, dass du zu Hause warst,

_____ ich bei dir _____ *(klingeln)*.

2. Wenn du nicht jedes Jahr nach Frankreich _____ _____ *(fahren)*,

_____ du nicht so schnell Französisch

_____ *(lernen)*.

274. *Australien.* Schreiben Sie die Geschichte mit Konditionalsätzen im Konjunktiv II B1
(Vergangenheit).

Nach dem Abitur habe ich Medizin studiert. Ich machte ein Krankenhauspraktikum in
Australien. Dort lernte ich John, einen sympathischen Assistenzarzt, kennen. Wir eröffneten
zusammen eine Praxis. Ich blieb in Australien.

Wenn ich nach dem Abitur nicht…

Alles verstanden?

A2 **275.** *Im Geschäft.* Formulieren Sie die Bitten höflicher – mit *würde/könnte* + *Infinitiv.*

1. Geben Sie mir bitte 200 g Salami.

_____?

2. Helfen Sie mir bitte.

_____?

3. Erklären Sie mir bitte, wie das Gerät funktioniert.

_____?

B1 **276.** Welche Bedeutung hat der Konjunktiv II hier? Ordnen Sie zu.

A: Höfliche Bitte ▪ B: Ratschlag ▪ C: irrealer Wunsch

1. Du solltest besser auf dein Geld aufpassen.   **B**

2. Könntest du mir bitte helfen?   ____

3. Wenn ich du wäre, würde ich Daniel nicht heiraten.   ____

4. Wenn ich doch früher Urlaub genommen hätte!   ____

5. Könnte ich bitte noch ein Wasser haben?   ____

6. Guten Tag! Ich hätte gern drei Brötchen.   ____

B1 **277.** Ordnen Sie zu.

1. Hätte ich gewusst, dass du kommst,   ____ **a)** nicht so viel am Computer spielen.

2. An deiner Stelle   ____ **b)** wenn du uns bald wieder besuchen würdest.

3. Du solltest   ____ **c)** hätte ich für dich Kuchen gekauft.

4. Wir würden uns freuen,   ____ **d)** würde ich den Text noch einmal korrigieren.

B1 **278.** Ergänzen Sie die Sätze und verwenden Sie die Verben im Konjunktiv II (Gegenwart).

1. Wenn ich eine Lösung _____ *(wissen)*, _____

_____ *(dir helfen)*.

2. Wenn er _____ *(pünktlich kommen)*,

_____ *(wir – losgehen können)*.

3. Wenn Manuel _____ *(tanzen können)*,

_____

(mit seiner Freundin zum Ball gehen).

279. Ergänzen Sie die Verben im Konjunktiv II (Vergangenheit). B1

1. Ich wusste nicht, dass du auf meinen Anruf wartest. Sonst _**hätte ich dich**_

**früher angerufen** (anrufen).

2. Niemand hat mir gesagt, dass sie krank ist. Sonst _____

_____ (besuchen).

3. Wir wussten nicht, dass er wieder in München ist. Sonst _____

_____ (einladen).

4. Mir war nicht klar, dass er noch nicht informiert wurde. Sonst _____

_____ (benachrichtigen).

280. Schreiben Sie Sätze im Konjunktiv II (Gegenwart). B1

1. nicht arbeiten müssen (ich) → mehr Zeit haben (ich)

**Wenn ich nicht arbeiten müsste, hätte ich mehr Zeit.**

2. einen Hund haben (du) → öfter an der frischen Luft sein (du)

_____.

3. mehr reisen (sie) → viele Freunde auf der ganzen Welt haben (sie)

_____.

4. nicht in Stuttgart leben (du) → sich häufiger sehen können (wir)

_____.

281. *Zeitumstellung.* Schreiben Sie Sätze im Konjunktiv II (Vergangenheit). B1

🗨 Hallo, Kai, da bist du ja endlich! Es _____ schön _____ (sein) (1),

wenn du pünktlich _____ _____ (kommen) (2)!

💬 Wollten wir uns nicht um sieben Uhr treffen?

🗨 Ja, aber es ist jetzt acht Uhr. Die Uhr wurde heute Nacht auf Sommerzeit umgestellt.

💬 Tut mir leid, das wusste ich nicht. Wenn ich es _____ _____ (wissen) (3),

dann _____ ich natürlich früher _____ (kommen) (4).

🗨 Ich habe dir eine Nachricht geschrieben. Wenn du meine Nachricht _____

_____ (lesen) (5), dann _____ du es _____ (wissen) (6).

Passiv

Der Koch **schneidet** den Braten.	Der Braten **wird geschnitten.**

Aktiv:	Passiv:
Wer schneidet den Braten? – **Der Koch.**	Was passiert mit dem Braten? – Er **wird geschnitten.**
▶ Die **Person, die handelt,** ist wichtig.	▶ Die **Handlung** ist wichtig.

Aktivsätze mit Akkusativobjekt → **Passivsätze mit Subjekt**

Der Koch schneidet **den Braten.**	Der Braten wird **[vom Koch]** geschnitten.
[Nominativ] [Akkusativ]	[Nominativ] [*von* + Dativ]

	Präsens	
ich	werde	
du	wirst	
er/sie/es	wird	gesehen
wir	werden	
ihr	werdet	
sie/Sie	werden	

	Präteritum	
ich	wurde	
du	wurdest	
er/sie/es	wurde	gesehen
wir	wurden	
ihr	wurdet	
sie/Sie	wurden	

	Perfekt	
ich	bin	
du	bist	
er/sie/es	ist	gesehen
wir	sind	**worden**
ihr	seid	
sie/Sie	sind	

Das Passiv Perfekt
bildet man mit der
Form **worden**
(*nicht:* geworden).

Aktivsätze ohne Akkusativobjekt → **Passivsätze mit *es* als Subjekt**

Wir essen.	**Subjekt = *es*,** wenn es keinen anderen Satzteil in POSITION 1 gibt	→ **Es** wird gegessen.
Wir essen **um 18 Uhr.**		→ **Es** wird **um 18 Uhr** gegessen. / (*Besser:*) **Um 18 Uhr** wird gegessen.

Struktur

POS. 1	POS. 2		ENDE
Der Braten	wird/wurde		geschnitten.

282. *Ein Rezept.* Schreiben Sie den Text im Passiv.

Kartoffelsalat für 4 Personen
1. 1 kg Kartoffeln kochen.
2. Die gekochten Kartoffeln schälen, in Scheiben schneiden und in eine Schüssel geben.
3. Frische Kräuter und 3 Zwiebeln klein schneiden.
4. Die Kräuter und Zwiebeln mit Salz und Pfeffer, Essig und Öl mischen.
5. Die Flüssigkeit über die Kartoffeln gießen.
Guten Appetit!

1. Die Kartoffeln _werden gekocht._
2. Die gekochten Kartoffeln ___
3. Frische Kräuter und Zwiebeln ___
4. Die Kräuter und Zwiebeln ___
5. Die Flüssigkeit ___

283. *Im Büro.* Was wird wann gemacht? Schreiben Sie die Sätze im Aktiv / im Passiv. A2

Aktiv	Passiv
1. Um 8 Uhr beginnen wir mit der Arbeit.	1. _Um 8 Uhr wird ..._
2. ___	___
	2. Zuerst werden die E-Mails beantwortet.
3. Bis mittags telefonieren wir.	3. ___
4. ___	4. Um 13 Uhr wird zu Mittag gegessen.

284. *Quiz.* Schreiben Sie Sätze im Passiv Präteritum. B1

1. Wann *(die Berliner Mauer, bauen)*? ___
2. Wo *(die Mozartkugel, erfinden)*? ___
3. Von wem *(Amerika, entdecken)*? ___

Passiv mit Modalverben

Die Bilder **dürfen** nicht **fotografiert werden.**

Das Auto **muss gewaschen werden.**

Manchmal steht das Passiv mit Modalverben.

Struktur

POS. 1	POS. 2		ENDE
Das Auto	konnte	gestern nicht	gewaschen werden.
Es	muss	heute	gewaschen werden.

B1 **285.** *Die Grillparty.* Was muss als Vorbereitung gemacht werden? Und was musste am Tag nach der Party gemacht werden?

– die Gäste einladen

– Getränke und Fleisch kaufen

– Stühle und Tische ausleihen

– Grillkohle besorgen

– den Grill aufstellen

– den Salat zubereiten

– das Brot schneiden

– die Lichterkette aufhängen

1. _Die Gäste müssen eingeladen werden._

2. _____

3. _____

4. _____

5. _____

6. _____

7. _____

8. _____

aufräumen ▪ ~~einsammeln~~ ▪ reinigen ▪ spülen ▪ werfen

Die Party war ein großer Erfolg! Am nächsten Tag gab es viel Arbeit… Zuerst _musste_

der Müll _eingesammelt werden_ (1) und in den Müllcontainer

_____ _____ (2). Das schmutzige Geschirr _____

_____ _____ (3). Der Grill _____ gründlich

_____ _____ (4). Am Schluss _____ noch die Wohnung

und der Partykeller _____ _____ (5).

286. *Checkliste für eine Wohnungsbesichtigung.* Schreiben Sie Passivsätze mit *können.*

B1

1. *(die Heizung regulieren)*   <u>Kann die Heizung reguliert werden?</u>

2. *(den Teppich leicht reinigen)*   _____?

3. *(noch einige Steckdosen montieren)*   _____?

4. *(die kaputte Spülmaschine noch reparieren)*   _____?

> Oft kann man statt des Passivs mit *können* auch *sich lassen* + Infinitiv verwenden:
> ▶ Die Heizung lässt sich regulieren (↑ S. 150).

287. *Regeln in unserem Kindergarten.* Schreiben Sie Passivsätze mit Modalverben.

B1

1. Im Haus muss man die Schuhe ausziehen.
2. Vor dem Eingang darf man keine Fahrräder abstellen.
3. Geld und andere Wertsachen sollten die Kinder nicht mitbringen.
4. Man sollte in unseren Räumen nicht mit dem Handy telefonieren.
5. Sie können Ihr Kind bis 17 Uhr bei uns lassen.

Liebe Eltern,

bitte beachten Sie die folgenden Regeln in unserer Einrichtung:

1. <u>Im Haus ...</u>

2. <u>Vor dem Eingang ...</u>

3. <u>Geld und andere Wertsachen ...</u>

4. <u>In unseren Räumen ...</u>

5. <u>Ihr Kind ...</u>

Vielen Dank!

Ihr Kindergartenteam

---

288. *In der Werkstatt.* Schreiben Sie Passivsätze mit *müssen* im Präteritum.

B1

1. *(das Öl wechseln)*   <u>Das Öl musste gewechselt werden.</u>

2. *(die Bremsen reparieren)*   _____

3. *(die Lenkung einstellen)*   _____

4. *(alle vier Reifen ersetzen)*   _____

Alles verstanden?

B1 **289.** Ergänzen Sie die richtigen Formen von *werden* und *sein*.

1. Guten Tag! Ich suche den Roman *Das Parfum*. – Tut mir leid, das Buch _____ letzte Woche ausgeliehen worden.

2. Wo ist denn der Drucker? – Er _____ gestern zur Reparatur gebracht.

3. In diesem Geschäft _____ seit Oktober auch Fernseher verkauft.

4. Soll ich die Briefe zur Post bringen? – Nein, sie _____ noch nicht unterschrieben worden.

5. Heute Morgen _____ das Büro aufgeräumt, und ich kann jetzt nichts mehr finden.

B1 **290.** Bilden Sie Fragen mit „Von wem …?" im Passiv Präteritum.

1. *(diesen Roman verfassen)*   Von wem wurde dieser Roman verfasst?

2. *(den Film produzieren)*   _____

3. *(das Lied komponieren)*   _____

4. *(dieses Bild malen)*   _____

5. *(den Text schreiben)*   _____

B1 **291.** *Schon erledigt!* Formulieren Sie Sätze im Passiv Perfekt.

1. Wir müssen den Brief abschicken.

   ✓ Der Brief ist schon abgeschickt worden.

2. Wir sollten noch die Einladungen an die Kollegen verschicken.

   ✓ Die Einladungen sind …

3. Wir sollten auch Herrn Müller informieren.

   ✓ _____

4. Wir müssen noch das Formular unterschreiben.

   ✓ _____

> Wenn man das Ergebnis einer Handlung betont, verwendet man manchmal das **Zustandspassiv** mit dem Hilfsverb *sein*:
> ▶ Das Problem ist/war gelöst. Die Frage ist/war beantwortet.
>   Der Brief ist/war abgeschickt.

292. *Was auf der Party gemacht wurde.* Bilden Sie das Passiv mit *es.* B1

1. *(viel reden)*   Es wurde ...

2. *(über Politik diskutieren)*   Es ...

3. *(zum Glück nicht streiten)*   Es ...

4. *(viel essen und trinken)*   Es ...

5. *(lange tanzen)*   Es ...

6. *(bis zum Morgen feiern)*   Es ...

293. *Hausordnung.* Schreiben Sie die Sätze im Passiv. B1

1. Man muss <u>den Gehweg vor dem Haus</u> kehren.

    Der Gehweg vor dem Haus ...

2. Man muss einmal pro Woche <u>die Treppe</u> putzen.

    Einmal pro Woche ...

3. Im Hof darf man <u>keine Müllsäcke</u> lagern.

    Im Hof ...

4. Man darf <u>keine Pflanzen</u> ins Treppenhaus stellen.

    Ins Treppenhaus ...

5. Man muss <u>die Haustür</u> um 20 Uhr abschließen.

    Um 20 Uhr ...

6. Man muss im Winter <u>den Schnee auf dem Gehweg</u> wegräumen.

    Im Winter ...

294. Was muss oder darf hier (nicht) gemacht werden? B1

Fahrräder abstellen verboten

1. Hier _____ (rauchen).

2. Hier _____ (parken).

3. Hier _____ (Fahrräder abstellen).

4. Hier _____ (Hunde an der Leine führen).

Reflexive Verben

| Marion zieht ihren Sohn an. | Marion **zieht sich an**. | Marion **zieht sich** die Schuhe **an**. |

| einige Verben:
immer mit Reflexivpronomen | sich beeilen, sich bedanken, sich freuen,
sich verabreden, sich verlieben … |

Das Reflexivpronomen hat dann **keine eigene Bedeutung**.

| alle anderen Verben:
mit oder ohne Reflexivpronomen | ändern / sich ändern, anziehen / sich anziehen,
bewegen / sich bewegen, waschen / sich waschen … |

Das Reflexivpronomen bedeutet, dass Subjekt und Objekt **dieselbe** Person (oder Sache) sind.

Wenn es im Satz ein **Akkusativobjekt** gibt, steht das Reflexivpronomen *(sich)* normalerweise im Dativ:

Ich ziehe **mich** an. *Aber:* Ich ziehe **mir die Jacke** an.
⎿ Akkusativ ⏌ ⎿ Dativ ⏌⎿ Akkusativ ⏌

	Akkusativ	**Dativ**
ich	mich	mir
du	dich	dir
er/sie/es	sich	sich
wir	uns	uns
ihr	euch	euch
sie/Sie	sich	sich

Nur die **3. Person** des Reflexivpronomens hat eine besondere Form *(sich)*. Alle anderen Formen sind identisch mit dem **Personalpronomen**.

| Das Perfekt bildet man bei reflexiven Verben immer mit *haben* (↑ S. 114). |

Struktur

POS. 1	POS. 2	
Marion	wäscht	**sich** die Haare.
Morgens	wäscht	**sich** Marion die Haare.
Morgens	wäscht	Marion **sich** die Haare.
Morgens	wäscht	sie **sich** die Haare.

295. Ergänzen Sie die Reflexivpronomen.

💬 Wir sehen _____ (1) heute das Fußballspiel an. Möchtest du mitkommen?

Du interessierst _____ (2) doch für Fußball.

💭 Ich kann _____ (3) das Spiel heute leider nicht ansehen. Ich habe morgen eine

wichtige Prüfung und muss _____ (4) noch darauf vorbereiten.

296. Ergänzen Sie die reflexiven Verben.

💬 Paul, wo bleibst du denn? Bitte _____ _____ *(sich beeilen)* (1).

In 10 Minuten wollen uns Tina und Tim abholen.

💭 Ich komme gleich. Ich muss _____ nur noch _____ *(sich*

rasieren) (2). Aber Tina und Tim _____ _____ *(sich verspäten)* (3)

bestimmt. Sie kommen nie pünktlich. Bist du denn schon fertig?

💬 Ja, gleich – ich muss _____ nur schnell die Haare _____

(sich kämmen) (4). – Oh, es hat geklingelt. Hallo, ihr zwei! Kommt rein und _____

_____ *(sich setzen)* (5). Paul kommt gleich. Er muss _____ nur noch

_____ _____ *(sich fertig machen)* (6). Dann können wir losgehen.

297. Schreiben Sie die Sätze im Präsens und im Perfekt.

1. die Kinder – auf die Ferien – sich freuen

Die Kinder freuen ...

Die Kinder haben ...

2. ich – nach dem Sport – sich duschen

Nach dem Sport ...

3. wo – du – für den Deutschkurs – sich anmelden?

4. ihr – schon – sich verabschieden?

Infinitiv ohne *zu*

Florian **lernt** Geige **spielen.**

bleiben	Das Buch ist gestern hier **liegen geblieben.** An der roten Ampel muss man **stehen bleiben.**
gehen, fahren	Ich **gehe** jetzt **einkaufen.** Ich **fahre** mit meinem Cabrio **spazieren.**

lernen	Sie **lernt**(,) Fahrrad (zu) **fahren.** (↑ S. 212)
helfen	**Hilfst** du mir(,) **auf**(zu)**räumen?** (↑ S. 212)

lernen und *helfen*:
Infinitiv **mit** oder
ohne *zu*

Beatrix **sieht** ihren Sohn
nach Hause **kommen.**

sehen, hören, fühlen, spüren…	Ich **sehe** meinen Sohn **spielen.** → Ich sehe **meinen Sohn. Mein Sohn** spielt. **Hörst** du ihn **kommen?** → Ich höre **ihn. Er** kommt.

Perfekt: Hast du ihn kommen **hören?** ←
Ich habe meinen Sohn im Hof spielen **sehen.** ←

Infinitiv statt
Partizip Perfekt
(gehört, gesehen)

Struktur

POS. 1	POS. 2		ENDE
Florian	lernt	Geige	spielen.

298. *Wer macht was am Wochenende?* Ergänzen Sie die Sätze. B1

1. Anna __geht__ __morgens__ __joggen__ *(joggen gehen)*.

2. Und ich _____ meiner Freundin am Samstag den Keller _____

   (aufräumen helfen), bevor wir abends zusammen _____ _____ *(essen gehen)*.

3. Paul will das ganze Wochenende _____ _____ *(wandern gehen)*.

4. Am Samstag _____ Nina _____ _____ *(Fußball spielen gehen),*

   am Sonntag will sie _____ _____ _____ *(Klavier spielen üben)*.

5. Philipp _____ am Samstag ein Geschenk _____ *(kaufen gehen),*

   weil er zu einem Geburtstag eingeladen ist.

299. *Quiz. Wo lernt man was?* Formulieren Sie Fragen. B1

1. Wo – Auto fahren – lernen – man?

_____

2. Wo – schwimmen – lernen – können – man?

_____

3. Wo – rechnen und schreiben – üben – Kinder?

_____

4. Wo – Tango – tanzen – lernen – man?

_____

300. Schreiben Sie Sätze im Perfekt und verwenden Sie Verben mit Infinitiv. B1

1. Ursulas Sohn ist ein großes Musiktalent: *Beim Schulkonzert habe ich gehört, wie er*

   Trompete spielte.

   Beim Schulkonzert habe ich ihn _____

2. *Gestern habe ich Kai gesehen, als er durch den Park gejoggt ist.*

   Gestern _____

3. Du hast mich ganz schön erschreckt! – *Hast du denn nicht gehört, dass ich gekommen bin?*

   Hast du _____

4. Weißt du eigentlich, dass deine Tochter raucht? – *Das glaube ich nicht.* – *Doch, ich habe*

   gesehen, dass sie raucht.

   Ich habe _____

Das Verb *lassen*

> Sie **lässt** das Handy im Zug **liegen**.

lassen mit Infinitiv

aktive Bedeutung	
▶ *etwas erlauben:*	
Die Eltern **lassen** den kleinen Lars heute am Computer **spielen**.	(= *Die Eltern erlauben, dass der kleine Lars heute am Computer spielt.*)
▶ *nichts an etwas ändern; etwas lassen, wie/wo es ist:*	
Ich **lasse** die Zeitung **liegen**.	(= *Ich ändere nichts daran: Die Zeitung bleibt liegen.*)

passive Bedeutung	
▶ *etwas in Auftrag geben, veranlassen:*	
Wir **lassen** das Büro einmal in der Woche **putzen**.	(= *Wir geben in Auftrag, dass das Büro einmal in der Woche geputzt wird.*)
▶ *etwas kann gemacht werden:*	
Die Fenster in diesem Büro **lassen sich** leicht **öffnen**. *(reflexiv)*	(= *Die Fenster in diesem Büro können leicht geöffnet werden.*)

Perfekt: Ich habe die Zeitung liegen **lassen**. ◀—— Die Fenster haben sich leicht öffnen **lassen**. ◀——	Infinitiv statt Partizip Perfekt ~~(gelassen)~~

lassen ohne Infinitiv

Warum **lässt** du das nicht? **Lass** das bitte!	▶ *etwas nicht tun, mit etwas aufhören* (Auch: *Warum lässt du das nicht sein?*)
Nimmst du deinen Koffer mit in die Stadt? – Nein, ich **lasse** ihn hier.	▶ *etwas, jemanden zurücklassen* (Auch: *Ich lasse ihn hier stehen.*)

Perfekt: Warum hast du das nicht **gelassen**?
Ich habe den Koffer am Bahnhof **gelassen**.

Struktur

POS. 1	POS. 2		ENDE
Die Fenster	lassen	sich leicht	öffnen.

301. Ergänzen Sie *lassen* und das Verb im Infinitiv.

liegen ■ probieren ■ reparieren *(2 x)* ■ stehen

1. Deine Pizza sieht aber lecker aus. _____ du mich mal _____?

2. Heute war ich in der Werkstatt. Aber mein Motorrad _____ sich leider nicht

mehr _____.

3. Du bist betrunken. _____ dein Auto hier _____ und fahr mit dem

Bus nach Hause.

4. Warum hast du nicht angerufen? – Tut mir leid, aber ich habe mein Handy zu Hause

_____ _____.

5. Mein Fernseher ist kaputt. – Und warum _____ du ihn nicht _____?

302. Welche Bedeutung hat *lassen* in den Sätzen in Übung **301**? Ordnen Sie die Sätze 1 bis 5
den folgenden Bedeutungen zu.

Satz _____: *etwas erlauben*   Satz _____: *etwas in Auftrag geben*

Satz _____ und _____: *etwas lassen, wie/wo es ist*   Satz _____: *etwas kann (nicht) gemacht werden*

303. Kreuzen Sie an – *lassen* oder *gelassen*?

1. Mein Motorrad habe ich heute zu Hause ◯ *lassen* ◯ *gelassen*, weil die Straßen

so glatt waren.

2. Ich habe jetzt mein Visum verlängern ◯ *lassen* ◯ *gelassen*.

3. Gestern Abend haben wir uns Pizza liefern ◯ *lassen* ◯ *gelassen*.

304. Antworten Sie. Schreiben Sie Sätze mit *lassen* im Perfekt.

1. Hast du deine Präsentation schon erstellt? – *(sie – von meinem Assistenten – erstellen lassen)*

   *Ich ...*_____

2. Wie bist du zum Bahnhof gekommen? – *(von Eva – sich fahren lassen)*

_____

3. Wo ist denn dein Laptop? – *(ihn – zu Hause – lassen)*

_____

A2   **305.** *Urlaub.* Ergänzen Sie die Reflexivpronomen.

💬 Warum ärgerst du _____ (1) denn so?

🗨 Ich ärgere _____ (2), weil ich eigentlich drei Wochen Urlaub nehmen wollte, aber nur

    zwei Wochen bekomme.

💬 Aber in zwei Wochen kann man _____ (3) doch auch gut erholen.

🗨 Ja, vielleicht hast du recht, ich sollte das nicht so negativ sehen. Auch meine Kinder und mein

    Mann freuen _____ (4) ja schon auf diese zwei Wochen.

A2   **306.** *Im Café.* Schreiben Sie Sätze mit Reflexivpronomen.

💬 Gestern – ich – mit Michael – getroffen – habe – mich.

    __Gestern ..._____ (1)

    Wir – im Café am Altstadt-Kino – verabredet – haben – uns.

    __Wir ..._____ (2)

🗨 Habt – ihr – einen Film – angesehen – euch?

    _____ (3)

💬 Nein. Michael – leider nicht – für Filme – interessiert – sich.

    __Michael ..._____ (4)

    Wir – nur – unterhalten – haben – uns.

    __Wir ..._____ (5)

B1   **307.** Ergänzen Sie die Verben mit Infinitiv.

1. Am Sonntag _____ ich immer _____ *(schwimmen gehen)*.

2. Wir _____ jetzt einen Kaffee _____ *(trinken gehen)*. Kommst du mit?

3. Meine Tochter _____ jetzt Gitarre _____ *(spielen lernen)*.

4. Im nächsten Winter _____ ich Ski _____ *(fahren lernen)*.

5. Papa, die Ampel ist rot! _____ _____ *(stehen bleiben)*!

6. Manchmal _____ ich unseren Nachbarn bis in die Nacht

    _____ *(arbeiten hören)*.

7. Es ärgert mich, wenn ich die Leute so über die heutige Jugend _____

    _____ *(schimpfen hören)*.

308. Verben mit Infinitiv. Schreiben Sie Fragen im Präsens. A2

1. *(du – mit mir – spazieren – gehen)* _____ ?

2. *(warum – der Zug – stehen – bleiben)* _____ ?

3. *(ihr – den Mann – dort sitzen – sehen)* _____ ?

4. *(du – den Vogel – singen – hören)* _____ ?

309. *Erlaubt oder verboten?* Schreiben Sie Sätze mit *lassen* und Infinitiv. B1

1. Ich darf nicht in diese Disko gehen. Meine Eltern erlauben es nicht.

= _Meine Eltern lassen mich nicht in diese Disko gehen._ *(Präsens)*

2. Mein Vater erlaubt, dass ich mit seinem Auto fahre.

= _Mein Vater_ ... *(Präsens)*

3. Svenja darf im Büro keine Privatgespräche führen. Die Chefin erlaubt es nicht.

= _____ *(Präsens)*

4. Wir durften heute länger Pause machen. Der Lehrer hat es erlaubt.

= _____ *(Perfekt)*

5. Gestern durfte ich nicht ins Kino gehen. Meine Großeltern haben es nicht erlaubt.

= _____ *(Perfekt)*

310. Kreuzen Sie an – *lassen* oder *gelassen*? B1

1. Du hast eine neue Frisur! Bei welchem Friseur warst du denn? – Ich habe mir die Haare diesmal

von meinem Bruder schneiden ◯ *lassen* ◯ *gelassen.*

2. Hallo, Iris! Schön, dass du da bist. Wo sind denn deine Kinder? Hast du sie allein zu Hause

◯ *lassen* ◯ *gelassen?* – Nein, nein. Meine Mutter passt auf sie auf.

3. Ich verstehe immer noch nicht, wie das Passiv gebildet wird. – Vielleicht solltest du es dir noch

einmal von der Lehrerin erklären ◯ *lassen* ◯ *gelassen.*

4. Du hattest so viel Arbeit! Warum hast du dir nicht helfen ◯ *lassen* ◯ *gelassen?*

5. Hoffentlich regnet es jetzt nicht. Heute Morgen war so schönes Wetter, da habe ich meinen

Schirm zu Hause ◯ *lassen* ◯ *gelassen.*

6. Ich muss noch einmal zurückgehen. Ich glaube, ich habe mein Portemonnaie in der Kantine

liegen ◯ *lassen* ◯ *gelassen.*

Verben mit Akkusativ

Oliver **lacht.**

Verena **öffnet den Schrank.**

Das Verb bestimmt die Zahl und die Kasus der Ergänzungen (Subjekt und Objekte) in einem Satz.

Das **Subjekt** steht im Nominativ. Manche Verben stehen **nur** mit einem Subjekt.

Subjekt (Nominativ) ——— Verb	
Der Mann	lacht.
Wer	lacht?
Der Baum	wächst.
Was	wächst?

Weitere Verben:
atmen, brennen, lachen, landen, laufen, rennen, schwimmen, sterben, wachsen, weinen…

Viele Verben können außerdem mit einem **Akkusativobjekt** stehen:

Subjekt (Nominativ) ——— Verb ——— Akkusativobjekt		
Die Frau	öffnet	den Schrank.
Sie	öffnet	ihn.
Wer	öffnet	was?
Die laute Musik	stört	den Nachbarn.
Sie	stört	ihn.
Was	stört	wen?

Weitere Verben:
bestellen, besuchen, essen, hören, lieben, nehmen, schreiben, sehen, trinken, verstehen…

A1

311. Unterstreichen Sie das Subjekt mit einer Linie und das Akkusativobjekt mit zwei Linien.
Ergänzen Sie die Tabelle.

1. Theresa feiert heute Geburtstag.

2. Sie hat ihre Freunde eingeladen.

3. Sie stellt die Geburtstagstorte auf den Tisch.

4. Alle essen die Torte.

5. Einige trinken auch Kaffee.

	Verb	Subjekt	Akkusativobjekt
1.	feiert	Theresa	Geburtstag
2.	hat eingeladen		
3.	stellt		
4.			
5.			

312. Unterstreichen Sie das Subjekt <u>mit einer Linie</u> und das Akkusativobjekt <u>mit zwei Linien</u>. Ergänzen Sie die Tabelle. Nicht alle Verben haben ein Akkusativobjekt. A2

	Subjekt	Akkusativobjekt
● Hast <u>du</u> <u>das Computerprogramm</u> gekauft? (1)	du	das Computer-programm
○ Ja, gestern habe ich es geholt, (2)		
aber es funktioniert nicht. (3)		
● Du kannst Irina fragen, (4)		
sie kennt viele Programme. (5)		
○ Ja, ich habe sie gestern angerufen. (6)		
Sie ist gerade hier in Köln. (7)		
● Und was hat sie gesagt? (8)		
○ Sie besucht mich morgen (9)		
und wir lösen das Problem. (10)		

313. Ergänzen Sie die Pronomen im Nominativ oder Akkusativ. A2

● Ist Michael heute nicht im Büro? Ich habe _____ (1) heute noch nicht gesehen.

○ Er hat drei Tage Urlaub genommen. Seine Freundin und _____ (2) haben endlich eine

Wohnung gefunden, und jetzt ziehen _____ (3) um.

● Und Silke?

○ Silke ist auch nicht da, _____ (4) ist krank.

● Dann sag ihr doch gute Besserung, wenn du _____ (5) heute Abend siehst.

Felicitas gibt **ihrer Kollegin** ein Buch.

Manche Verben stehen mit **Akkusativ-** und **Dativobjekt**:

Subjekt (Nominativ) —	Verb —	Dativobjekt —	Akkusativobjekt
Felicitas	gibt	**ihrer Kollegin**	**ein Buch.**
Wer	gibt	**wem**	**was?**
Die Lehrerin	erklärt	**den Schülern**	**die Regeln.**

Weitere Verben:
erzählen, leihen, schenken, stehlen, wünschen… (↑ Verbtabelle, S. 249)

Meistens sind die **Dativobjekte** *Personen*, die **Akkusativobjekte** *Sachen*.

Wenige Verben stehen **nur** mit einem **Dativobjekt**:

Subjekt (Nominativ) —	Verb —	Dativobjekt
Carola	hilft	**ihrem Vater.**
Wer	hilft	**wem?**
Das Heft	gehört	**Sven.**

Weitere Verben:
begegnen, folgen, nützen, passen, schaden, schmecken, zuhören, zusehen… (↑ Verbtabelle, S. 250)

Struktur (Dativ- und Akkusativobjekt)

POS. 1	POS. 2	
Felicitas	gibt	**ihrer Kollegin das Buch.**
Felicitas	gibt	**es ihrer Kollegin.**
Felicitas	gibt	**es ihr.**

Position des Dativ- und Akkusativobjekts (↑ S. 194):
▶ Nomen + Nomen: zuerst **Dativ** *(meistens)*
▶ Pronomen + Nomen: zuerst Pronomen
▶ Pronomen + Pronomen: zuerst **Akkusativ**

A1

314. Unterstreichen Sie die Verben, die Akkusativ- **und** Dativobjekt haben können, und schreiben Sie sie auf die Linie.

anrufen ▪ bringen ▪ empfehlen ▪ finden ▪ kennen ▪ schicken ▪ schmecken ▪ verkaufen

315. Unterstreichen Sie das Subjekt <u>mit einer Linie</u> und das Dativobjekt <u>mit zwei Linien</u>.

A1

1. Gehört das Buch dir? – Nein, es gehört meinem Bruder.

2. Hast du Tante Wiebke geschrieben? – Ja, aber sie hat mir noch nicht geantwortet.

3. Diese Jacke passt mir nicht. – Die Farbe steht dir aber gut.

4. Hat dir die Rede gefallen? – Ich habe dem Redner leider nicht zugehört.

316. Unterstreichen Sie das Akkusativobjekt <u>mit einer Linie</u> und das Dativobjekt <u>mit zwei Linien</u>. Ergänzen Sie die Tabelle.

A1

1. Er gibt den Schülern die Bücher.

2. Sie erklärt uns die Grammatik.

3. Die Oma zeigt den Kindern die Fotos.

4. Charlotte schenkt ihrer Oma eine Blume.

	Verb	Dativobjekt	Akkusativobjekt
1.	gibt	*den Schülern*	*die Bücher*
2.			
3.			
4.			

317. Ergänzen Sie Akkusativ- und Dativobjekt.

A2

🗨 Ich habe gehört, dass Rainer _____

(seine Nachbarin – sein Auto) geschenkt hat. Stimmt das? (1)

💬 Nein. Er hat _____ *(es – sie)* verkauft. (2)

🗨 Rainers Bruder hat _____

(ich – eine andere Geschichte) erzählt. (3)

💬 Vielleicht hat Rainer _____

(sein Bruder – nicht die Wahrheit) gesagt. (4)

318. *In der Firma.* Antworten Sie mit Pronomen im Akkusativ und Dativ.

B1

🗨 Könnten Sie der neuen Mitarbeiterin ihr Büro zeigen?

💬 *Ich habe es ihr schon gezeigt.* _____ (1)

🗨 Dann könnten Sie der neuen Mitarbeiterin noch die Kollegen vorstellen.

💬 *Ich...* _____ (2)

🗨 Gut. Dann müssten Sie unseren Kunden noch die Angebote schicken.

💬 _____ (3)

Verben mit Präpositionen

> Martina **wartet auf den Bus** und **telefoniert mit ihrem Freund.**

Manche Verben haben eine feste Präposition, die mit **Akkusativ** oder **Dativ** steht (= Präpositionalobjekt).

Subjekt (Nominativ) —— Verb —— Präposition + Akkusativ		
Martina	wartet	**auf den Bus.**
Der Kunde	interessiert sich	**für dieses Handy.**

Verben mit Präposition + Akkusativ	für, gegen, über, um	*sorgen für, stimmen für…* *bitten um, sich kümmern um…* *sich aufregen über, reden über…*

Subjekt (Nominativ) —— Verb —— Präposition + Dativ			
Martina	telefoniert	**mit ihrem Freund.**	
Vier Kollegen	nehmen	**an der Besprechung**	teil.

Verben mit Präposition + Dativ	aus, bei, mit, nach, unter, von, vor, zu	*sich bedanken bei, sich entschuldigen bei…* *aufhören mit, sich beschäftigen mit…* *gratulieren zu, überreden zu…*

> Den **Akkusativ oder Dativ** haben Präpositionalobjekte mit **an, auf** und **in:**
> ▶ Erinnerst du dich **an unseren Deutschlehrer?** (*sich erinnern an* + **Akkusativ**)
> ▶ Nimmst du auch **an dem Treffen** nächste Woche teil? (*teilnehmen an* + **Dativ**)

Lernen Sie die Verben immer mit ihrer Präposition (↑ Verbtabelle, S. 251)!

A2 **319.** Was passt? Ordnen Sie zu.

1. Nicole wartet _____ **a)** für Philosophie.

2. Annalisa erzählt _____ **b)** über ein Fußballspiel.

3. Olaf interessiert sich nicht _____ **c)** an ihren Freund.

4. Die Freunde diskutieren _____ **d)** bei den Touristen.

5. Christine denkt nur _____ **e)** auf den Zug.

6. Die Kellnerin bedankt sich _____ **f)** von ihrer Arbeit.

320. *Quiz: Rund ums Essen.* Ergänzen Sie die Präpositionen. B1

aus ▪ bei ▪ um ▪ zu

1. Was besteht meistens _____ Eiern, Butter, Mehl?

◯ *Brot*   ◯ *Kuchen*   ◯ *Kartoffelsalat*

2. Welches Gericht gehört _____ den Nachspeisen?

◯ *Suppe*   ◯ *Pudding*   ◯ *Müsli*

3. Wie bedankt man sich _____ jemandem, der „Guten Appetit" sagt?

◯ *Danke, gleichfalls!*   ◯ *Danke, gute Besserung!*   ◯ *Danke, Gesundheit!*

4. Wer kümmert sich _____ die Bedienung der Gäste in einem Restaurant?

◯ *die Assistentin*   ◯ *der Kameramann*   ◯ *der Kellner*

321. *Gesundheitstipps.* Ergänzen Sie die Präpositionen. B1

auf *(3x)* ▪ bei ▪ für ▪ mit

Ernähren Sie sich gesund!

Erkundigen Sie sich _____ (1) Ihrem Arzt nach der idealen Ernährung für Sie.

Entscheiden Sie sich in Restaurants öfter mal _____ (2) vegetarische Gerichte.

Sehen Sie beim Essen nicht fern; konzentrieren Sie sich _____ (3) das Essen.

Verzichten Sie _____ (4) Zigaretten und zu viel Alkohol.

Das ist schwer? Dann beginnen Sie _____ (5) einem „gesunden Tag" pro Woche.

Freuen Sie sich _____ (6) die positive Wirkung!

Manche Verben können gleichzeitig **mit zwei Präpositionalobjekten** stehen:
▶ Ich bedanke mich **bei ihm für den Brief.**

322. Verben mit zwei Präpositionalobjekten. Ergänzen Sie die Präpositionen. B1

bei ▪ für ▪ mit *(2x)* ▪ über *(2x)*

1. Sofia hat sich _____ ihrem Lehrer _____ ihre berufliche Zukunft unterhalten.

2. Du musst dich _____ deiner Freundin _____ dein Verhalten entschuldigen.

3. Kevin hat _____ einer Lehrerin _____ seine Bewerbung gesprochen.

A2 **323.** Was passt? Kreuzen Sie an.

1. Hast du ○ *dein Vater* ○ *deinen Vater* ○ *deinem Vater* schon geschrieben? –

Ja, aber er hat ○ *mir* ○ *mich* ○ *sich* noch nicht geantwortet. Vielleicht sollte ich

○ *ihn* ○ *er* ○ *ihm* lieber anrufen.

2. Katja ärgert sich ○ *auf* ○ *über* ○ *um* ihre Schüler.

3. Heike freut sich ○ *auf* ○ *für* ○ *zu* die Ferien und träumt ○ *an* ○ *bei* ○ *von*

Sonne und Meer.

4. Markus bedankt sich ○ *bei* ○ *mit* ○ *zu* seiner Kollegin ○ *über* ○ *für* ○ *gegen*

das Geschenk.

A2 **324.** Ergänzen Sie Dativ- oder Akkusativobjekte.

Morgens liest Peer gern _____ *(die Zeitung)* (1). Zum Frühstück isst er

_____ *(ein Apfel [m.])* (2); rote, besonders süße Äpfel schmecken _____

_____ *(seine Kinder und er)* (3) am besten. Peer braucht _____

(kein Auto [n.]) (4), denn um 9 Uhr holt _____ *(er)* (5) immer sein Kollege und

Freund Paul zu Hause ab. Auf der Fahrt zur Firma erzählt Paul _____ *(er)* (6) meistens

etwas von seiner Familie und den Kindern; Peer hört _____ *(er)* (7) gern zu.

Manchmal besucht Peer _____ *(sein Freund Paul)* (8)

auch zu Hause und hilft _____ *(er)* (9) im Garten – auf diese Weise dankt er

_____ *(er)* (10).

B1 **325.** Akkusativ oder Dativ? Kreuzen Sie an.

💬 Wer hat ○ *dich* ○ *dir* (1) denn gerade angerufen?

💬 Sofia. Sie hat ○ *mich* ○ *mir* (2) zum Geburtstag gratuliert.

💬 Oh nein, entschuldige! Ich habe ○ *ihn* ○ *ihm* (3) doch wirklich vergessen …

💬 Früher hast du ○ *mich* ○ *mir* (4) zum Geburtstag immer schon morgens mit einem

Geschenk überrascht und ○ *mich* ○ *mir* (5) abends zum Essen eingeladen. Und heute –

nichts mehr. Kannst du ○ *mich* ○ *mir* (6) das erklären?

💬 Nein. Es tut ○ *mich* ○ *mir* (7) wirklich leid. Ich hoffe, du verzeihst ○ *mich* ○ *mir* (8).

Ich wünsche ○ *dich* ○ *dir* (9) alles Gute, mein Schatz!

326. Schreiben Sie Sätze im Präsens. Das unterstrichene Pronomen muss im Dativ stehen. `B1`

1. Ich weiß nicht, was ich machen soll. *(was – du – ich – raten?)*

   Was rätst du mir?

2. Max hat schon mehrmals Lügen erzählt. *(ich – er – nicht mehr – vertrauen)*

   Ich ...

3. Gestern sind wir den ganzen Tag gewandert. *(heute – ich – die Beine – wehtun)*

   Heute ...

4. Er denkt, dass er immer recht hat. *(du – dürfen – er – nicht – widersprechen)*

   Du ...

5. Ja, da hast du recht. *(da – müssen – ich – du – wirklich – zustimmen)*

   Da ...

6. Ich weiß noch nicht, wie wir das Problem lösen können. *(du – etwas – einfallen?)*

   Fällt ...

7. Ich bin sprachlos, das ist eine Frechheit! *(so etwas – selten – ich – passieren)*

   So etwas ...

327. Ergänzen Sie die richtige Präposition. `B1`

> an ▪ auf ▪ bei ▪ für *(2x)* ▪ mit ▪ über ▪ von

1. Guten Tag. Ich möchte mich _____ einen Computerkurs anmelden.

2. Ich habe schon _____ zwei Kochkursen teilgenommen, ich interessiere mich besonders

   _____ die asiatische Küche.

3. Wie kann ich mich _____ die Prüfung vorbereiten? – Indem du dich mit den anderen triffst

   und über die Themen diskutierst.

4. Ich habe ihr immer geholfen, aber sie hat sich nie _____ mir bedankt.

5. Hast du dich schon _____ unserem neuen Kollegen unterhalten? – Ja. Er ist eigentlich sehr

   nett. Aber er redet immer nur _____ das Wetter.

6. Liebe Kolleginnen und Kollegen, ich muss mich leider _____ euch verabschieden. Ich habe

   eine neue Stelle gefunden.

Lokaladverbien

Michael kommt **von unten** und geht **nach oben**.

Michael ist **oben**.

Michael kommt **von oben** und geht **nach unten**.

Adverbien kann man normalerweise nicht verändern.
Lokaladverbien geben Informationen über den Ort.

Woher?	von oben, von unten, von vorn, von hinten von links, von rechts, von drinnen, von draußen, von innen, von außen von hier, von dort / dorther, von da / daher (von) überallher, (von) irgendwoher, (von) nirgendwoher, (von) woandersher
Wo?	oben, unten, vorn, hinten links, rechts, drinnen, draußen, innen, außen hier, dort, da überall, irgendwo, nirgendwo, woanders
Wohin?	nach oben, nach unten, nach vorn, nach hinten nach links, nach rechts, nach drinnen, nach draußen, nach innen, nach außen hierhin, dorthin, dahin überallhin, irgendwohin, nirgendwohin, woandershin geradeaus, vorwärts, rückwärts, abwärts, aufwärts

oben

unten

hinten

vorn

drinnen

draußen

links rechts

hier

da

da/dort

Auch:

	schriftlich	mündlich
nach unten	= herunter, hinunter	runter
nach oben	= herauf, hinauf	rauf
nach drinnen	= herein, hinein	rein
nach draußen	= heraus, hinaus	raus

her- (herunter, herauf …):
zum Sprecher hin
hin- (hinunter, hinauf …):
vom Sprecher weg

> Lokaladverbien kann man kombinieren:
> ▶ **Irgendwo hier** muss mein Schlüssel doch sein!
> ▶ **Hinten links / links hinten** steht meine Tante.

328. *Mein Schreibtisch.* Ergänzen Sie die Adverbien. [A2]

> draußen ▪ links hinten ▪ links vorn ▪ oben ▪ rechts

Hier siehst du meinen Schreibtisch.

_____ (1) liegt ein Notizblock.

_____ (2) steht der Drucker,

_____ (3) der Laptop. _____ (4)

auf dem Regal stehen ein paar Bücher. _____ (5)

vor dem Fenster laufen manchmal Leute vorbei, die Wohnung liegt im Erdgeschoss.

329. Kreuzen Sie an. [A2]

1. Sieh mal, bei uns ○ *hier* ○ *dort* im Dorf regnet es, und ○ *unten* ○ *oben*

   auf den Bergen liegt schon Schnee.

2. In der Konzerthalle gehen manche Zuschauer ganz ○ *nach hinten* ○ *nach vorn*,

   direkt vor die Bühne. So können sie die Band besser sehen.

3. Wir wohnen jetzt in einem Hochhaus, ganz ○ *oben* ○ *nach oben*. Man hat

   ○ *nach hier oben* ○ *von hier oben* einen sehr schönen Blick über die ganze Stadt.

4. Wenn man rauchen möchte, muss man ○ *draußen* ○ *nach draußen* gehen.

5. Beim Ballonwettbewerb sind 150 Ballons gleichzeitig ○ *oben* ○ *nach oben* geflogen.

   Man hat sie ○ *überall* ○ *überallhin* am Himmel gesehen.

> Die Adverbien *herunter, hinunter, runter* usw. können allein stehen oder Präfixe von
> trennbaren Verben (↑ S. 94) sein:
> ▶ hinausgehen → ich gehe hinaus

330. Kreuzen Sie an. [A2]

1. Pass auf! Fall nicht die Treppe ○ *hinunter* ○ *hinaus*.

2. Hallo, ihr beiden. Das ist ja eine Überraschung! Wo kommt ihr denn ○ *hin* ○ *her*?

   Kommt ○ *hinein* ○ *herein*.

3. Ich muss jetzt in den Keller ○ *hinuntergehen* ○ *heruntergehen* und die Getränke

   ○ *hinaufholen* ○ *heraufholen*.

Temporaladverbien

| morgens | mittags | abends |

Temporaladverbien geben Informationen über die Zeit.

Zeitpunkt: *wann?*

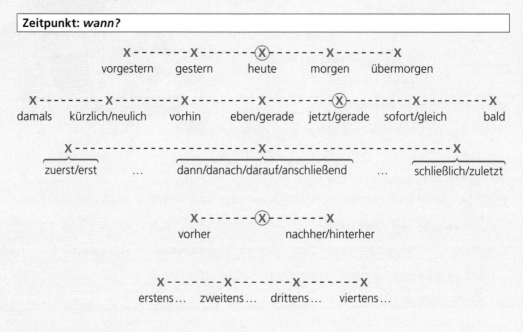

X- - - - - - - X- - - - - - - (X)- - - - - - - X- - - - - - - X
vorgestern   gestern   heute   morgen   übermorgen

X- - - - - - - - - X- - - - - - - - - X- - - - - - - - - X- - - - - - - - (X)- - - - - - - - - X- - - - - - - - X
damals   kürzlich/neulich   vorhin   eben/gerade   jetzt/gerade   sofort/gleich   bald

X- X- X
zuerst/erst   ...   dann/danach/darauf/anschließend   ...   schließlich/zuletzt

X- - - - - - - (X)- - - - - - - X
vorher   nachher/hinterher

X- - - - - - - X- - - - - - - X- - - - - - - X
erstens...   zweitens...   drittens...   viertens...

Wiederholung: *wann / wie oft?*

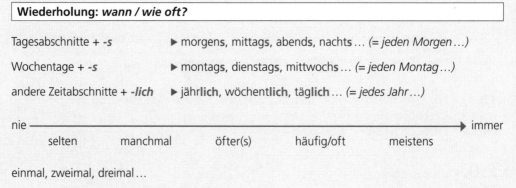

Tagesabschnitte + *-s*	▶ morgen**s**, mittag**s**, abend**s**, nacht**s** ... (= *jeden Morgen* ...)
Wochentage + *-s*	▶ montag**s**, dienstag**s**, mittwoch**s** ... (= *jeden Montag* ...)
andere Zeitabschnitte + *-lich*	▶ jähr**lich**, wöchent**lich**, täg**lich** ... (= *jedes Jahr* ...)

nie ————————————————————————————————▶ immer
selten   manchmal   öfter(s)   häufig/oft   meistens

einmal, zweimal, dreimal...

331. *Unterrichtszeiten.* Ergänzen Sie die Adverbien.

> heute ■ mittags ■ morgens ■ nachmittags

Der Unterricht an deutschen Schulen beginnt montags bis freitags normalerweise

_____ (1) um acht Uhr. Das Ende des Schultags ist unterschiedlich – für

manche Klassen schon _____ (2) um 12 oder 13 Uhr. Vor allem die älteren

Schüler haben aber auch später – also _____ (3) – Unterricht. Früher

mussten die Kinder auch samstags zur Schule gehen. _____ (4) ist das nicht

mehr so; am Wochenende haben sie frei.

332. *Freitagabend.* Kreuzen Sie an.

🗨 Was machst du ○ *gestern* ○ *heute* (1) nach dem Sprachkurs?

○ Also, ○ *dann* ○ *zuerst* (2) fahre ich nach Hause und ○ *dann* ○ *zuerst* (3) gehen

  Amelie und ich in unsere Lieblingsbar. Da spielt heute eine Band.

🗨 Spielen in eurer Kneipe ○ *damals* ○ *oft* (4) Bands?

○ Nein, nicht so ○ *oft* ○ *manchmal* (5). Nur ○ *freitags* ○ *täglich* (6)

  oder am Wochenende.

333. *Ein ehemaliger Kollege.* Ergänzen Sie die Adverbien.

> damals ■ jetzt ■ nachts ■ ~~neulich~~ ■ nie

🗨 __Neulich__ (1) habe ich in Hamburg Lars getroffen, unseren alten Kollegen!

○ Lars? Der hat doch _____ (2), vor zehn Jahren, seinen Job bei uns gekün-

  digt und wollte sich selbstständig machen. Wie geht es ihm?

🗨 Er hat _____ (3) eine kleine Softwarefirma. Ich habe ihn gefragt, ob wir uns

  mal treffen wollen, aber er hat gesagt, dass er eigentlich _____ (4) Zeit hat

  und dass er auch _____ (5) arbeitet.

334. *Quiz: Logisches Denken.* Kreuzen Sie an.

Welcher Tag war vorgestern, wenn der Tag nach übermorgen zwei Tage
vor Freitag liegt?

○ *Donnerstag* ○ *Freitag* ○ *Sonntag*

Präpositionaladverbien

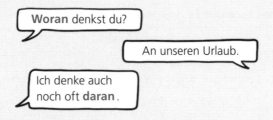

Die **Präpositionaladverbien** *da(r)-/wo(r)-* **+ Präposition** können sich auf **Präpositionalobjekte**, **Sätze** oder **Orte** und **Zeiten** beziehen.

Präpositionalobjekte (bei Sachen, nicht Personen):

Sachen: Präpositionaladverb	Personen: Präposition + Pronomen
Denkst du auch noch <u>an unseren Urlaub</u>?	Denkst du oft <u>an deinen Freund</u>?
– Ja, ich denke auch noch oft **daran**.	– Ja, ich denke oft **an ihn**.
Wovon hast du ihr erzählt?	**Von wem** hast du ihr erzählt?
– Ich habe ihr <u>von unserem Urlaub</u> erzählt.	– Ich habe ihr <u>von meinem Freund</u> erzählt.

Sätze:

<u>Ich komme heute erst spät nach Hause.</u> Denk **daran**!

Denk **daran**, <u>dass ich heute erst spät nach Hause komme.</u>

Orte und **Zeiten:**

Das Buch liegt auf dem Tisch.
Daneben (= *neben dem Buch*) liegen die Schlüssel.
Dahinter (= *hinter dem Buch*) steht die Vase.

10:40–11:25 Uhr	Mathematik
11:30–12:15 Uhr	Musik
12:15–13:00 Uhr	Mittagspause
13:00–13:45 Uhr	Englisch

Von 12:15 Uhr bis 13:00 Uhr haben wir Mittagspause.
Davor (= *vor der Pause*) haben wir Musik.
Danach (= *nach der Pause*) haben wir Englisch.

für, nach, gegen ...: **Konsonant** zu Beginn	wofür	dafür
wo-/da-	wonach	danach
an, über, auf ...: **Vokal** zu Beginn	worüber	darüber
wo-/da- + -r-	woran	daran

335. Ergänzen Sie die Fragen.

A2

1. _____ wartest du? – Auf meinen Chef.

2. _____ fährst du immer zur Arbeit? – Mit einer Kollegin.

3. _____ hast du dich vorhin unterhalten? – Mit einem Freund.

4. _____ habt ihr euch unterhalten? – Über das Wetter.

336. _Kai und Sonja im Restaurant._ Ergänzen Sie _da(r)- + Präposition_ und verbinden Sie die Sätze.

B1

(3x)
dafür ▪ damit ▪ darüber (4x)

1. Der Wein kam erst nach dreißig Minuten. Sonja hat sich ___ **darüber** ___ aufgeregt.

Sonja hat sich darüber aufgeregt, dass der Wein erst nach dreißig Minuten kam.

2. Die Suppe war kalt. Kai hat sich _____ beschwert.

_____

3. Der Koch hat sich entschuldigt. Kai hat sich nicht _____ interessiert.

_____

4. Sonja wollte die Rechnung nicht bezahlen. Der Kellner hat mit ihr _____ gestritten.

_____

5. Sonja hat die Hälfte der Rechnung bezahlt. Der Kellner war _____ einverstanden.

_____

6. Der Koch hat ihnen den Abend ruiniert. Kai ärgert sich immer noch _____.

_____

337. Ergänzen Sie.

B1

an wen ▪ damit ▪ worüber

💬 Gestern hat Felix bei uns angerufen. Erinnerst du dich noch an ihn?

💬 _____ (1) soll ich mich erinnern?

💬 An Felix, der mit mir studiert hat.

💬 Ja klar! _____ (2) habt ihr gesprochen?

💬 Marathon, Marathon, Marathon – _____ (3) beschäftigt er sich gerade intensiv.

Modalpartikeln

Wo sind **denn** die Würstchen?
Hat der Hund sie **etwa** gefressen?

Mit Modalpartikeln kann ein Sprecher zusätzliche Informationen zum Gesagten geben.
Modalpartikeln kommen vor allem in der gesprochenen Sprache vor. Sie haben verschiedene
Bedeutungen, z. B.:

bloß	Lass mich **bloß** nicht allein! Wo ist **bloß** mein Kalender?	*verstärkt Aufforderungen oder Fragen*
denn	Wie lange bist du **denn** schon hier? Willst du **denn** nichts essen?	*drückt bei w-Fragen meist Interesse, bei Ja/nein-Fragen Überraschung aus*
doch	Das hast du mir **doch** selbst gesagt! Setzen Sie sich **doch**! Ruf **doch** mal an!	*der Hörer weiß es, erinnert sich aber gerade nicht daran; verstärkt Aufforderungen (oft mit mal)*
eben	Ich bin **eben** zu langsam.	*drückt aus, dass sich etwas nicht ändern lässt*
eigentlich	Wie alt bist du **eigentlich**?	*drückt Interesse aus*
einfach	Er sieht **einfach** gut aus.	*verstärkt eine Aussage*
etwa	Hast du **etwa** Bier getrunken?	*drückt die Hoffnung aus, dass es nicht so ist*
halt	Er will **halt** mitkommen.	*drückt aus, dass sich etwas nicht ändern lässt*
ja	Der Bahnhof ist **ja** nicht weit weg. *(unbetont)*	*Sprecher und Hörer wissen es*
	Ruf ihn *ja* nicht an! *(betont)*	*verstärkt eine Aufforderung*
(doch) mal	Schreib uns (doch) **mal**!	*macht eine Aufforderung höflicher*
ruhig	Lass **ruhig** das Licht an.	*der Sprecher findet etwas in Ordnung*
schon	Du hast **schon** recht, aber es ist halt alles nicht so einfach.	*der Sprecher stimmt zu, aber es gibt ein Gegenargument (zwar… aber)*
wohl	Er kommt **wohl** erst Mittwoch.	*drückt eine Vermutung aus*

 Modalpartikeln sind sehr häufig. Üben Sie sie am besten anhand von Beispielen ein.

Modalpartikeln sind fast immer unbetont. Sie stehen nie am Satzanfang.
Oft sind sie formgleich mit anderen Wörtern, z. B. Adverbien oder Konjunktionen:

▸ *schon* als Adverb ▸ *schon* als Modalpartikel	Heute Morgen bin ich **schon** um sechs Uhr aufgestanden. Ich finde ihn **schon** nett, aber verliebt bin ich nicht.
▸ *denn* als Konjunktion ▸ *denn* als Modalpartikel	Er ging schlafen, **denn** er war sehr müde. *(Grund)* Wie spät ist es **denn**? *(Interesse)*

338. Formulieren Sie den Imperativ höflicher mit *doch… mal*.

1. Hilf mir bitte. <u>Hilf mir doch bitte mal.</u>

2. Gib mir bitte das Salz. _____

3. Leih mir bitte deinen Stift. _____

339. *Der Nebenjob.* Stellen Sie überraschte Fragen mit *denn*.

1. Ich habe einen neuen Nebenjob. *(dafür Zeit haben)*

  <u>Hast du denn dafür Zeit?</u>

2. Ich arbeite jetzt in einem Tierheim. *(sich für Tiere interessieren)*

  _____

3. Ich muss morgens schon um 7 Uhr zur Arbeit fahren. *(gern so früh aufstehen)*

  _____

340. Kreuzen Sie an.

🔴 Hallo, Selina, das ist ⭘ *ja* ⭘ *bloß* (1) eine Überraschung! Was machst du hier?

⭘ Ich hatte dir ⭘ *etwa* ⭘ *doch* (2) erzählt, dass ich nach Dortmund ziehen wollte – seit zwei

  Wochen bin ich hier. Ruf mich ⭘ *wohl* ⭘ *doch mal* (3) an!

🔴 Danke, ich melde mich. Lass uns ⭘ *bloß* ⭘ *schon* (4) nicht wieder so lange warten, bis wir

  uns wiedersehen…

341. Ergänzen Sie *mal* oder *denn*.

🔴 Kannst du mir _____ (1) kurz helfen? Ich will dieses Regal aufbauen.

⭘ Wo ist _____ (2) der Hammer? Gib ihn mir _____ (3) bitte!

342. *Das Wochenende am Meer.* Kreuzen Sie an.

🔴 Was macht ihr ⭘ *doch* ⭘ *eigentlich* (1) am Wochenende?

⭘ Wenn das Wetter so bleibt, werden wir

  ⭘ *eben* ⭘ *wohl* (2) ans Meer fahren.

🔴 Am Meer ist es ⭘ *denn* ⭘ *schon* (3) nett, aber im August auch sehr voll, oder?

⭘ Ja, das ist ⭘ *eben* ⭘ *doch* (4) so. Aber wir sind ⭘ *einfach* ⭘ *wohl* (5) trotzdem gern

  da. Was habt ihr ⭘ *denn* ⭘ *eben* (6) vor? Wollt ihr mitkommen?

Alles verstanden?

343. Ergänzen Sie das passende Adverb.

1. vorn   ↔   _hinten_ _____

2. nie   ↔   _____

3. rechts   ↔   _____

4. draußen   ↔   _____

5. nachher   ↔   _____

6. oben   ↔   _____

7. rauf   ↔   _____

8. übermorgen   ↔   _____

9. irgendwo   ↔   _____

10. vorwärts   ↔   _____

A2 **344.** Ergänzen Sie.

1. drittens – viertens – _____ – sechstens – siebtens

2. morgens – vormittags – mittags – _____ – abends

3. mittwochs – _____ – freitags – samstags

4. gestern – heute – morgen – _____

5. Jahr – jährlich, Tag – täglich, Minute – _____

6. _____ – zweimal – dreimal – viermal

B1 **345.** *Wie war dein Urlaub?* Ergänzen Sie.

~~gerade~~ ▪ hinterher ▪ immer ▪ oft ▪ öfter ▪ zweimal

💬 Hallo, Frank! Du hattest doch ____**gerade**____ (1) zwei Wochen Urlaub – wie war's?

💬 Schön war's! Wir waren fünf Tage in Kopenhagen, vorher waren wir kurz in Hamburg und

_____ (2) eine Woche bei meinen Eltern in Bremen.

💬 Wart ihr schon sehr _____ (3) in Dänemark?

💬 Wir waren schon _____ (4) dort, 2010 und 2013, aber viel

_____ (5) fahren wir nach Schweden.

💬 Wie hat es eurer Tochter gefallen?

💬 Sie ist ja erst zwei und im Urlaub ist sie fast _____ (6) zufrieden.

346. *Schlüsselsuche.* Ergänzen Sie.

B1

draußen ▪ hier ▪ irgendwohin ▪ nirgendwo ▪ überall ▪ wo

💬 Weißt du, _____ (1) mein Schlüssel ist? Ich kann ihn

_____ (2) finden. Aber er muss _____ (3) in der

Wohnung sein, denn ich habe damit die Tür aufgeschlossen.

💭 Wahrscheinlich hast du ihn _____ (4) gelegt. Vielleicht ist er auch gar

nicht in der Wohnung, sondern er ist dir _____ (5), vor der Tür, auf den

Boden gefallen.

💬 Ja, er kann wohl _____ (6) sein.

347. Ergänzen Sie.

B1

daneben ▪ daran ▪ darüber ▪ darum ▪ davon ▪ woran ▪ worüber ▪ worum ▪ wovon

1. _____ denkst du? – An die Prüfung morgen. – Ich habe vorhin auch

_____ gedacht.

2. Was ist denn mit dir los? _____ ärgerst du dich so? – Ich ärgere

mich _____, dass Beate immer noch nicht auf meine Mail geantwortet hat.

3. _____ träumst du am meisten? – Zurzeit träume ich _____,

dass wir mit dem Umzug bald fertig sind.

4. Wohin kommen die Bücher? Im Regal ist kein Platz mehr. – Dann leg sie einfach rechts

_____, auf den Boden. Ich räume sie später weg.

5. _____ hat dich Lukas denn gebeten? – Er hat mich _____

gebeten, dass ich ihm bei seiner Hausarbeit helfe.

348. *Beim Fußballtraining.* Kreuzen Sie an.

B1

💬 Sag ○ *mal* ○ *wohl* ○ *denn* (1),

wo ist ○ *eigentlich* ○ *halt* ○ *schon* (2) Jonas?

Ist er ○ *etwa* ○ *schon* ○ *eben* (3) krank?

💭 Jonas wird ○ *wohl* ○ *ja* ○ *ruhig* (4) noch kommen.

Fangt ○ *wohl* ○ *denn* ○ *ruhig* (5) ohne ihn mit dem Training an.

Lokale Präpositionen 1: *in*

Wechselpräpositionen können die **Richtung (wohin?)** oder den **Ort (wo?)** ausdrücken. Sie stehen mit **Akkusativ** oder **Dativ**.

Wohin? → Akkusativ mit Bewegung	Wo? → Dativ ohne Bewegung (statisch)
Er schießt den Ball **ins** Tor *(n.)*.	Der Ball liegt **im** Tor *(n.)*.
Er schießt den Ball **in den** Garten *(m.)*.	Der Ball liegt **im** Garten *(m.)*.
Er schießt den Ball **in die** Mitte *(f.)*.	Der Ball liegt **in der** Mitte *(f.)*.
Er schießt den Ball **in die** Blumen *(Pl.)*.	Der Ball liegt **in den** Blumen *(Pl.)*.

A2 **349.** *Wohin oder wo?* Kreuzen Sie an.

	Wohin?	Wo ?
1. Familie Körner fliegt in den Süden.	○	○
2. Harald bringt seinen Sohn in den Kindergarten.	○	○
3. Ich sitze in der Bar.	○	○
4. Ich jogge heute im Park.	○	○
5. Euer Ball liegt im Wohnzimmer.	○	○
6. Ich war noch nie in einem Fitnessstudio.	○	○

A2 **350.** *Wohin gehst du? Wo bist du?* Ergänzen Sie die Tabelle.

Wohin gehst du?	Wo bist du ?
1. _ins Bad_____ (das Bad)	_im Bad_____ (das Bad)
2. _____ (die Küche)	_____ (die Küche)
3. _____ (der Keller)	_____ (der Keller)
4. _____ (ein Museum [n.])	_____ (ein Museum [n.])
5. _____ (eine Bar)	_____ (eine Bar)
6. _____ (ein Supermarkt [m.])	_____ (ein Supermarkt [m.])

351. Ordnen Sie zu.

1. Wir fahren im Sommer	___ **a)** im Meer.
2. Es ist warm und wir baden täglich	___ **b)** ins Meer.
3. Unser Sohn studiert im Moment	___ **c)** in die Schweiz.
4. Hans springt gern vom Boot	___ **d)** in der Schweiz.

5. Ich werfe die Essensreste	___ **e)** im Müll.
6. Heute Abend gehen wir	___ **f)** ins Theater.
7. Wir waren gestern Abend	___ **g)** im Theater.
8. Die kaputten Schuhe liegen	___ **h)** in den Müll.

352. Ergänzen Sie.

im *(4x)* ▪ in den ▪ in der *(3x)* ▪ in die *(3x)* ▪ ins *(4x)*

1. *(Am Telefon:)*

🗩 Hallo, Susanne. Wo bist du gerade?

🗩 _____ Büro *(n.)*.

🗩 Und wohin gehst du nach der Arbeit?

🗩 Ich gehe mit Lisa _____ Kino *(n.)*.

2. 🗩 Bringst du die Bücher _____

Kinderzimmer *(n.)*?

🗩 Ich glaube, sie sind schon _____

Kinderzimmer.

3. 🗩 Gehst du heute _____ Kneipe *(f.)*?

🗩 Nein, ich war schon gestern _____

Kneipe. Und du?

🗩 Ich glaube, wir gehen heute _____

Pizzeria *(f.)* oder _____ Restaurant *(n.)*.

4. 🗩 Ist Anna noch _____ Stadt *(f.)*?

🗩 Ja, sie ist _____ Museum *(n.)*

gegangen.

5. 🗩 Wo seid ihr gerade?

🗩 _____ Park *(m.)*.

🗩 Und wohin geht Tom?

🗩 _____ Supermarkt *(m.)*.

6. 🗩 Wo sind die Kinder?

🗩 Mia ist _____ Schule *(f.)* und

Leo spielt _____ Garten *(m.)*.

🗩 Und wohin gehst du?

🗩 Ich gehe _____ Bäckerei *(f.)*.

Lokale Präpositionen 2: *an, auf, hinter, neben ...*

Weitere Wechselpräpositionen

	Wohin? → Akkusativ mit Bewegung		Wo? → Dativ ohne Bewegung (statisch)
an	Ich habe das Foto **an die** Wand gehängt.		Das Foto hängt jetzt **an der** Wand.
auf	Die Katze ist **auf den** Tisch gesprungen.		Die Katze ist jetzt **auf dem** Tisch.
hinter	Das Buch ist **hinter den** Stuhl gefallen.		Das Buch liegt jetzt **hinter dem** Stuhl.
neben	Er hat den Ball **neben das** Tor geschossen.		Der Ball liegt jetzt **neben dem** Tor.
über	Ich habe die Lampe **über den** Tisch gehängt.		Die Lampe hängt jetzt **über dem** Tisch.
unter	Die Katze ist **unter den** Tisch gelaufen.		Die Katze ist jetzt **unter dem** Tisch.
vor	Ich habe das Buch **vor den** Stuhl gelegt.		Das Buch liegt jetzt **vor dem** Stuhl.
zwischen	Ich habe das Foto **zwischen die** Bücher gestellt.		Das Foto steht jetzt **zwischen den** Büchern.

Präpositionen und Artikel verbinden sich manchmal (= *Verschmelzung*):
an das Meer → **ans Meer**   **an dem Tisch** → **am Tisch**
an + das   = **ans**   **an** + dem   = **am**
in + das   = **ins**   **in** + dem   = **im**
auf + das   = **aufs**   **vor** + dem   = **vorm**

353. *Wo ist die Katze?* Ergänzen Sie.   A2

1. Die Katze ist auf den Stuhl gesprungen. Sie ist jetzt _____ .

2. Die Katze ist unter das Bett gelaufen. Sie ist jetzt _____ .

3. Die Katze ist vor die Tür gelaufen. Sie ist jetzt _____ .

354. *Wohin gehst du? Wo bist du?* Ergänzen Sie.   A2

	Ich gehe …	Ich bin …
1. (in/Küche) *(f.)*	*in die Küche*	_____
2. (vor/Tür) *(f.)*	_____	_____
3. (auf/Party) *(f.)*	_____	_____
4. (an/Strand) *(m.)*	_____	_____
5. (unter/Dach) *(n.)*	_____	_____
6. (hinter/Haus) *(n.)*	_____	_____
7. (in/Wald) *(m.)*	_____	_____

355. Ergänzen Sie.   A2

an der ▪ auf den ▪ im ▪ in die *(2x)* ▪ in der ▪ am ▪ ans ▪ über die

1. Wohin fahrt ihr? – Wir fahren _____ Stadt *(f.)*.

2. Wo sind die Kinder? – Sie spielen _____ Garten *(m.)*.

3. Wo ist denn Kathrin? – Sie ist schon _____ Bahnhof *(m.)*.

4. Wohin gehen wir? – Wir gehen _____ Brücke *(f.)*.

5. Wo treffen wir unsere Freunde? – Wir treffen sie _____ Bushaltestelle *(f.)*.

6. Wohin gehen die Kinder? – Sie gehen _____ Spielplatz *(m.)*.

7. Wo macht ihr dieses Jahr Urlaub? – Wir fahren _____ Meer *(n.)* oder

_____ Berge *(Pl.)*.

8. Wo ist denn die neue CD? – Sie ist _____ untersten Schublade *(f.)*.

Die Verben *(sich)* setzen, sitzen, stellen, stehen

Die Verben *(sich) setzen* und *stellen* beschreiben eine Bewegung,
die Verben *sitzen* und *stehen* beschreiben eine Position.

Wohin? + Akkusativ	Wo? + Dativ
mit Bewegung mit Akkusativobjekt regelmäßig	ohne Bewegung (statisch) ohne Akkusativobjekt unregelmäßig

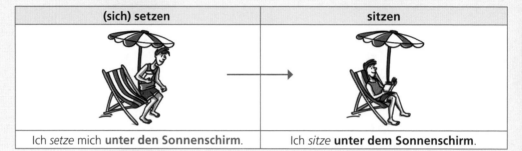

(sich) setzen	sitzen
Ich *setze* mich **unter den Sonnenschirm**.	Ich *sitze* **unter dem Sonnenschirm**.

Vergangenheit:	*Vergangenheit:*
Ich *setzte* mich unter den Sonnenschirm.	Ich *saß* unter dem Sonnenschirm.
Ich *habe* mich unter den Sonnenschirm *gesetzt*.	Ich *habe* unter dem Sonnenschirm *gesessen*.

stellen	stehen
Ich *stelle* das Buch **ins Regal**.	Das Buch *steht* **im Regal**.

Vergangenheit:	*Vergangenheit:*
Ich *stellte* das Buch ins Regal.	Das Buch *stand* im Regal.
Ich *habe* das Buch ins Regal *gestellt*.	Das Buch *hat* im Regal *gestanden*.

A2

356. *Wohin oder wo?* Kreuzen Sie an.

	Wohin?	Wo ?
1. Wir sitzen <u>im Zug</u>.	○	○
2. Ich stelle mein Fahrrad <u>hinter das Haus</u>.	○	○
3. Mein Fahrrad steht <u>hinter dem Haus</u>.	○	○
4. Die Kinder setzen sich <u>auf ihre Plätze</u>.	○	○
5. Ich bin müde. Ich setze mich <u>auf das Sofa</u>.	○	○

357. Ergänzen Sie *gestellt* oder *gestanden*, *gesetzt* oder *gesessen*. A2

1. Ich habe die Flasche in den Kühlschrank _____.

2. Die Hochzeitsgäste haben sich an den gedeckten Tisch _____.

3. Die Vase hat lange auf dem Tisch _____.

4. Der Vater hat seinen Sohn in den Kinderwagen _____.

5. Wir haben eine Stunde im Wagen _____ und auf ihn gewartet.

6. Franziska hat ihr Motorrad in die Garage _____.

358. Ergänzen Sie die Verben *(sich) setzen, sitzen, stellen, stehen* im *Präsens* sowie die passenden Artikel. A2

1. Julia _____ die Schüssel auf _____ Tisch *(m.)*.

2. Dann _____ sie sich auf _____ Sofa *(n.)*.

3. Die Schüssel _____ auf _____ Tisch.

Julia _____ auf _____ Sofa.

Die Lampe _____ neben _____ Sofa.

359. Schreiben Sie die Sätze aus Übung **358** im *Perfekt*. A2

1. *Julia hat die Schüssel...* _____

2. _____

3. _____

_____

_____

360. Wie lauten die Verben aus Übung **358** im *Präteritum*? B1

1. *stellte* _____

2. _____

3. _____, _____, _____

Die Verben *(sich) legen, liegen, hängen*

Die Verben *(sich) legen* und *hängen* *(hängte, gehängt)* beschreiben eine Bewegung,
die Verben *liegen* und *hängen* *(hing, gehangen)* beschreiben eine Position.

Wohin? + Akkusativ
mit Bewegung
mit Akkusativobjekt
regelmäßig

Wo? + Dativ
ohne Bewegung (statisch)
ohne Akkusativobjekt
unregelmäßig

(sich) legen	liegen

Ich *lege* den Löffel **auf den Tisch**.	Der Löffel *liegt* **auf dem Tisch**.

Vergangenheit:	*Vergangenheit:*
Ich *legte* den Löffel auf den Tisch.	Der Löffel *lag* auf dem Tisch.
Ich *habe* den Löffel auf den Tisch *gelegt*.	Der Löffel *hat* auf dem Tisch *gelegen*.

hängen	hängen
Ich *hänge* das Bild **an die Wand**.	Das Bild *hängt* **an der Wand**.

Vergangenheit:	*Vergangenheit:*
Ich *hängte* das Bild an die Wand.	Das Bild *hing* an der Wand.
Ich *habe* das Bild an die Wand *gehängt*.	Das Bild *hat* an der Wand *gehangen*.

A2

361. *Wohin oder wo?* Kreuzen Sie an. Wie lautet der Infinitiv des Verbs?

	Wohin?	Wo?	Infinitiv
1. Dein Handy liegt <u>auf dem Regal</u>.	◯	⊗	*liegen*
2. Häng deine Jacke doch <u>an die Garderobe</u>.	◯	◯	_____
3. Die Kinder liegen schon <u>im Bett</u>.	◯	◯	_____
4. Ich lege mich jetzt <u>ins Bett</u>.	◯	◯	_____
5. Im Herbst hängen die Äpfel <u>an den Bäumen</u>.	◯	◯	_____
6. Ich habe deine Jacke <u>auf das Bett</u> gelegt.	◯	◯	_____

362. Ergänzen Sie die Verben im *Präsens* und die passenden Artikel.

 1.    2.    3.    4.

1. Sabine _____ den Kalender über _____ Tisch *(m.)*.

2. Sabine _____ die Flasche und das Glas auf _____Tisch.

3. Sabine _____ die Zeitschrift vor _____ Flasche *(f.)*.

4. Sabine _____ sich an _____ Tisch.

5.

5. Der Kalender _____ _____ _____ Tisch.

Die Flasche und das Glas _____ _____ _____Tisch.

Die Zeitschrift _____ _____ _____ Flasche.

Sabine _____ _____ Tisch.

363. Kreuzen Sie an.

1. Die Jacke hat im Schlafzimmer ◯ *gehangen* ◯ *gehängt*.

2. Georg hat ein rotes Gesicht, weil er drei Stunden in der Sonne ◯ *gelegt* ◯ *gelegen* hat.

3. Karl-Heinz hat die Wäsche in den Schrank ◯ *gehangen* ◯ *gehängt*.

4. Irma hat das Fleisch gleich in den Kühlschrank ◯ *gelegt* ◯ *gelegen*.

5. Wir haben gestern im Park auf der Wiese ◯ *gelegt* ◯ *gelegen*.

364. Kreuzen Sie an.

1. Der Vater ◯ *legte* ◯ *lag* seine Jacke auf den Autositz.

2. Er fühlte sich gestern nicht gut und ◯ *legte* ◯ *lag* sich früh ins Bett.

3. Dieses Bild ◯ *hängte* ◯ *hing* lange in unserem Stadtmuseum.

4. Endlich fand er das Portemonnaie. Es ◯ *legte* ◯ *lag* unter dem Bett!

5. Er ◯ *hängte* ◯ *hing* die Handtücher neben das Waschbecken.

Lokale Präpositionen 3: *bei, zu, nach, von…*

Man verwendet **lokale Präpositionen,** um eine Herkunft / einen Ort / eine Richtung auszudrücken.

Woher? → Präposition + **Dativ**

Personen	von	Ich komme **von** meinen Eltern / **von** Tom / **vom** Bäcker.
Gebäude u. a. (= *von… her*)		Ich komme **von** der Post. (= ***von** der Post **her***)
Gebäude u. a. (= *aus… heraus*)	aus	Ich komme **aus** dem Büro. (= ***aus** dem Büro **heraus***)
Städte, Länder, Kontinente		Ich komme **aus** Paris / **aus** Marokko / **aus** Asien. Ich komme **aus** den Niederlanden / **aus** den USA.

wo? in… ↔ **woher? aus**…	
im Büro, **in** Paris… ↔ **aus** dem Büro, **aus** Paris…	

Wo? → Präposition + **Dativ**

Ort: *in, an, auf, hinter, neben, über, unter, vor, zwischen* (↑ S. 174)		
Personen	bei	Ich bin **bei** meinen Eltern / **bei** Tom / **beim** Bäcker.
Gebäude	in	Ich bin **im** Büro.
viele Institutionen	auf, in, bei	Ich bin **auf** dem / **im** / **beim** Ausländeramt, **auf** / **in** / **bei** der Post.
Städte, Länder, Kontinente	in	Ich bin **in** Paris / **in** Marokko / **in** Asien. Ich bin **in** den Niederlanden / **in** den USA.

Wohin? → Präposition + **Akkusativ** (Ausnahme: *zu* + **Dativ**)

Richtung: *in, an, auf, hinter, neben, über, unter, vor, zwischen* (↑ S. 174)		
Personen	zu **(+ Dat.)**	Ich gehe **zu** meinen Eltern / **zu** Tom / **zum** Bäcker.
Gebäude	in	Ich gehe **ins** Büro. (= *ins Büro **hinein***)
	zu **(+ Dat.)**	Ich fahre **zum** Büro / **zum** Flughafen / **zur** Post. (= ***in Richtung** Büro, Flughafen, Post*)
viele Institutionen	auf, in, zu	Ich gehe **auf** das / **ins** / **zum** Ausländeramt.
Städte, Länder, Kontinente *ohne Artikel*	nach	Ich fliege **nach** Paris / **nach** Marokko / **nach** Asien.
Länder *mit Artikel*	in	Ich fahre **in** die Niederlande / **in** die USA. (↑ S. 30)

Ausnahme: Wo bist du?	–	Ich bin **zu Hause.**
Wohin gehst du?	–	Ich gehe **nach Hause.**

365. Ergänzen Sie. A1

> aus *(5x)* ▪ aus dem ▪ in *(4x)* ▪ nach *(2x)*

Carla kommt _____ (1) Österreich. Alva kommt _____ (2) Schweden

und Joe kommt _____ (3) England. Maria kommt _____ (4)

Russland. Sie ist vor zwei Jahren _____ (5) Deutschland gekommen. Sie wohnt

jetzt _____ (6) Kassel. Lee kommt _____ (7) China. Er wohnt

_____ (8) Berlin. Hamed kommt _____ (9) Iran. Er wohnt jetzt

_____ (10) München, aber er möchte _____ (11) Köln ziehen, denn

_____ (12) Köln leben seine beiden Schwestern.

366. *Wohin gehst du? Wo bist du?* Ergänzen Sie. A2

	Ich gehe…	Ich bin…
1. Friseur		
2. Bank		
3. Chef		
4. Firma		
5. Frankfurt		

367. Ergänzen Sie die Präpositionen und, wenn nötig, den Artikel. A2

1. Seit einer Woche habe ich Rückenschmerzen. – Vielleicht solltest du mal _____

   Arzt gehen. – Ich war doch schon _____ Arzt. Er hat gesagt, ich soll mehr Sport

   machen. – Dann komm doch mal mit _____ Fitnessstudio!

2. Hallo, Alexander! Was machst du denn so früh _____ Stadt? – Ich gehe

   _____ Bahnhof. – Fährst du weg? – Ja, ich fahre _____ Köln; da bin

   ich _____ einer Freundin eingeladen.

3. Sieh mal, Anja kommt gerade _____ Haus. Wahrscheinlich geht sie

   _____ Arbeitsagentur. – Nein, sicher geht sie _____ Arbeit. Sie hat

   doch jetzt einen neuen Job _____ Volkshochschule.

Lokale Präpositionen 4: *entlang, durch, gegen ...*

Weitere lokale Präpositionen

mit Akkusativ

	entlang *(nachgestellt)* Er läuft die Straße **entlang**.		durch Er geht **durch** die Tür.
	gegen Er läuft **gegen** eine Laterne.		um ... (herum) Er läuft **um** die Laterne **(herum)**.
	bis Sie fährt mit dem Auto **bis** Bonn. *Mit Artikel: Eine zweite Präposition bestimmt den Kasus.* Er läuft **bis zur** Haltestelle. (*zu* + Dativ) Er fährt **bis ans** Meer. (*an* + Akkusativ)		

mit Genitiv (oder mit *von* + Dativ)

	innerhalb Berlin und München liegen **innerhalb** Deutschlands (= *innerhalb von Deutschland*).		außerhalb Prag und Zürich liegen **außerhalb** Deutschlands (= *außerhalb von Deutschland*).

A2

368. *Ein Unfall.* Ergänzen Sie die Präpositionen.

> durch ▪ entlang ▪ gegen ▪ um ... herum

🗨 Hallo, Jonas, wie siehst du denn aus?

🗩 Ich bin gestern mit dem Fahrrad _____ (1) einen Baum gefahren.

🗨 Oh nein – wie ist das passiert?

🗩 Ich war mit dem Fahrrad unterwegs, die Goethestraße _____ (2), und plötzlich

lagen auf der Straße vor mir Glasscherben.

🗨 Und dann bist du _____ (3) die Scherben gefahren?

🗩 Nein, _____ die Scherben _____ (4)! Aber leider hatte ich den Baum nicht gesehen.

369. Ordnen Sie zu.

B1

1. Telefonieren darf man nur	___ **a)** um den See herum.
2. Ich jogge morgens gern	___ **b)** in den Himmel.
3. Ein Ballon fliegt	___ **c)** außerhalb der Bibliothek.

4. Dieser Schnellzug fährt immer	___ **d)** durch das Fenster.
5. Rauchen ist	___ **e)** den Rhein entlang.
6. Die Sonne scheint	___ **f)** innerhalb des Gebäudes verboten.

370. Ergänzen Sie die Präpositionen.

B1

> außerhalb ▪ durch *(2x)* ▪ entlang ▪ innerhalb *(2x)* ▪ um … herum

1. Entschuldigung, wie komme ich zum Bahnhof? – Ich zeige es Ihnen auf dem Plan:

Sie gehen _____ das Theater _____, dann _____ den

Park und schließlich die Bahnhofstraße _____ bis zum Bahnhof.

2. Mit dem Bayern-Ticket können Sie nur _____ Bayerns fahren.

Wenn Sie _____ andere Bundesländer fahren möchten, brauchen

Sie ein anderes Ticket.

3. Entschuldigen Sie bitte, wo kann ich hier einen Parkplatz finden? – Hier im Zentrum

gibt es nur Parkhäuser. Aber _____ des Zentrums finden Sie

problemlos einen Parkplatz.

4. Sie können hier nicht parken. Das Parken ist nur _____ der Bereiche

erlaubt, die mit „P" markiert sind.

A2

371. *Wohin?* Schreiben Sie die Sätze.

1. *(Carlos – sein Bruder – der Bahnhof – bringen)*

   Carlos bringt seinen Bruder zum Bahnhof.

2. *(ich – morgen – das Kino – gehen)*

   Ich ...

3. *(Bärbel – ihre Jacke – der Schrank – hängen)*

   Bärbel ...

4. *(Finn – am Wochenende – Augsburg – fahren)*

   Finn ...

5. *(die Kinder – ein Ausflug – der Zoo – machen)*

   Die Kinder ...

6. *(du – mich – morgen – der Flughafen – fahren?)*

   Fährst ...

A2

372. *Auf dem Campingplatz.* Wo ist was? Ergänzen Sie Verb, Präposition und Artikel.

1. Die Jacke ___*hängt über dem*___ Stuhl *(m.)*

2. Der Sonnenschirm _____ Stuhl.

3. Der Ball _____ Stuhl.

4. Der Schlafsack _____ Zelt *(n)*.

5. Die Schuhe _____ Zelt.

6. Der Stuhl _____ Zelt und _____ Tisch *(m)*.

7. Die Lampe _____ Baum *(m)*.

8. Die Katze _____ Tisch.

9. Der Baum _____ Zelt.

373. *Woher kommst du? Wo bist du?* Ergänzen Sie die Tabelle.

	Ich komme…	Ich bin …
1. meine Freundin		
2. Indien		
3. Krankenhaus		
4. Zahnarzt		
5. Barcelona		

374. *Wie komme ich zum Fußballstadion?* Ergänzen Sie.

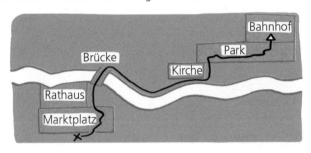

> am *(2x)* ▪ auf ▪ außerhalb ▪ bis zur ▪ entlang ▪ für ▪
> mit ▪ nach *(2x)* ▪ zum

🗨 Entschuldigung, wie komme ich zum Fußballstadion?

🗨 Das Stadion ist weit von hier; es liegt _____ (1) der Stadt. Am besten fahren

   Sie _____ (2) dem Bus, der _____ (3) Bahnhof abfährt.

🗨 Und wie komme ich _____ (4) Bahnhof?

🗨 Gehen Sie über den Marktplatz, am Rathaus vorbei, über die Brücke, und dann

   _____ (5) der anderen Seite der Brücke gleich _____ (6)

   rechts und immer den Fluss _____ (7) _____ (8) Kirche.

   Hinter der Kirche gehen Sie _____ (9) links und dann einfach geradeaus

   durch den Park. Dort sehen Sie schon den Bahnhof. Kaufen Sie _____ (10)

   Fahrkartenautomaten ein Ticket _____ (11) zwei Euro.

Temporale Präpositionen

Man verwendet temporale Präpositionen, um einen Zeitpunkt oder Zeitraum auszudrücken.

an + *Dat.*	**Am** Dienstag bin ich in Hamburg. **Am** Abend habe ich meine Mutter besucht. **Am** 3. Februar hat Torsten Geburtstag.	– Tage – Tageszeiten – Datum
um + *Akk.*	**Um** zwei Uhr komme ich nach Hause.	– Uhrzeit
in + *Dat.*	**Im** Winter ist es kalt. **In** der letzten Woche habe ich viel gearbeitet. **Im** August fahren wir nach Malta.	– Jahreszeiten – Wochen – Monate
	In zwei Stunden bin ich fertig. (= *Zeitpunkt in der Zukunft*) **In** zwei Jahren habe ich 13 Kilo abgenommen. (= *in einem Zeitraum von zwei Jahren*)	*Zeitpunkt oder Zeitraum*
ab + *Dat.*	**Ab** Mittwoch habe ich Urlaub.	*Zeitraum: Beginn*
bis + *Akk.*	**Bis** Mittwoch habe ich Urlaub.	*Zeitraum: Ende*
zwischen + *Dat.*	**Zwischen** sechs und sieben Uhr bin ich heute Fahrrad gefahren.	*Zeitraum:* *Beginn und Ende*
von + *Dat.* ... bis + *Akk.* / bis zu + *Dat.*	Ich bleibe **von** Montag **bis** nächsten Mittwoch. Ich bleibe **vom** 3. **bis zum** 5. Januar.	*Zeitraum:* *Beginn und Ende*
seit + *Dat.*	**Seit** zwei Wochen mache ich einen Sprachkurs in Düsseldorf.	*Zeitraum: Beginn in der* *Vergangenheit,* *nicht abgeschlossen*
während + *Gen.*	**Während** des Unterrichts darf man nicht essen.	*Zeitraum: Gleichzeitigkeit*
vor + *Dat.*	**Vor** dem Essen wäscht sich Katja die Hände.	
nach + *Dat.*	**Nach** dem Essen muss Fabian seine Hausaufgaben machen.	
innerhalb + *Gen.* / von + *Dat.*	**Innerhalb** der nächsten zwei Stunden bekommen Sie das Ergebnis.	*in einem bestimmten* *Zeitraum*
außerhalb + *Gen.* / von + *Dat.*	**Außerhalb** der Öffnungszeiten ist auch der Parkplatz geschlossen.	*nicht in einem bestimmten* *Zeitraum*

 Man kann Zeitangaben auch mit dem Akkusativ – ohne Präposition – ausdrücken:
▶ Ich war **den ganzen Tag/Abend/Vormittag/Nachmittag** zu Hause.
▶ Sie hat **zwei Stunden / eine Woche** (lang) gewartet.
▶ Wir sehen uns **nächstes Jahr / nächsten Sonntag**.

375. Ergänzen Sie *am, nach, um, von… bis.*

A1

1. Wann beginnt der Unterricht? – _____ 8 Uhr.

2. Wann haben wir Pause? – _____ 9:30 Uhr _____ 9:45 Uhr.

3. Wann ist unsere Prüfung? – _____ 24. August.

4. Wann bekommen wir das Zertifikat? – Vier Wochen _____ der Prüfung.

376. Ergänzen Sie Präpositionen und Artikel, wenn nötig.

A2

1. Wann kommen die Kinder von der Schule? – _____ 13:00 Uhr ist die Schule aus und eine halbe Stunde später sind sie meistens zu Hause.

2. Sandro kommt schon _____ einer Woche nicht zur Arbeit. Was hat er denn? – Er hat sich _____ einer Woche beim Sport das Bein gebrochen.

3. _____ Montag habe ich drei Wochen Urlaub. – Fährst du weg? – _____ ersten Woche bleibe ich zu Hause. _____ Samstag fahre ich zu meinen Eltern nach Köln. Dort bleibe ich zwei Tage, also _____ Montag in einer Woche, und dann fahre ich nach Griechenland.

377. Ergänzen Sie Präpositionen, wenn nötig.

A2

Hallo, Paul,

viele Grüße von der Trainingswoche am Bodensee! Wir haben hier ein volles Programm,

aber es macht Spaß! Jeden Tag _____ (1) halb sieben werden wir geweckt. _____ (2)

halb acht gibt's Frühstück. _____ (3) dem Frühstück gehen wir _____ (4)

eine halbe Stunde joggen, und danach beginnt das Fußballtraining. Das dauert

_____ (5) mittags. _____ (6) dem Mittagessen duschen wir,

und _____ (7) dem Mittagessen geht es weiter mit dem Mannschaftstraining,

_____ (8) drei Stunden lang. Dann haben wir frei! Aber wir sind schon sehr

müde… Wie soll man da _____ (9) der Nacht noch lange feiern?

Liebe Grüße

Simone

Kausale, konzessive und weitere Präpositionen

Kausale und konzessive Präpositionen

wegen + *Gen.*

Wegen des guten Wetters fand das Konzert draußen statt.

trotz + *Gen.*

Trotz des schlechten Wetters fand das Konzert draußen statt.

Weitere Präpositionen

aus	+ *Dat.*	Das Spielzeug ist **aus** Holz.
		Er hat **aus** Spaß gesagt, dass er Lara nicht zu der Party einlädt.
außer		**Außer** meinem Bruder kamen alle meine Verwandten zur Hochzeit.
mit		Ich fahre **mit** dem Bus in den Urlaub.
		Gestern war ich **mit** meinem Freund in einem Konzert.
von		Heute habe ich eine Postkarte **von** Nico bekommen.
zu		Er hat mir **zu** meinem Geburtstag ein Buch geschenkt.
für	+ *Akk.*	Ich habe ein Geschenk **für** dich.
		Für sein altes Auto hat er noch 7 000 Euro bekommen.
ohne		**Ohne** Hilfe schaffe ich das nicht.
		Heute ist er **ohne** seine Frau gekommen.
statt	+ *Gen.*	**Statt** des versprochenen Pools hatte das Hotel nur eine Sauna.

In der Umgangssprache / im gesprochenen Deutsch verwendet man *wegen, trotz* und *statt* meistens mit **Dativ**.

A2

378. Ergänzen Sie die Präpositionen.

1. Woher hast du die schönen Ohrringe? – Die habe ich _____ meiner Schwester

_____ Geburtstag bekommen.

2. _____ wen sind denn die Blumen? – _____ meine Oma; sie hat heute

Geburtstag.

3. Morgen gehen wir _____ unseren Nachbarn ins Kino. Kommt ihr auch mit? – Das geht

leider nicht. Wir haben schon Karten _____ das Fußballspiel gekauft.

379. Setzen Sie die fehlenden Präpositionen ein. B1

1. Dieser Tisch ist _____ massivem Holz.

2. Ich trinke den Kaffee immer _____ sehr viel Milch und Zucker.

3. Ich kaufe jetzt die Getränke _____ unsere Party.

4. Unsere Freunde haben alle ein Auto – _____ Irina und Paul.

5. Ich hätte gern einen Döner, aber _____ Zwiebeln.

6. Herzlichen Glückwunsch _____ Geburtstag!

7. Hier ist eine Nachricht _____ unserem Chef.

8. Ich kaufe mir lieber ein neues Fahrrad _____ eines gebrauchten Autos.

380. Ergänzen Sie die Präpositionen *wegen* oder *trotz*. B1

1. _____ Krankheit bleibt unser Geschäft bis auf Weiteres geschlossen.

2. _____ der hohen Bierpreise war das Stadtfest auch in diesem Jahr wieder gut besucht.

3. _____ des schlechten Wetters zählten die Freibäder in diesem Sommer deutlich weniger Besucher.

381. Ergänzen Sie die Präpositionen. B1

💬 Am Freitag hat Ole seinen letzten Arbeitstag. Wir würden ihm _____ (1) Abschied gern ein Geschenk kaufen. Habt ihr eine Idee?

💬 Ein Geschenk _____ (2) Ole? Wie wäre es mit einem Buch _____ (3) seinem Lieblingsautor?

💬 Aber welches? Vielleicht sollten wir ihm _____ (4) eines Buches besser einen Büchergutschein schenken. Dann kann er sich das Buch selbst aussuchen.

382. Ergänzen Sie die Präpositionen. B1

Bei dem gestrigen Fußballspiel kamen alle Spieler zum Einsatz, _____ (1) Manuel Müller, der _____ (2) einer Verletzung nicht spielen konnte. _____ (3) schlechter Leistung konnte das Team das Spiel mit einem 1:0 für sich entscheiden.

A2 **383.** Ordnen Sie zu.

1. In drei Tagen   ____ a) bin ich krankgeschrieben, hoffentlich geht es mir dann wieder gut.

2. Seit drei Tagen   ____ b) habe ich meine wichtigste Prüfung, ich lerne Tag und Nacht.

3. Bis morgen   ____ c) war ich auf Katharinas Geburtstag.

4. Vor drei Tagen   ____ d) lerne ich Spanisch, ich kann schon Leute begrüßen, mich vorstellen und über das Wetter reden.

A2 **384.** *Maike und Björn.* Ergänzen Sie die Präpositionen und die Endungen, wenn nötig.

bis ▪ in *(2x)* ▪ seit *(2x)* ▪ vor

Maike und Björn haben _____ 20 Jahr____ (1) geheiratet. Aber sie kennen sich schon viel länger: _____ 30 Jahr____ (2)! Sie waren schon zusammen in der Schule; aber _____ ihr___ Schulzeit___ *(f.)* (3) mochte Maike Björn nicht. Bei einem Segelkurs lernten sie sich besser kennen, und _____ dies___ Kurs___ *(m.)* (4) sind sie ein Paar. Und sie segeln _____ (5) heute! _____ zwei Monat____ (6) werden sie wieder nach Kroatien fahren, zum fünfzehnten Mal.

A2 **385.** *Terminsuche.* Ergänzen Sie die Präpositionen.

am ▪ bis *(2x)* ▪ in ▪ mit ▪ nach ▪ um ▪ von

🔵 Hallo, Lisa, wollen wir uns mal wieder auf eine Pizza treffen?

⚪ Sehr gern! Ginge es bei dir zum Beispiel _____ (1) Donnerstagabend?

🔵 Leider nicht, da bin ich schon verabredet. Aber vielleicht spontan heute?

⚪ Ja, das passt. Aber ich gehe direkt _____ (2) der Arbeit noch zu meinem Yogakurs.

⚪ _____ (3) wann dauert der Yogakurs denn?

🔵 Ich gehe _____ (4) 20 Minuten los; der Kurs dauert _____ (5) sechs _____ (6) acht Uhr.

⚪ Perfekt – ich kann dich _____ (7) acht Uhr _____ (8) dem Auto abholen!

386. *Eine Radtour.* Ergänzen Sie die Präpositionen.

> am ▪ bis *(2x)* ▪ mit ▪ nach ▪ um ▪ von *(2x)* ▪ während ▪ zu

	Von: l.sauer@mailforyou.com
@	**An:** m.schmidt@mailforyou.com, m.kaulich@mailforyou.com, …
Senden	**Betreff:** Mein 30. Geburtstag!

Hallo zusammen,

bald ist es so weit: Ich möchte Euch gern _____ (1) meinem 30. Geburtstag einladen!

_____ (2) Samstag, 19. September, _____ (3) 11 Uhr treffen wir uns am Hauptbahnhof.

Bitte kommt alle _____ (4) Euren Fahrrädern! Wir fahren ein paar Stationen mit der

Regionalbahn und _____ (5) drei _____ (6) fünf Uhr fahren wir dann den Rhein entlang –

_____ (7) der Fahrt machen wir natürlich viele Pausen. _____ (8) der Radtour,

gegen fünf Uhr, gehen wir in ein tolles Restaurant in Speyer – den Tipp habe ich _____ (9)

einer Freundin bekommen. Ich hoffe, Ihr könnt alle kommen. Bitte sagt mir _____ (10)

nächste Woche Bescheid!

Liebe Grüße

Eure Lena

---

387. Ergänzen Sie die Präpositionen.

> aus ▪ außer ▪ bis zum ▪ seit ▪ statt ▪ trotz ▪ vom ▪ vor ▪ wegen

1. Wie lange wohnst du schon in Köln? – _____ einem Jahr.

2. Wann bist du nach Köln gezogen? – _____ einem Jahr.

3. Wie lange dauert der Kurs? – Acht Wochen, _____ 5. Juni _____ 28. Juli.

4. Sind die Blumen echt? – Nein, die sind _____ Plastik.

5. Du bist _____ deiner Erkältung heute zum Training gegangen? – Na ja, wir sind alle ein

bisschen erkältet – alle, _____ unserem Trainer.

6. _____ des Streiks bei den Verkehrsbetrieben kamen heute viele zu spät zur Arbeit.

7. Ich fahre nicht mehr mit der U-Bahn: _____ der U-Bahn nehme ich jetzt immer das

Fahrrad. Das ist billiger.

Wortstellung im Hauptsatz: Aussagesätze

Schließen Sie jetzt?

Ja, leider schließen wir jetzt. Kommen Sie bitte morgen ab 9 Uhr wieder!

Es gibt verschiedene Satzarten:

Aussagesätze	Wir schließen jetzt. Leider schließen wir jetzt.
Fragesätze	Schließt das Geschäft jetzt? Wann schließt das Geschäft? (↑ S. 196)
Aufforderungssätze	Kommen Sie bitte morgen ab 9 Uhr wieder! (↑ S. 196)

→Aussagesätze: Struktur

Das **konjugierte Verb** steht in Aussagesätzen immer auf POSITION 2.

POS. 1	POS. 2	
Das Geschäft	**schließt**	jetzt.
Morgen	**öffnet**	**das Geschäft** um 9 Uhr.

Wenn das **Subjekt** *nicht* auf POSITION 1 steht, folgt es meistens direkt nach dem Verb.

Manchmal gibt es am ENDE ein zweites Verb oder einen zweiten Verbteil, z. B. ein Präfix oder ein Partizip:

Beispiel	POS. 1	POS. 2		ENDE
Modalverb + Verb (Infinitiv)	Ich	will	morgen	einkaufen.
Verb + Verb (Infinitiv)	Morgen	gehe	ich	einkaufen.

trennbares Verb	Morgen	kaufe	ich	ein.
Perfekt	Das Geschäft	hat	um 9 Uhr	geöffnet.

Auch Adjektive und Nomen nach Verben wie *sein, bleiben, werden* stehen immer am ENDE.

sein, bleiben, werden ... + *Adjektiv*	Das Geschäft	ist	morgen	offen.
+ *Nomen*	Ingo	ist	schon lange	Verkäufer.

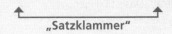

„Satzklammer"

388. Schreiben Sie Aussagesätze.

A1

1. 30 Jahre alt – ist – Alexander – jetzt   *Alexander ...*

2. wohnt – mein Vater – in Würzburg   *Mein Vater...*

3. Hamburg – im Norden – liegt   *Hamburg...*

4. lernt – Tom – Spanisch und Deutsch   *Tom ...*

5. ist – Olaf – ein sehr guter – Lehrer   *Olaf...*

389. *Am Morgen.* Schreiben Sie die Sätze neu. Beginnen Sie mit dem unterstrichenen Satzteil.

A2

1. Mein Wecker klingelt <u>um 6 Uhr</u>.

   Um 6 Uhr...

2. Ich gehe <u>zuerst</u> ins Bad. Ich frühstücke <u>dann</u>.

3. Ich hole <u>nach dem Frühstück</u> mein Fahrrad aus dem Keller.

4. Ich fahre <u>mit dem Fahrrad</u> zur Arbeit.

5. Ich treffe <u>unterwegs</u> einen Kollegen. Wir fahren <u>zusammen</u> weiter.

390. *In der Firma.* Schreiben Sie Sätze im Perfekt. Beginnen Sie mit der Zeitangabe.

A2

1. ich – um 8:30 Uhr – in der Firma – ankommen

   Um 8:30 Uhr ...

2. zunächst – ich – den Computer – einschalten

3. ich – bis 10 Uhr – viele E-Mails – beantworten

4. mit meinen Kollegen – nach der Mittagspause – ich – zusammenarbeiten

5. nach Hause – um 17 Uhr – ich – gehen

Wortstellung in der Satzmitte

Roberta fährt
heute
wegen des Regens
mit dem Auto
zur Arbeit.

Für die „normale" Position von **Subjekt, Akkusativobjekt** und **Dativobjekt** in der **Satzmitte** gibt es Regeln.

POS. 1	POS. 2	SATZMITTE			ENDE
Roberta	hat		ihrem Sohn	das Auto	geliehen.
Heute		Roberta/sie	ihrem Sohn	das Auto	
		Nominativ	**Dativ** Nomen	**Akkusativ** Nomen	

POS. 1	POS. 2	SATZMITTE			ENDE
Roberta	hat		es	ihm	geliehen.
Heute		Roberta/sie	es	ihm	
		Nominativ	**Akkusativ** Pronomen	**Dativ** Pronomen	

POS. 1	POS. 2	SATZMITTE			ENDE
Roberta	hat		ihm	das Auto	geliehen.
Heute		Roberta/sie	ihm	das Auto	
Roberta			es	ihrem Sohn	
Heute		Roberta/sie	es	ihrem Sohn	
		Nominativ	Pronomen	Nomen	

Position des Dativ- und Akkusativobjekts:
► Nomen + Nomen: zuerst **Dativ**
► Pronomen + Pronomen: zuerst **Akkusativ**
► Pronomen + Nomen: zuerst Pronomen

Für **zusätzliche Angaben** in der **Satzmitte** gibt es nur Tendenzen.

Ich	bin	heute	wegen des Regens	mit dem Auto	zur Arbeit	gefahren.
		temporal *wann?*	kausal *warum?*	modal *wie?*	lokal *wo(hin)?*	

 391. Suchen Sie das Subjekt, die Dativ- und Akkusativobjekte und ergänzen Sie die Tabelle.

1. Georg leiht Sandra seinen Stift.
2. Anton schreibt Paul den Brief.
3. Karin schenkt ihrer Nachbarin ihre Schokolade.
4. Martha zeigt ihrem Vater die Fotos.
5. Der Lehrer gibt den Schülern die neue Hausaufgabe.
6. Morgen stellt der Lehrer der Klasse das nächste Projekt vor.

	Subjekt	**Dativobjekt**	**Akkusativobjekt**
1.	Georg	Sandra	seinen Stift
2.			
3.			
4.			
5.			
6.			

392. Schreiben Sie nun die Sätze aus Aufgabe **391** mit Pronomen. A2

1. Er leiht ihn ihr.
2.
3.
4.
5.
6.

393. Schreiben Sie Sätze. B1

1. Max – gestern Abend – mit seinen Freunden – in der Bar – war

    a) Max...

    b) Gestern Abend...

2. er – gekommen – nach Hause – ist – erst um 3 Uhr morgens

    a) Er...

    b) Erst um...

3. er – aufgewacht – heute Morgen – mit Kopfschmerzen – ist

    a) Er...

    b) Heute Morgen...

4. er – trotz des strömenden Regens – gefahren – dann – mit dem Fahrrad – zum Sprachkurs – ist

    a) Er...

    b) Trotz...

Wortstellung im Hauptsatz: Fragen/Aufforderungen

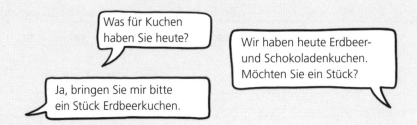

Es gibt zwei Arten von **Fragesätzen**:

---

w-Fragen (mit Fragewort)

Der Sprecher braucht eine Information:

▶ **Was für** Kuchen haben Sie?   – Erdbeer- und Schokoladenkuchen.
▶ **Was** können Sie mir empfehlen?   – Die Nudelsuppe mit Pilzen.

 Fragewörter beginnen immer mit *w*:
    ▶ *warum, wann, wo, wie…* (↑ S. 38)

Ja/nein-Fragen (ohne Fragewort)

Der Sprecher will die Antwort „ja" oder „nein":

▶ Möchtest du ein Stück Kuchen?   – Ja, gern.
                                    – Nein, danke.

▶ Bist du nicht müde?   – Doch. ◀——— Wenn die Frage **verneint** ist
                          – Nein.   *(nicht, kein-)*, ist die positive Antwort
                                         „doch".

Aufforderungssätze (= Imperativsätze)

Der Sprecher drückt einen Befehl, eine Bitte, eine Aufforderung aus (↑ S. 112):

▶ Bringen Sie mir bitte ein Glas Wasser.
▶ Gib mir bitte mal das Salz.

Struktur

w-Fragen: Das Verb steht an zweiter Stelle.

w-Fragen	Was für Kuchen	**haben**	Sie heute?

| Ja/nein-Fragen | | **Kommst** | du auch? |
| Aufforderungssätze | | **Gib** | mir bitte mal das Salz. |

 Ja/nein-Fragen und Aufforderungssätze:
Das Verb steht **zu Beginn des Satzes**.

394. Ergänzen Sie das passende Fragewort.

A1

1. _____ heißen Sie?

3. _____ wohnen sie?

2. _____ kommen Sie?

4. _____ sind Sie von Beruf?

395. *Eine Ausbildung machen.* Welche Fragen sind *w*-Fragen? Welche Antwort passt? Ordnen Sie zu.

A2

w-Fragen: Fragen Nr. _____

1. Lernst du jetzt einen Beruf?

___ **a)** Insgesamt drei Jahre.

2. Was für eine Ausbildung ist das?

___ **b)** Nein, in Bonn.

3. Machst du die Ausbildung hier in Köln?

_1_ **c)** Ja.

4. Wann hast du mit der Ausbildung begonnen?

___ **d)** Eine Ausbildung zum Mechatroniker.

5. Wie lange dauert die Ausbildung?

___ **e)** Vor einem halben Jahr.

396. Schreiben Sie die Fragen im Präsens.

A2

💬 *(was – du – von Beruf – bist?)* _____ (1)

💭 Ich bin Krankenschwester.

💬 *(was – deine Hobbys – sind?)* _____ (2)

💭 Ich fotografiere gern und zeichne Comics.

💬 *(du – was – gern – fotografierst?)* _____ (3)

💭 Am liebsten fotografiere ich meine Freunde.

💬 *(Instrument – du – spielst – ein?)* _____ (4)

💭 Nein, leider nicht. Aber ich möchte Gitarre lernen.

397. *Weniger Streit mit dem Partner – vier Tipps.* Schreiben Sie Aufforderungssätze in der *du*- und der *Sie*-Form.

A2

> **1.** ehrliches Interesse zeigen ▪ **2.** dem anderen zuhören ▪
> **3.** viele Fragen stellen ▪ **4.** sich entschuldigen

1. _Zeig ehrliches Interesse!_   _Zeigen Sie ehrliches Interesse!_

2. _____   _____

3. _____   _____

4. _____   _____

398. Tragen Sie die folgenden Sätze in die Tabelle ein.

1. Im Sommer fahren wir manchmal an den Badesee.
2. Wir fahren meistens mit der S-Bahn.
3. Von der S-Bahn muss man 15 Minuten zu Fuß gehen.
4. Wir nehmen immer eine Picknickecke mit.
5. In unsere Rucksäcke haben wir Getränke und Brote eingepackt.
6. Am Badesee gibt es auch einen Kiosk.
7. Dort kann man Eis und Pommes frites kaufen.
8. Das Wasser im See ist immer sauber.
9. Hier gehen wir gern schwimmen.

	POS. 1	POS. 2		ENDE
1.				
2.				
3.				
4.				
5.				
6.				
7.				
8.				
9.				

A2 **399.** Schreiben Sie die Sätze neu. Schreiben Sie die unterstrichenen Satzteile als Pronomen.

1. Die Mutter gibt den Kindern die Äpfel.

_____

2. Die Kellnerin serviert dem Gast den Kaffee.

_____

3. Die Lehrerin hat Tobias das Buch geliehen.

_____

4. Am nächsten Tag hat Tobias seiner Lehrerin das Buch zurückgegeben.

_____

400. *Eine Bekannte fragt den kleinen Tim. Schreiben Sie Fragen.* A2

1. *(wie alt – du – jetzt – bist?)* _____

2. *(in welche Klasse – du – jetzt – gehst?)* _____

3. *(was – du – später – werden – willst?)* _____

4. *(du – ein Lieblingsfach – hast?)* _____

5. *(du – auch Hobbys – hast?)* _____

401. Schreiben Sie Aufforderungssätze. A2

1. die Tür – doch bitte – zumachen *(du)*

_____

2. die Fotos – mir – doch mal – zeigen *(du)*

_____

3. in den Urlaub – mal wieder – fahren *(ihr)*

_____

4. im Reisebüro – doch mal – fragen *(ihr)*

_____

402. Schreiben Sie Sätze. B1

1. ich – gern – gegangen – ins Theater – früher – bin

   a) _Ich ..._____

   b) _Früher ..._____

2. am Sonntag – wir – sind – angekommen – in Görlitz

   a) _Wir ..._____

   b) _Am Sonntag ..._____

3. ins Kino – ich – mit meinem Freund – heute Abend – gehe

   a) _Ich ..._____

   b) _Heute Abend ..._____

4. morgen früh – in die Stadt – ich – wahrscheinlich – fahre

   a) _Ich ..._____

   b) _Morgen früh ..._____

Hauptsätze verbinden mit Konjunktionen

> Fährst du in diesem Sommer nach Deutschland **und** besuchst einen Sprachkurs?

> Ich fahre nach Deutschland, **aber** ich mache dort Urlaub.

Die Konjunktionen *und, oder, denn, aber* können Hauptsätze verbinden.

und	*Aufzählung*	Ich fahre nach Deutschland **und** (ich) besuche dort einen Sprachkurs.
oder	*Alternative*	Ich mache diesen Sommer ein Praktikum **oder** (ich) besuche einen Sprachkurs.
denn	*Grund*	Er kann kein Praktikum in dieser Firma machen, **denn** er spricht kein Deutsch.
aber	*Kontrast*	Ich fahre nach Deutschland, **aber** (ich) besuche dort keinen Sprachkurs.

Wenn Satzteile **doppelt** sind, kann man sie nach *und, oder, aber* (aber nicht nach *denn*!) **oft weglassen:**
- ▶ **Ich** fahre nach Deutschland *und* **(ich)** lerne dort Deutsch.
- ▶ Janet **fährt** nach England *und* ihre Schwester **(fährt)** nach Dänemark.

Struktur

Hauptsatz 1	„POS. 0"	Hauptsatz 2
Ich fahre nach Deutschland	und	(ich) mache dort ein Praktikum.

Die Konjunktionen *und, oder, denn, aber* stehen auf „POSITION 0" zwischen zwei Hauptsätzen.

Nach einer Negation (↑ S. 44) verwendet man bei einem Kontrast die **Konjunktion** *sondern:*
- ▶ Er hat alles falsch verstanden! Wir kommen nicht am Dienstag, sondern am Donnerstag. Und nicht mit dem Auto, sondern mit dem Zug!

A1 **403.** Verbinden Sie die Sätze mit *und, aber, oder.*

1. Möchten Sie einen Tee _____ soll ich Ihnen lieber einen Kaffee bringen?

2. Die Arbeit gefällt ihm, _____ er mag seinen neuen Chef nicht.

3. Ich fahre im Urlaub nach Spanien _____ ich besuche dort die Alhambra.

4. Hast du einen Freund _____ bist du Single?

5. Ich möchte heute Abend auf dem Sofa sitzen _____ ein gutes Buch lesen.

404. Ordnen Sie zu.

💬 Wollen wir heute zusammen kochen (1)   ____ a) denn der Supermarkt macht gleich zu.

💬 Ich gehe immer gern essen, (2)   ____ b) oder wollen wir essen gehen?

💬 Gut, dann bleiben wir zu Hause (3)   ____ c) und kochen etwas.

💬 Ja, lass uns schnell einkaufen gehen, (4)   ____ d) aber ich habe gerade nicht so viel Geld.

405. Ergänzen Sie mit *und, aber, oder.*

💬 Es ist schon kurz vor sieben! Beeil dich bitte – _____ (1) willst du, dass wir zu spät ins

Theater kommen?

💬 Ja, ich bin fertig, _____ (2) ich muss noch meine Mütze finden. Es ist kalt

_____ (3) ich will nicht wieder krank werden.

💬 Wir müssen jetzt los. Der Bus kommt gleich _____ (4) der nächste kommt erst in

zwanzig Minuten.

406. Verbinden Sie die Sätze mit *und, aber, oder* und schreiben Sie sie neu.

1. Fährst du mit dem Bus?	und	Sie ernährt sich sehr gesund.
2. Gerd hat viel Geld.	aber	Er ist nicht glücklich.
3. Friederike macht viel Sport.	oder	Nimmst du ein Taxi?

1. _____

2. _____

3. _____

4. Ich habe noch nichts gegessen.	und	Hat sie schon ein Kind?
5. Heute bekomme ich Besuch.	aber	Ich habe keinen Hunger.
6. Bekommt Isabell ihr erstes Kind?	oder	Ich freue mich darauf.

4. _____

5. _____

6. _____

Hauptsätze verbinden mit Adverbien

> Heute Abend sehen wir einen Film. **Danach** gehen wir tanzen. Kommst du mit?

> Tut mir leid, ich habe morgen eine Prüfung. **Deshalb** will ich heute früh schlafen gehen.

Adverbien können Hauptsätze verbinden.

dann, danach	Wir sehen einen Film.	**Dann/Danach** gehen wir tanzen.
	Handlung	→ *Handlung danach*
davor	Wir gehen tanzen.	**Davor** sehen wir einen Film.
	Handlung	→ *Handlung davor*
inzwischen	Ich hole Eva ab.	**Inzwischen** kannst du die Karten kaufen.
	Handlung	→ *gleichzeitige Handlung*
deshalb, darum, deswegen, daher	Ich bin müde.	**Deshalb/Darum/Deswegen/Daher** möchte ich früh schlafen gehen.
	Grund	→ *erwartete Folge*
trotzdem, dennoch	Ich bin müde.	**Trotzdem/Dennoch** komme ich mit.
	Grund	→ *unerwartete Folge*
sonst	Ich gehe früh schlafen.	**Sonst** bin ich morgen wieder müde.
	notwendige Handlung	→ *negative Folge (wenn die Handlung nicht stattfindet)*
dagegen	Olga mag den Film nicht.	**Dagegen** ist ihr Bruder begeistert.
		→ *Gegensatz*

Struktur

Hauptsatz 1	Hauptsatz 2		
	POS. 1	**POS. 2**	
Philipp ist müde.	**Deshalb**	kommt	er nicht mit.
Philipp ist müde.	Er	kommt	**deshalb** nicht mit.
Philipp ist müde.	Heute	kommt	er **deshalb** nicht mit.

Adverbien stehen auf POSITION 1 oder in der Satzmitte nach POSITION 2.

A2

407. Verbinden Sie die Sätze mit *dann*.

1. Ich muss zuerst Geld holen. Wir können einkaufen gehen.

Ich muss zuerst Geld holen, dann können wir einkaufen gehen.

2. Wir gehen einkaufen. Wir kochen etwas für heute Abend.

_____

3. Wir fahren mit dem Bus zum Bahnhof. Wir nehmen die S-Bahn ins Zentrum.

_____

> Wenn man Sätze verbindet, stehen **Adverbien** *(deshalb, trotzdem…)* auf **POSITION 1.**
> Die **Konjunktionen** *denn, aber, oder, und* stehen auf **„POSITION 0".**
> ▶ Ich habe eine Prüfung,   **deshalb**   **muss**   **ich** lernen.
> ▶ Ich muss lernen,   **denn**   **ich**   **habe**   eine Prüfung.

408. Was ist korrekt – *aber* oder *trotzdem*? Kreuzen Sie an.　　　　　A2

1. Heute scheint die Sonne, ○ *aber* ○ *trotzdem* es ist sehr kalt.

2. Heute scheint die Sonne. ○ *Aber* ○ *Trotzdem* ist es sehr kalt.

3. Wir haben viel trainiert. ○ *Aber* ○ *Trotzdem* haben wir das Spiel verloren.

4. Wir haben dieses Spiel verloren, ○ *aber* ○ *trotzdem* wir sind nicht traurig.

409. Verbinden Sie die Sätze mit *denn* und *deshalb*.　　　　　A2

> **1.** Carla spricht gut Italienisch. Sie hat eine italienische Mutter.
> **2.** Carla macht oft Urlaub in Italien. Sie hat dort viele Verwandte.
> **3.** Nächstes Jahr möchte sie nach Irland fliegen. Sie will ein neues Land kennenlernen.

denn	deshalb
1. a) Carla spricht gut Italienisch, denn sie hat eine italienische Mutter.	b) Carla hat eine italienische Mutter. Deshalb spricht sie gut Italienisch.
2. a) _____	b) _____
3. a) _____	b) _____

410. Verbinden Sie die Sätze mit *deshalb, trotzdem* oder *sonst*.　　　　　B1

1. Paul war lange krank, _____ war er nicht in der Schule.

   Er hat viel Unterricht verpasst, _____ muss er die Klassenarbeiten schreiben.

   Jetzt muss er viel lernen, _____ besteht er die Klassenarbeiten nicht.

2. Florian verdient viel Geld, _____ möchte er die Firma wechseln.

   Er mag seinen Chef nicht, _____ sucht er eine neue Stelle.

   Der neue Job soll in Frankfurt sein, _____ sucht er nur dort.

3. Ich esse viel Obst und Gemüse, _____ bin ich zu dick und immer müde.

   Ich muss mehr Sport machen, _____ werde ich nicht fitter.

   Ich mache nicht gern draußen Sport, _____ gehe ich in ein Fitnessstudio.

Doppelkonjunktionen

Patrick bringt zur Party **nicht nur** ein Geschenk, **sondern auch** einen Kuchen mit.

Erik bringt zur Party **weder** ein Geschenk **noch** einen Kuchen mit.

Doppelkonjunktionen können **Satzteile** verbinden:

▶ **Sowohl** Patrick **als auch** Erik kommen zur Party.
▶ Ich werde **entweder** ein Geschenk **oder** einen Kuchen mitbringen.

sowohl… als auch	🎁 + 🎂		*Aufzählung:* beides
nicht nur… sondern (…) auch	🎁 + 🎂 !		*Aufzählung:* beides; zweites Element betont
entweder… oder	❌🎁🎂 oder 🎁❌🎂		*Alternative:* das eine *oder* das andere
weder… noch	❌🎁 ❌🎂		keines von beiden

Nicht nur … sondern (…) auch, entweder… oder und *weder… noch* können auch **Hauptsätze** verbinden:

	Hauptsatz 1				Hauptsatz 2			
„POS. 0"	POS. 1	POS. 2		„POS. 0"	POS. 1	POS. 2	
	Weder	bringt	Patrick etwas mit,		**noch**	ist	er pünktlich.
	Patrick		**weder** etwas mit,				
	Entweder	komme	ich zur Party	**oder**	ich	gehe	zum Sport.
	Ich		**entweder** zur Party				
Entweder*	ich		zur Party				

* *Entweder* kann wie *und, aber, oder, denn* auch auf „POSITION 0" stehen (↑ S. 200).

411. Was passt? Ordnen Sie zu.

B1

1. Ich trinke weder Kaffee   ___ **a)** als auch Tee.

2. Ich habe nicht nur Kopfschmerzen,   ___ **b)** oder ich muss zum Arzt gehen.

3. Morgens trinke ich entweder Kaffee   ___ **c)** noch Tee.

4. Ich trinke sowohl Kaffee   ___ **d)** sondern auch sehr windig.

5. Es ist heute nicht nur kalt,   ___ **e)** oder Tee.

6. Entweder geht es mir morgen besser   ___ **f)** sondern auch Fieber.

412. *Tierquiz.* Ergänzen Sie und kreuzen Sie die richtige Lösung an.

B1

1. Welches Tier kann weder laufen _____ fliegen?

   ○ *Wurm*   ○ *Vogel*   ○ *Maus*

2. Welches Tier kann sowohl fliegen _____ schwimmen?

   ○ *Ente*   ○ *Pinguin*   ○ *Fisch*

3. Welches Tier lebt _____ in Australien, sondern auch in Europa?

   ○ *Känguru*   ○ *Koala*   ○ *Hund*

413. Setzen Sie die passende Doppelkonjunktion ein: *sowohl… als auch, entweder… oder, weder… noch.*

B1

1. Wieso fährst du dieses Jahr nicht in Urlaub? – Ich habe _____ Zeit

   _____ Geld.

2. Sieh mal, am Sonntagabend sind zwei interessante Konzerte, das eine in Nürnberg, das andere

   in Fürth. – Toll, ich finde _____ das eine _____ das andere sehr

   interessant. – Ja, aber leider finden sie zur gleichen Zeit statt: _____ fahren wir

   nach Nürnberg _____ wir fahren nach Fürth.

3. Dieses Lehrbuch ist sehr gut und _____ für Jugendliche _____ für

   Erwachsene geeignet.

4. Wie kommst du morgen Abend zum Kino? Das weiß ich noch nicht so genau.

   _____ fahre ich mit dem Fahrrad _____ mit dem Bus.

A1

414. Was passt – *und, aber, oder, denn*? Kreuzen Sie an.

🗨 Welche Jacke steht mir besser, die helle ⃝ *aber* ⃝ *oder* (1) die dunkle?

⃝ Die helle Jacke steht dir gut, ⃝ *aber* ⃝ *oder* (2) die dunkle ist auch nicht schlecht.

Du kannst beide nehmen, die helle ⃝ *und* ⃝ *aber* (3) die dunkle.

🗨 Ja, ⃝ *aber* ⃝ *denn* (4) ich möchte nur eine kaufen, ⃝ *aber* ⃝ *denn* (5)

beide zusammen sind mir zu teuer.

⃝ Dann nimm doch die dunkle, ⃝ *und* ⃝ *denn* (6) die finde ich noch besser.

A2

415. Verbinden Sie die Sätze mit *und, aber, oder* oder *denn*.

Florian möchte ins Theater gehen, _____ (1) Jennifer findet Theater langweilig.
Jennifer möchte lieber ins Stadion gehen, _____ (2) heute spielt dort ihr Fußballclub.
Jennifer spielt auch in diesem Club, _____ (3) sie kann heute leider nicht mitspielen,
_____ (4) sie ist verletzt _____ (5) kann deshalb nur zusehen.

B1

416. Welches Adverb passt? Kreuzen Sie an.

1. Ich habe viel gearbeitet, ⃝ *dann* ⃝ *trotzdem* ⃝ *deshalb* bin ich müde.

2. Er hat heute einen langen Arbeitstag vor sich. ⃝ *Inzwischen* ⃝ *Davor* ⃝ *Dagegen*
bringt er seine Kinder zur Schule.

3. Wir beginnen früh mit der Arbeit, ⃝ *dann* ⃝ *trotzdem* ⃝ *sonst* können wir früher
aufhören.

4. Im Sommer wird es früher hell und ich stehe gern auf, ⃝ *sonst* ⃝ *dagegen* ⃝ *trotzdem*
bin ich im Winter immer müde.

5. Die Nudeln müssen noch fünf Minuten kochen, ⃝ *inzwischen* ⃝ *davor* ⃝ *sonst* kannst du
ja den Tisch decken.

6. Ich muss diese Prüfung bestehen, ⃝ *sonst* ⃝ *dann* ⃝ *trotzdem* kann ich nicht
weiterstudieren.

7. Ich habe das Geld vor zwei Wochen überwiesen. ⃝ *Deshalb* ⃝ *Trotzdem* ⃝ *Sonst* haben
Sie mir eine Mahnung geschickt.

417. Ergänzen Sie die passenden Konjunktionen/Adverbien.

> aber ▪ denn ▪ deshalb ▪ trotzdem ▪ und *(3x)*

Thomas' neue Wohnung liegt in einem schönen _____ (1) ruhigen Stadtviertel. In der Nähe gibt es einen Obst- _____ (2) Gemüseladen, eine Metzgerei _____ (3) eine Apotheke, _____ (4) es gibt keinen Supermarkt. _____ (5) muss Thomas neun Stationen mit dem Bus fahren, wenn er mehr einkaufen möchte. _____ (6) ist er mit der Wohnung sehr zufrieden. Er hat auch einen sehr netten Nachbarn: Er will Thomas einmal in der Woche sein Auto leihen, _____ (7) dann kann Thomas seine Einkäufe schneller erledigen.

418. *Kindergärten.* Setzen Sie die passenden Doppelkonjunktionen ein.

> entweder…. oder *(2x)* ▪ nicht nur… sondern […] auch *(3x)* ▪ weder… noch *(2x)*

1. Die meisten Eltern in unserer Stadt schicken ihre Kinder in den Kindergarten. Sie müssen sich entscheiden: Ihre Kinder besuchen _____ einen allgemeinen Kindergarten _____ einen Waldkindergarten.

2. In unserem Waldkindergarten sind die Kinder meistens im Freien, _____ wenn die Sonne scheint, _____ wenn es regnet: _____ sie machen einen Ausflug in den Wald _____ sie bleiben in der Nähe der Hütte.

3. Normalerweise spielen die Kinder im Waldkindergarten _____ mit Spielzeug aus Plastik _____ mit elektronischen Geräten, sondern sie finden ihr Spielzeug in der Natur.

4. Experten sehen Waldkindergärten zweifach positiv: Sie sind _____ für die körperliche Entwicklung, _____ für die Kreativität des Kindes gut.

5. Die Tochter einer Freundin besucht einen Sportkindergarten: Dort machen die Kinder _____ viel Sport, _____ sie lernen gleichzeitig _____ viel über gesunde Ernährung.

6. Unsere beiden Kinder sind _____ im allgemeinen Kindergarten _____ im Waldkindergarten: Sie sind schon in der Schule.

Wortstellung im Nebensatz

Nebensätze sind von einem anderen Satz abhängig.

Es gibt verschiedene Arten von Nebensätzen, z. B.:

dass-Sätze (↑ S. 210)	Ich weiß,	**dass es dir wichtig ist.**
temporale Nebensätze (↑ S. 224/226)	Ich rufe dich an,	**wenn ich zu Hause bin.**
kausale Nebensätze (↑ S. 228)	Ich rufe dich an,	**weil es dir wichtig ist.**

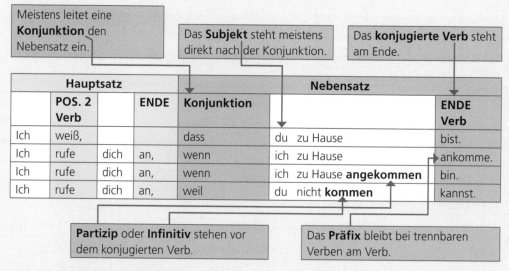

Meistens leitet eine **Konjunktion** den Nebensatz ein.

Das **Subjekt** steht meistens direkt nach der Konjunktion.

Das **konjugierte Verb** steht am Ende.

Hauptsatz				Nebensatz			
	POS. 2 Verb		**ENDE**	**Konjunktion**			**ENDE Verb**
Ich	weiß,			dass	du	zu Hause	bist.
Ich	rufe	dich	an,	wenn	ich	zu Hause	ankomme.
Ich	rufe	dich	an,	wenn	ich	zu Hause **angekommen**	bin.
Ich	rufe	dich	an,	weil	du	nicht **kommen**	kannst.

Partizip oder **Infinitiv** stehen vor dem konjugierten Verb.

Das **Präfix** bleibt bei trennbaren Verben am Verb.

Wenn der Nebensatz **am Anfang** steht, besetzt er POSITION 1. Das Verb des Hauptsatzes folgt auf POSITION 2.

	Hauptsatz		
POS. 1 des Hauptsatzes = Nebensatz	**POS. 2**		**ENDE**
Wenn ich zu Hause ankomme,	rufe	ich dich	an.
Weil du nicht gekommen bist,	rufe	ich dich	an.

In gesprochener Sprache können Nebensätze auch **allein stehen**.
▶ Warum bist du nicht mit dem Fahrrad gefahren? –
   Weil es heute Morgen geregnet hat.

419. Unterstreichen Sie die Nebensätze.

💬 Wir können uns am Samstag treffen, wenn du Lust hast. (1)

💬 Du weißt doch, dass ich am Samstag nicht da bin. (2)

💬 Dass du am Samstag nicht da bist, hast du mir nicht gesagt. (3)

💬 Entschuldige, ich dachte, dass du es weißt. Ich fahre nach Chemnitz,

denn meine Schwester feiert ihren Geburtstag. (4)

420. Hauptsatz oder Nebensatz? Kreuzen Sie an.

	Hauptsatz	Nebensatz
Daniel sagt, (1)	◯	◯
dass er am Samstag immer in die Bibliothek geht. (2)	◯	◯
Er geht gern in die Bibliothek, (3)	◯	◯
weil er gern Bücher liest. (4)	◯	◯
Wenn er ein interessantes Buch findet, (5)	◯	◯
leiht er es aus, (6)	◯	◯
weil er es dann zu Hause lesen kann. (7)	◯	◯

421. Bilden Sie Nebensätze. Schreiben Sie das konjugierte Verb in das blaue Feld.

1. Ich bestelle gern Kleidung im Internet, … *(weil – wenig Zeit – habe – ich)*

_____ habe .

2. Ich bestelle Hosen oft in zwei Größen, … *(auswählen – ich – will – die richtige Größe – weil)*

_____ .

3. Ich probiere die Kleidung sofort an, … *(ich – geöffnet – wenn – das Paket – habe)*

_____ .

4. Es ist sehr selten, … *(alles – ich – zurückschicke – dass)*

_____ .

Nebensätze trennt man durch ein **Komma** vom Hauptsatz ab (↑ S. 246).

Nebensätze mit *dass*

> Stimmt es, **dass** Marcel den Ball in die Scheibe geschossen hat?

> Ich glaube, **dass** es Sandra war.

Nebensätze mit *dass* stehen häufig bei:

unpersönlichen Ausdrücken mit *es*	**Es ist sicher**, dass die Kinder Fußball gespielt haben. **Es tut uns leid**, dass das Fenster kaputt ist.
	auch: *es ist angenehm, leicht, richtig, wichtig, schön, schwer… es freut mich, es gefällt mir…*
Verben des Sagens	Sie **hat gesagt**, dass Marcel den Ball geschossen hat.
	auch: *erzählen, antworten, berichten…*
Verben des Meinens und Denkens	Ich **finde**, dass die Kinder zusammen zum Nachbarn gehen sollten.
	auch: *glauben, meinen, denken…*
Verben mit Präpositionalobjekt	Der Nachbar **erinnert sich (daran)**, dass er früher auch Fußball gespielt hat. Er **rechnet damit**, dass die Kinder sich entschuldigen.
	auch: *lachen über (+ Akk.), sich freuen auf/über (+ Akk.), träumen von (+ Dat.)* (↑ S. 158; Verbtabelle, S.251)

Struktur

Hauptsatz			Nebensatz		
Sie	erzählt	ihrem Mann,	dass	das Fenster kaputt	ist.

Nebensatz			Hauptsatz	
Dass	unser Kind das Spiel wieder gewonnen	hat,	freut	mich sehr.

> Wenn das **Subjekt** von Haupt- und Nebensatz **identisch** ist, kann man in vielen Fällen den **Infinitiv + zu** verwenden (↑ S. 212):
> ▶ **Er** glaubt, dass **er** dich kennt.
> ▶ **Er** glaubt, dich **zu kennen.**

A2 **422.** *Wir sind eingeladen.* Schreiben Sie Nebensätze mit *dass*.

Hast du Jans Einladung schon gelesen?   Jan schreibt,

1. Inge und er feiern eine Party.   *dass Inge und er eine Party feiern.*

2. Wir sind eingeladen.   *dass…*

3. Sie haben schon Getränke gekauft.   *dass…*

4. Wir können einen Salat mitbringen.   *dass…*

5. Wir sollen anrufen.   *dass…*

6. Sie freuen sich auf uns.   *dass…*

Besonders nach Verben des Sagens, Meinens und Denkens **lässt man *dass* oft weg,**
vor allem in der Umgangssprache / in der gesprochenen Sprache.
Das Verb steht dann an POSITION 2:
▶ Ich glaube, dass sie in Duisburg wohnt.
▶ Ich glaube, sie wohnt in Duisburg.

423. *Im Treppenhaus.* Schreiben Sie Nebensätze mit *dass*.

A2

💬 Hast du schon gehört? Unser Nachbar ist in Rente gegangen.

💬 _Ja, ich weiß, dass er..._____ (1)

💬 Aber seine Frau arbeitet noch, richtig?

💬 _Ja, er hat mir erzählt, dass..._____ (2)

💬 Ihre Tochter wohnt jetzt in Duisburg.

💬 _Nein, ich glaube nicht, dass..._____ (3)

💬 Doch, doch. Sie hat mir neulich selbst gesagt, dass _____

_____

(Sie macht dort eine Ausbildung als Bankkauffrau.) (4)

_Und sie hat mir auch gesagt, dass..._____ .

(Sie hat einen neuen Freund.) (5)

Bei unpersönlichen Ausdrücken mit *es* und *dass*-Satz **fällt *es* weg,**
wenn der *dass*-Satz **auf POSITION 1** steht (↑ S. 50):
▶ **Es** ist schön, dass du gekommen bist.
▶ Dass du gekommen bist, ist schön.

424. *Joana ist neu in Deutschland.* Schreiben Sie Nebensätze mit *dass*.

B1

1. Die Geschäfte schließen um 20 Uhr.

a) _Es ist für mich neu, dass die Geschäfte um 20 Uhr schließen._

b) _Dass die Geschäfte um 20 Uhr schließen, ist für mich neu._

2. Viele Leute fahren mit dem Fahrrad.

a) _Es gefällt mir, dass..._____

b) _____

3. Es gibt hier so viele Fahrradwege.

a) _Ich wusste nicht, dass..._____

b) _____

Infinitiv mit *zu*

Ich **habe vergessen,** das Geburtstagsgeschenk für Nico **zu kaufen**.

Ich **habe** dich doch **gebeten**, daran **zu denken**!

Tut mir leid. Ich **verspreche** dir, es morgen **zu holen**.

Der **Infinitiv mit *zu*** steht vor allem bei:

unpersönlichen Ausdrücke mit *es*	**Es freut mich**, dich zu sehen.
	auch: **es** *tut mir leid,* **es** *gefällt mir,* **es** *ist wichtig, schön, angenehm, schade, schwer, leicht…*
bestimmten Nomen	Ich habe **Lust**, einkaufen zu gehen.
	auch: *Zeit, Angst, Lust, Interesse, die Möglichkeit, die Gelegenheit…*
bestimmten Verben	Ich **versuche**, das Geschenk morgen zu kaufen.
	auch: *beginnen, anfangen, aufhören, hoffen, vorhaben, bereit sein, sich (darauf) freuen, (daran) interessiert sein, sich (dafür) interessieren…*
	Ich **bitte** dich, daran zu denken.
	auch: *empfehlen, vorschlagen…*

Der Infinitiv mit *zu* steht **nicht** nach Verben des Sagens *(sagen, erzählen, antworten…).*

Der **einfache Infinitiv** steht nach
▶ Modalverben (↑ S. 100–108):
  Ich kann morgen nicht nach Hamburg fahren.
▶ Verben der Wahrnehmung (↑ S. 148):
  Ich höre den Bus kommen.
▶ *lassen* (↑ S. 150):
  Ich lasse den Wagen reparieren.

Struktur

einfache Verben	Ich verspreche dir,	das Geschenk **zu kaufen**.

Bei trennbaren Verben steht *zu* zwischen Präfix und Verbstamm.

trennbare Verben	Ich verspreche dir,	morgen **einzukaufen**.

Wenn es mehrere Infinitive gibt, steht *zu* vor dem **letzten** Infinitiv.

Verb + Modalverb	Ich freue mich,	dich **besuchen zu können**.
Verb + Verb	Ich habe keine Zeit,	**einkaufen zu gehen**.
Verb + Verb + Modalverb	Es wäre schön,	sonntags **einkaufen gehen zu können**.

Manchmal steht der Infinitivsatz auch **am Satzbeginn:**
▶ Ein Haus zu kaufen, ist mein Traum.

425. Schreiben Sie Infinitive mit *zu*. B1

1. Es langweilt mich, *(heute lernen müssen)*   *heute lernen zu müssen.*

2. Ich habe Lust, *(heute Abend mit euch ausgehen)*   _____ .

3. Ich freue mich, *(deinen Freund kennenlernen)*   _____ .

4. Ich verspreche dir, *(pünktlich kommen)*   _____ .

426. Schreiben Sie die Sätze anders. Verwenden Sie den Infinitiv mit *zu*. B1

1. Ich lerne Deutsch. Ich habe vor einem Jahr damit angefangen.

   Ich habe vor einem Jahr angefangen, ... _____

2. Ich kann nächstes Jahr an einer deutschen Uni studieren. Ich hoffe es.

   Ich hoffe, ... _____

3. Ich spreche mit meinen Nachbarn Deutsch. Ich habe die Möglichkeit.

   _____

4. Ich höre viele deutsche Popsongs. Du hast es mir empfohlen.

   _____

5. Ich wiederhole die Grammatikübungen. Du hast es mir geraten.

   _____

6. Korrigierst du meine Fehler? Ich bitte dich.

   _____

427. Schreiben Sie die Sätze anders. Verwenden Sie den Infinitiv mit *zu*. B1

1. Es freut mich, dass ich Sie in unserem Institut begrüßen darf.

   Es freut mich, ... _____

2. Sie haben sich dafür entschieden, dass Sie bei uns einen Deutschkurs machen.

   _____

3. Ist es möglich, dass man schon nach drei Monaten die Prüfung macht?

   _____

4. Es ist wichtig, dass man viel lernt und sich gut auf die Prüfung vorbereitet.

   _____

5. Vergessen Sie nicht, dass Sie sich rechtzeitig für die Prüfung anmelden.

   _____

Indirekte Fragen

Es gibt zwei Typen von **Fragesätzen:**
w-Fragen (mit Fragewort) und *Ja/nein*-Fragen (ohne Fragewort) (↑ S. 196).

Zu Beginn der **indirekten Frage** steht
bei ***w*-Fragen** ein Fragewort mit *w* und bei ***Ja/nein*-Fragen** *ob.*

	w-Frage	*Ja/nein*-Frage
Direkte Frage	**Was** hast du mit Kai besprochen?	Willst du die Fußball-mannschaft trainieren?
Indirekte Frage	Sagst du mir, **was** du mit Kai besprochen hast?	Ich habe ihn gefragt, **ob** er die Fußballmannschaft trainieren will.

Struktur

Hauptsatz			Nebensatz			
	Sagst	du mir,	**was**	du mit Kai besprochen		hast?
Er	fragt	ihn,	**ob**	er die Fußballmannschaft trainieren		will.

Nebensatz			Hauptsatz		
Was	du mit Kai besprochen	hast,	weiß	ich nicht.
Ob	er die Fußballmannschaft trainieren	will,	fragt	er ihn.

B1 **428.** Schreiben Sie indirekte Fragen.

1. Wie spät ist es?

   Weißt du zufällig, _____?

2. Wann beginnt das Konzert heute Abend?

   Weißt du, _____?

3. Wohin hat er meine Brille gelegt?

   Ich möchte wissen, _____.

4. Guten Tag! Gibt es noch Karten für das Fußballspiel am Samstag?

   Guten Tag! Ich wollte fragen, _____

   _____.

429. *Ein Anruf beim Museum.* Schreiben Sie indirekte Fragen. B1

> 1. Wie sind Ihre Öffnungszeiten heute?
> 2. Ist das Museum für Rollstuhlfahrer geeignet?
> 3. Findet heute eine öffentliche Führung statt?
> 4. Was kostet der Eintritt?

💬 Guten Tag! Können Sie mir sagen, _____ (1)?

💬 Wir haben heute von 9 bis 19 Uhr geöffnet.

💬 Und können Sie mir sagen, _____ (2)?

💬 Ja, unser Museum ist barrierefrei. Rollstuhlfahrer haben überall Zugang.

💬 Perfekt. Darf ich Sie noch fragen, _____ (3)?

💬 Heute leider nicht, nur samstags und sonntags um 14 Uhr.

💬 Und könnten Sie mir bitte noch sagen, _____ (4)?

💬 Ja, der reguläre Eintritt kostet 10 Euro, mit Ermäßigung 5 Euro.

💬 Vielen Dank und bis später!

430. *Eine Nachricht auf dem Handy.* Schreiben Sie indirekte Fragen. B1

> Hallo, Matthias, weißt Du, _____ *(wo bin ich jetzt?)* (1)?
>
> Schau mal auf das Foto. Du willst sicher wissen, _____ *(warum bin ich hier?)* (2) und _____ *(was mache ich hier?)* (3).
>
> Das erzähle ich Dir später. Viele Grüße, Henriette

Indirekte Fragen mit *wohl* können auch **allein stehen:**
▶ Was er wohl damit meinte? Ob sie morgen Zeit hat?
Der Sprecher sagt damit, dass er gerade über die Frage nachdenkt.

---

431. *Ein Tagebuch. Was fragt sich Andrea?* Schreiben Sie indirekte Fragen. B1

> Heute habe ich in der Bibliothek Tobias gesehen. *(Hat er mich gesehen?)* _Ob er mich_ _wohl gesehen hat?_ (1) Ich finde ihn toll. *(Weiß er, wer ich bin?)* _____ _____ (2) Einmal hat er zu mir herübergeschaut! *(Hat er mich erkannt?)* _____ _____ (3)

A2 | **432.** Welche Wortstellung ist richtig? Kreuzen Sie an.

💬 Ich renoviere gerade meine Wohnung. Darf ich dich anrufen, wenn

⚪ *brauche ich Hilfe*   ⚪ *ich Hilfe brauche*   (1)?

💬 Wenn ⚪ *brauchst du Hilfe*   ⚪ *du Hilfe brauchst*   (2),

darfst du mich immer anrufen, das weißt du doch.

💬 Ja, das weiß ich. Deshalb frage ich dich ja, weil ich weiß, dass

⚪ *ich mich auf dich verlassen kann*   ⚪ *ich kann mich auf dich verlassen* (3).

💬 Wenn du möchtest,

⚪ *kann ich morgen vorbeikommen*   ⚪ *ich kann morgen vorbeikommen* (4).

A2 | **433.** *Leonie studiert jetzt in München.* Schreiben Sie Nebensätze mit *dass*.

> Lieber Peter,
> vor zwei Wochen bin ich in München angekommen. Ich wohne in einem
> Studentenwohnheim. Die Nachbarn im Wohnheim sind alle sehr nett. Oft bleiben wir bis
> spät abends im Clubraum sitzen. Mit der Organisation an der Uni bin ich zufrieden. Aber die
> Kurse beginnen erst nächste Woche. Ich berichte am Dienstag wieder…
> Bis bald
> Leonie

Leonie schreibt,

1. dass sie vor zwei Wochen in München angekommen ist.
2. dass…
3. dass…
4. dass…
5. dass…
6. dass…
7. dass…

B1 | **434.** Ergänzen Sie *wenn* oder *als*.

> _____ (1) ich das erste Mal in Berlin war, war die Stadt noch geteilt.
>
> _____ (2) man von Westberlin in den Ostteil der Stadt wollte, brauchte man ein
>
> Visum. _____ (3) ich das meinen Kindern erzählt habe, waren sie überrascht.
>
> _____ (4) man heute nach Berlin fährt, sieht alles ganz anders aus.

435. Schreiben Sie Infinitive mit *zu*.

B1

1. Ich bin ein begeisterter Sportler. Ich kann mir nicht vorstellen, _____

_____ *(ich mache keinen Sport)*.

2. Schon mit vier Jahren habe ich angefangen, mit meinen älteren Geschwistern auf dem

Sportplatz _____ *(ich spiele Fußball)*.

3. Heute spiele ich Fußball in einem kleinen Verein. Es macht mir Spaß, _____

_____

(ich verfolge mit anderen Leuten ein gemeinsames Ziel).

4. Manchmal finde ich es auch sehr entspannend, _____

_____

(ich jogge oder schwimme allein).

436. *Die Polizei fragt Zeugen.* Schreiben Sie indirekte Fragen.

B1

1. Wie hat der Dieb ausgesehen?

Können Sie beschreiben, _____?

2. Hatte er eine Waffe bei sich?

Haben Sie gesehen, _____?

3. Welche Kleidung hat er getragen?

Wissen Sie noch, _____?

437. *Am Bahnhof.* Fragen Sie nach der unterstrichenen Information. Schreiben Sie
a) direkte Fragen und b) indirekte Fragen.

B1

1. (Der nächste Zug nach Hamburg fährt <u>um 10:24 Uhr</u>.)

a) *Wann fährt der nächste Zug nach Hamburg?*

b) *Können Sie mir sagen, wann der nächste Zug nach Hamburg fährt?*

2. (Die Hin- und Rückfahrt kostet <u>46,80 €</u>.)

a) _____

b) _____

3. (Der Zug fährt <u>an Gleis 24</u> ab.)

a) _____

b) _____

Relativsätze: *der/das/die, was/wo ...*

Schau mal, Gabi und Emil haben letzte Woche geheiratet.

Die Frau rechts, **die** das dunkle Kleid trägt, ist aus Hamburg angereist.

Der Mann, **der** im Hintergrund Gitarre spielt, ist Gabis Cousin.

Sie hat ihr Kind mitgebracht, **das** erst zwei Monate alt ist.

Mit einem Relativsatz kann man Informationen oder Erklärungen zu Personen, Sachen und Ereignissen geben. Er bezieht sich auf Nomen, Pronomen oder Sätze und beginnt mit einem Relativpronomen. Wenn sich das Relativpronomen auf ein Nomen bezieht, ist es in Genus und Numerus identisch mit dem Nomen:

Relativpronomen *der/das/die* (Nominativ)

▸ Der Mann,   **der** Gitarre spielt,   ist Gabis Cousin.

▸ Das Kind,   **das** gerade weint,   ist zwei Monate alt.

▸ Die Frau,   **die** das dunkle Kleid trägt,   kommt aus Hamburg.

Relativpronomen *wo*

Bezug auf Lokalangabe	Das ist das Land, **wo** (oder: *in dem*) er lange lebte.
Bezug auf Stadt/Land	Sie ziehen nach Bielefeld, **wo** ihre Eltern ein Haus haben.

Relativpronomen *was*

Bezug auf *nichts, alles, etwas, das, vieles*	Dieses Haus ist alles, **was** mir gehört.
Bezug auf nominalisierte Superlative im Neutrum	Das ist das Schönste, **was** mir im Leben passiert ist.
Bezug auf ganzen Satz	Sie ist immer ehrlich, **was** sie so sympathisch macht.

Struktur

Hauptsatz			Nebensatz		
Rechts auf dem Foto	siehst	du Gabis Cousin,	der	Gitarre	spielt.

Hauptsatz	Nebensatz			Hauptsatz (Fortsetzung)	
Gabis Cousin,	der	Gitarre	spielt,	ist	rechts auf dem Foto zu sehen.

[A2] **438.** *Berufe-Quiz.* Ergänzen Sie die Relativpronomen.

1. Wie heißt ein Mann, _____ Brot, Brötchen und Kuchen backt?

2. Wie nennt man eine Frau, _____ anderen Menschen die Haare schneidet?

3. Wie nennt man einen Mann, _____ Deutsch unterrichtet?

439. *Ausflug mit dem Sprachkurs.* Ergänzen Sie die Relativpronomen. A2

🗨 Wer sind denn die Leute auf dem Foto?

💬 Das Bild ist von meinem Sprachkurs in Berlin. Links siehst du

Johannes, _____ (1) die Ausflüge organisiert hat. Und das

Mädchen mit dem Eis, _____ (2) neben mir steht, ist eine

Französin, _____ (3) als Au-pair arbeitet.

🗨 Und wer sind die beiden in der Mitte?

💬 Das sind Agnieszka und Zofia aus Polen, _____ (4) Deutschlehrerinnen werden wollen.

🗨 Und das Gebäude, _____ (5) im Hintergrund zu sehen ist?

💬 Das ist der Fernsehturm, _____ (6) leider gerade geschlossen war.

440. Schreiben Sie Relativsätze mit *wo, was, der/das/die* und Präposition, wenn nötig. A2

1. Sie hat mir zum Geburtstag gratuliert, _____ mich sehr gefreut hat.

2. Ist das die Stadt, _____ sie wohnt?

3. Gibt es hier ein Telefon? – Am besten fragst du die Frau, _____ an der Garderobe

arbeitet.

4. Ist das alles, _____ passiert ist?

5. Wer ist der Mann, _____ dort am Eingang steht?

6. Wie heißen die Leute, _____ uns eingeladen haben?

441. *Was machst du im Urlaub?* Schreiben Sie Relativsätze mit *wo* und *was.* A2

1. Ich fahre nach Sylt, _wo ..._____ *(ich treffe meine Freunde).*

2. Wir machen eine Weltreise,

_____ *(ich finde es sehr aufregend).*

3. Ich bleibe im Sommer immer vier Wochen weg,

_____ *(es ist für mich sehr wichtig).*

4. Ich fahre in die Berge,

_____ *(ich kann mich gut erholen).*

5. Ich fahre an einen Ort,

_____ *(es gibt viele Museen).*

6. Ich fahre ans Meer,

_____ *(ich kann surfen).*

Relativsätze: *der/den/dem* ...

> Entschuldigung, ich suche den Verkäufer, mit **dem** ich gestern gesprochen habe.

> Der Kollege, **der** gestern Nachmittag hier war, hat heute leider frei. Kann ich Ihnen weiterhelfen?

> Ja, ich möchte das Buch abholen, **das** ich bestellt habe.

Das **Verb im Relativsatz** bestimmt den **Kasus** des Relativpronomens:

Nominativ	Der Verkäufer, **der** mich bedient hat, hat mir ein Buch empfohlen.
Akkusativ	Der Verkäufer, **den** ich angesprochen habe, hat mir den Weg gezeigt.
Dativ	Der Verkäufer, **dem** ich eine Frage gestellt habe, hat mich nicht gehört.
Genitiv	Der Verkäufer, **dessen** Kasse geschlossen war, hat mich zu seinem Kollegen geschickt.

Wenn vor dem Relativpronomen eine **Präposition** steht, bestimmt sie seinen Kasus.

Präposition + Akkusativ	Das Buch, **für das** ich mich interessiere, ist ganz neu.
Präposition + Dativ	Die Kassiererin, **bei der** ich bezahlt habe, war sehr freundlich.

Relativpronomen

	Maskulinum	Neutrum	Femininum	Plural
Nominativ	der	das	die	die
Akkusativ	den	das	die	die
Dativ	dem	dem	der	**denen**
Genitiv	**dessen**	**dessen**	**deren**	**deren**

> Nur im **Dativ Plural** und im **Genitiv Singular und Plural** hat das Relativpronomen **andere Formen** als der bestimmte Artikel (↑ S. 26).

A2 **442.** Ergänzen Sie die Relativpronomen im Akkusativ oder Dativ.

1. Das ist der Schlüssel, _____ ich gefunden habe.

2. Kennst du jemanden, _____ dieser Schlüssel gehören könnte?

3. Das Buch, _____ ich gerade lese, ist sehr interessant.

4. Deine Freundin, _____ du das Geld geliehen hast, hat heute angerufen.

5. Sind das deine Freunde, mit _____ du immer Fußball spielst?

443. *Die neue Stelle.* Ergänzen Sie die Relativpronomen mit Präposition. ⬚ A2

bei der ▪ in das ▪ in dem ▪ in der ▪ in die ▪ von der ▪ zu der

✉ @ Senden	**Von:** a.schulze@mailforyou.com
	An: f.reiter@mailforyou.com; u.schmidt3@mailforyou.com; …
	Betreff: Es hat geklappt!

Hallo zusammen,

eine gute Nachricht: Ich habe die Stelle bekommen, _____ (1) ich Euch erzählt

habe! Das Team, _____ (2) ich arbeite, ist sehr sympathisch, alle sind in meinem

Alter. Ich wohne noch in dem möblierten Zimmer, _____ (3) ich eingezogen bin,

als ich mit meinem Praktikum hier begonnen habe. Ich mag die Familie, _____ (4)

ich wohne, aber ich suche jetzt natürlich eine eigene Wohnung, _____ (5) ich

mehr Platz habe und _____ (6) ich dann auch meine eigenen Möbel stellen kann.

Wenn es so weit ist, sage ich Euch Bescheid. Und dann feiern wir eine Party, _____ (7)

ich Euch alle einlade! Bis bald!

Alex

444. *Definitionen.* Schreiben Sie Relativsätze mit den Präpositionen *an, auf, aus, in* und *mit*. ⬚ A2

1. Waschmaschine: *eine Maschine, mit der man waschen kann* *(waschen)*

2. Wäschetrockner: *ein Gerät, …* *(Wäsche trocknen)*

3. Zahnbürste: *eine Bürste, …* *(sich die Zähne putzen)*

4. Wasserbecher: *ein Becher, …* *(Wasser trinken)*

5. Liegestuhl: *ein Stuhl, …* *(liegen)*

6. Reisebus: *ein Bus, …* *(reisen)*

7. Zeitungskiosk: *ein Kiosk, …* *(Zeitungen kaufen)*

445. Ergänzen Sie die Relativpronomen im Genitiv. ⬚ B1

1. Der Verein, _____ Präsident er war, wurde letztes Jahr aufgelöst.

2. Die Kundin, _____ Bestellung nicht bearbeitet wurde, hat sich beschwert.

3. Er hat gestern mit einem Anwalt gesprochen, _____ Name mir nicht bekannt ist.

4. Nur Firmen, _____ Angestellte eine Fachausbildung haben, dürfen diese

   Aufträge annehmen.

A2 **446.** *Eine Stellenanzeige.* Schreiben Sie Relativsätze.

Wir suchen Mitarbeiter/-innen im Verkauf

Sie haben ein freundliches Auftreten?
Eine gute Arbeitsatmosphäre ist Ihnen wichtig?
Sie arbeiten gern selbstständig?
Der Kontakt mit Kunden macht Ihnen Spaß?
Sie stehen gern früh auf?
Service ist für Sie kein Fremdwort?

Dann bewerben Sie sich jetzt!

JETZT BEWERBEN!

Wir suchen Mitarbeiter/-innen im Verkauf,

1. *die ein freundliches Auftreten haben.*

2. _____

3. _____

4. _____

5. _____

6. _____

A2 **447.** *Dialoge im Supermarkt.* Ergänzen Sie die Relativpronomen *der/das/die* im Akkusativ oder Dativ oder das Relativpronomen *was/wo*. Ergänzen Sie auch die Präposition, wenn nötig.

1.

🔴 Wer ist der Mann, _____ du am Eingang so freundlich gegrüßt hast?

⚪ Das ist Tobias, _____ ich Volleyball spiele.

🔴 Und wer ist die Frau, _____ du am Weinregal geholfen hast?

⚪ Das ist eine Freundin, _____ ich noch aus meiner Schulzeit kenne.

🔴 Ach so.

2.

⚪ Wo steht denn der Käse, _____ wir letztes Mal gekauft haben?

🔴 Ganz oben, neben der Butter.

3.

🔴 Haben wir alles, _____ wir brauchen?

⚪ Ja, aber wir müssen noch in die Bäckerei, _____ wir die Torte für Roberts Geburtstag bestellt haben.

448. Bilden Sie Relativsätze.

Hans trifft sich am Wochenende mit einem Freund …

1. _____

(Er kennt ihn seit seiner Schulzeit.)

2. _____

(Er hat die gleichen Hobbys wie er.)

3. _____

(Mit ihm ist er schon zweimal in die USA gereist.)

4. _____

(Auf ihn kann er sich verlassen.)

449. Bilden Sie Relativsätze.

Frank sucht eine Tanzpartnerin …

1. die – tanzt – am liebsten – Tango und Salsa

_____

2. er – täglich – mit – kann – der – trainieren

_____

3. macht – Spaß – der – das Training

_____

450. Ergänzen Sie die Relativpronomen *der/das/die* oder das Relativpronomen *was/wo*.

> der ▪ deren ▪ die ▪ mit der ▪ was ▪ wo ▪ zu dem

Letzte Woche war ich ich in Hamburg, _____ (1) ich zur Schule gegangen bin. Wir haben ein

Klassentreffen organisiert, _____ (2) alle Schülerinnen und Schüler eingeladen waren.

Ein paar Lehrer, _____ (3) Adressen wir gefunden hatten, sind auch gekommen! Ich

habe mich besonders gefreut, Thomas wiederzusehen, _____ (4) zu Schulzeiten mein bester

Freund war. Wir sehen uns nur selten, _____ (5) ich sehr schade finde. Ich war überrascht,

wie stark sich manche Mitschülerinnen und Mitschüler verändert haben, zum Beispiel

Annekathrin, _____ (6) ich oft Volleyball gespielt habe. Alle, _____ (7) zu dem Treffen

gekommen sind, hatten viel Spaß und wollen sich im nächsten Jahr wieder treffen.

Temporale Nebensätze 1: *wenn, als*

Wenn ich müde bin,
trinke ich immer einen Kaffee.

Aber **als** ich heute Nachmittag
einen Kaffee trinken wollte,
war die Kaffeemaschine kaputt.

wenn	**(Immer) wenn** ich nach Hause komme, mache ich mir einen Tee.	*Zeitangabe in der* ***Gegenwart*** *oder* ***Zukunft***
	(Immer) wenn ich nach Hause kam, machte ich mir einen Tee.	*Zeitangabe in der* ***Vergangenheit*** *→ etwas passiert(e)* ***immer wieder***
als	**Als** ich gestern nach Hause gekommen bin, habe ich einen Kaffee getrunken.	*Zeitangabe nur in der* ***Vergangenheit*** *→ etwas passierte* ***nur einmal***

Struktur

Hauptsatz			Nebensatz		
Ich	trinke	Kaffee,	wenn	ich müde	bin.
Die Maschine	war	kaputt,	als	ich Kaffee trinken	wollte.

Nebensatz			Hauptsatz		
Wenn	ich müde	bin,	trinke	ich Kaffee.	
Als	ich Kaffee trinken	wollte,	war	die Maschine	kaputt.

B1 **451.** Was drücken die folgenden Sätze aus? Kreuzen Sie an.

A = Zeitangabe in der Gegenwart oder Zukunft.
B = Zeitangabe in der Vergangenheit (etwas passierte **immer wieder**).
C = Zeitangabe in der Vergangenheit (etwas passierte **nur einmal**).

	A	B	C
1. Wenn mein Bruder von der Arbeit kam, war er immer müde.	○	○	○
2. Wenn ich heute nach Hause komme, muss ich aufräumen.	○	○	○
3. Als ich gestern nach Hannover fuhr, bin ich in einen Stau geraten.	○	○	○
4. Wenn die Ferien beginnen, gibt es viele Staus auf den Straßen.	○	○	○
5. Wenn wir von der Uni kamen, gingen wir meistens in ein Café.	○	○	○
6. Als meine Kinder klein waren, hatte ich weniger Zeit als heute.	○	○	○

452. *Regenschirm oder Regenjacke?* Kreuzen Sie *wenn* oder *als* an. ⬜ B1

○ *Wenn* ○ *Als* (1) ich früher aus dem Haus ging, habe ich immer einen Regenschirm mitgenommen. Aber ○ *wenn* ○ *als* (2) ich den Schirm dabei hatte, brauchte ich ihn meistens nicht. Außerdem habe ich den Schirm oft irgendwo liegen lassen, ○ *wenn* ○ *als* (3) es nicht regnete. ○ *Wenn* ○ *Als* (4) ich den Schirm letztes Jahr schon wieder verloren hatte, habe ich mir schließlich eine Regenjacke gekauft. Sie ist praktischer, ○ *wenn* ○ *als* (5) es sehr windig ist. Ich nehme sie jetzt immer mit, ○ *wenn* ○ *als* (6) ich aus dem Haus gehe.

453. *Geschichtsquiz.* Ergänzen Sie *wenn* oder *als*. ⬜ B1

1. Was brauchten die Menschen in der Steinzeit, _____ sie Feuer machen wollten?

2. Welcher Mensch betrat als erster den Mond, _____ die Apollo 11 gelandet war?

3. Was sagte er, _____ er den Mond betrat?

454. *Im Büro.* Ergänzen Sie *wenn* oder *als*. ⬜ B1

💬 Schließt bitte alle Fenster, _____ (1) ihr abends das Büro verlasst. _____ (2) ich heute Morgen ins Büro kam, war es eiskalt, weil das Fenster offen war.

💬 Komisch, _____ (3) ich gestern Abend gegangen bin, war es geschlossen. _____ (4) ich aus dem Büro gehe, kontrolliere ich immer, ob alle Fenster zu sind.

455. *In der Schule war früher vieles anders.* Bilden Sie aus den unterstrichenen Sätzen Nebensätze mit *wenn* oder *als* und verbinden Sie so die beiden Sätze. ⬜ B1

1. Ich ging von 1960 bis 1970 zur Schule. Vieles war anders als heute.

_____

2. Der Lehrer kam in die Klasse. Wir mussten zur Begrüßung aufstehen.

_____

3. Wir befolgten manchmal die Regeln nicht. Wir mussten uns in die Ecke stellen.

_____

4. Ich kam in meiner ganzen Schulzeit nur *einmal* zu spät. Der Lehrer informierte sofort meine Eltern.

_____

Temporale Nebensätze 2: *seitdem, sobald, nachdem…*

> **Seitdem** du in München wohnst, sehen wir uns viel zu selten.

> Stimmt! **Sobald** die Sommerferien begonnen haben, komme ich euch mal besuchen.

	Beispiel	Reihenfolge Hauptsatz/Nebensatz
während	**Während** ich studierte, ging ich abends oft tanzen.	*(gleichzeitig: studieren und tanzen)*
seit(dem)	**Seit(dem)** ich arbeite, habe ich viel weniger Zeit.	*(Arbeit begonnen in Vergangenheit, dauert bis heute)*
nachdem	**Nachdem** ich Englisch gelernt hatte, habe ich einen besseren Job gefunden.	*(zuerst Englisch lernen, dann besserer Job)*
sobald	**Sobald** ich genug Geld habe, will ich eine Reise nach Peru machen.	*(zuerst genug Geld, dann **sofort** Reise nach Peru)*
bevor	**Bevor** ich nach Peru fliege, will ich einen Spanischkurs besuchen.	*(zuerst Spanischkurs, dann Flug nach Peru)*
bis	**Bis** der Spanischkurs beginnt, lerne ich selbst einige Vokabeln.	*(zuerst Vokabeln lernen, dann Spanischkurs)*

Tempora in Sätzen mit *nachdem*:

Hauptsatz: Präsens	→	Nebensatz: Perfekt (↑ S. 114)
Hauptsatz: Perfekt/Präteritum	→	Nebensatz: Plusquamperfekt (↑ S. 126)

Struktur

Hauptsatz			Nebensatz		
Wir	sehen	uns selten,	seitdem	du in München	wohnst.

Nebensatz			Hauptsatz		
Seitdem	du in München	wohnst,	sehen	wir uns selten.	

B1

456. *Wohnungssuche.* Welche Konjunktion passt? Kreuzen Sie an.

Jessica hat sich in ihren Mitbewohner Dennis verliebt. Sie hat schon zwei Jahre in der WG gewohnt, ◯ *bevor* ◯ *während* (1) Dennis dort eingezogen ist. ◯ *Bevor* ◯ *Seitdem* (2) Jessica und Dennis ein Paar sind, suchen sie eine gemeinsame Wohnung.

◯ *Nachdem* ◯ *Seitdem* (3) sie lange gesucht hatten, haben sie endlich eine passende Wohnung gefunden. Die Wohnung muss aber erst noch renoviert werden.

◯ *Sobald* ◯ *Bis* (4) die Wohnung renoviert ist, können sie einziehen.

◯ *Sobald* ◯ *Bis* (5) sie einziehen können, wohnen sie noch zusammen in ihrer alten WG.

457. *Endlich Urlaub!* Schreiben Sie Sätze mit *nachdem*.

B1

von der Arbeit nach Hause kommen → den Koffer packen → ihren Freund abholen →
beide zusammen zum Flughafen fahren → das Flugzeug nach Athen nehmen

Gegenwart	Vergangenheit
Nachdem Irene von der Arbeit nach Hause gekommen ist, packt sie den Koffer.	Nachdem Irene von der Arbeit nach Hause gekommen war, packte sie den Koffer.
Nachdem _sie den Koffer..._ _____ (1)	Nachdem _____ (4)
Nachdem _____ (2)	Nachdem _____ (5)
Nachdem _____ (3)	Nachdem _____ (6)

458. Ergänzen Sie *bevor, nachdem, sobald, während*.

B1

💬 _____ (1) wir uns entschieden haben, den Urlaub in Tunesien zu verbringen,

können wir doch jetzt einen Flug buchen.

💬 Ja, aber _____ (2) wir einen Flug buchen, würde ich gern die Preise vergleichen.

💬 Gut, _____ (3) du die Flugpreise vergleichst, suche ich inzwischen nach einem

Hotel.

💬 Ja, ich gebe dir Bescheid, _____ (4) ich einen günstigen Flug gefunden habe.

> Die Konjunktion *während* kann auch einen Gegensatz ausdrücken (adversativer
> Nebensatz):
> ▶ Während ich nur Englisch gelernt habe,
>   spricht mein Freund auch gut Französisch und Spanisch.

459. Was wird hier ausgedrückt? Gleichzeitigkeit (🕐🕐) oder Gegensatz (≠)? Kreuzen Sie an.

B1

	🕐🕐	≠
1. Während ich frühstücke, höre ich die Nachrichten im Radio.	○	○
2. Während Hanna gut Geige spielt, ist ihr Bruder unmusikalisch.	○	○
3. Während Felix gern ins Museum geht, langweilt sich Lisa dort.	○	○
4. Während ich auf den Bus warte, lese ich Zeitung.	○	○

Kausale/konzessive Nebensätze: *weil, da, obwohl*

> Luise bleibt heute im Bett,
> **weil** sie krank ist.

> Luise arbeitet heute,
> **obwohl** sie krank ist.

weil	Luise geht nicht zur Arbeit, **weil** sie Fieber hat.	*Grund* *– schriftlich und mündlich* *– selten am Satzbeginn*
da	**Da** ihr Hausarzt im Urlaub ist, geht sie zu seinem Kollegen.	*Grund* *– vor allem schriftlich* *– oft am Satzbeginn*
obwohl, auch wenn	**Obwohl** sie lange geschlafen hat, geht es ihr immer noch nicht besser.	*„Gegengrund",* *„trotz der Tatsache, dass"*

In der Umgangssprache / in der gesprochenen Sprache hört man *weil* und *obwohl* manchmal **mit einem Hauptsatz:**
▶ Ich komme nicht zur Arbeit, weil **ich bin krank.**
In der Standardsprache ist das nicht korrekt.

Struktur

Hauptsatz			Nebensatz		
Luise	bleibt	heute im Bett,	weil	sie krank	ist.

Nebensatz			Hauptsatz	
Weil	sie krank	ist,	bleibt	Luise heute im Bett.

A2

460. Was passt – *weil* oder *obwohl*? Kreuzen Sie an.

1. Er geht einkaufen, ◯ *weil* ◯ *obwohl* sein Kühlschrank leer ist.

2. Ich kann jetzt kein Auto kaufen, ◯ *weil* ◯ *obwohl* ich nicht genug Geld habe.

3. Sie geht zur Arbeit, ◯ *weil* ◯ *obwohl* sie keine Lust hat.

4. Wir haben das Spiel verloren, ◯ *weil* ◯ *obwohl* wir das bessere Team waren.

5. Ich mache das Licht an, ◯ *weil* ◯ *obwohl* es dunkel ist.

6. Er ist zu unserer Party gekommen, ◯ *weil* ◯ *obwohl* er nicht eingeladen war.

7. Er ist weitergefahren, ◯ *weil* ◯ *obwohl* die Ampel rot war.

8. Wir müssen das Buch kaufen, ◯ *weil* ◯ *obwohl* wir es im Kurs brauchen.

461. Schreiben Sie Sätze a) mit *weil* (Hauptsatz + Nebensatz) und b) mit *da* (Nebensatz + Hauptsatz).

A2

1. Er spricht gut Deutsch. Er lebt schon lange in Deutschland.

a) Er spricht gut Deutsch, weil er schon lange in Deutschland lebt.

b) Da er schon lange in Deutschland lebt, spricht er gut Deutsch.

2. Sie kann jetzt studieren. Sie hat die Prüfung bestanden.

a) _____

b) _____

3. Ich habe viele Bücher. Ich lese gern.

a) _____

b) _____

4. Er will Kunst und Design studieren. Er malt und zeichnet gern.

a) _____

_____

b) _____

_____

462. Verbinden Sie die Sätze mit *weil* oder *obwohl*. (Verändern Sie nicht ihre Reihenfolge.)

A2

1. Der Bus hatte Verspätung. Ich kam zu spät zur Arbeit.

_____

2. Wir müssen den Installateur anrufen. Die Heizung ist kaputt.

_____

3. Du hast es versprochen. Du bist nicht gekommen.

_____

4. Ich kaufe das Auto nicht. Es ist mir zu teuer.

_____

5. Ich habe viele Bewerbungen geschrieben. Ich habe keine Stelle gefunden.

_____

6. Ich kann kein Geld abheben. Der Geldautomat ist kaputt.

_____

7. Er macht nie Sport. Er ist immer fit.

_____

Konditionale Nebensätze: *wenn, falls*

Wenn du mir hilfst, bin ich schneller fertig.

wenn	**Wenn** du mir hilfst, können wir früher gehen.	*Bedingung (häufiger verwendet als* falls*)*
falls	**Falls** du mir hilfst, können wir früher gehen.	*Bedingung*

In konditionalen Nebensätzen, die **irreale Bedingungen** ausdrücken, steht *wenn* mit dem Konjunktiv II (↑ S. 136):

Gegenwart	Wenn du mir **helfen würdest**,	**könnten** wir früher gehen.
Vergangenheit	Wenn du mir **geholfen hättest**,	**hätten** wir früher gehen **können**.

Wenn kann zwei Bedeutungen haben:	
temporal (wann?) (↑ S. 224)	*konditional (unter welcher Bedingung?)*
Immer wenn ich dich sehe, freue ich mich.	Wenn (= falls) du wieder gesund bist, lass uns zusammen ins Kino gehen.

Struktur

Hauptsatz				**Nebensatz**		
Wir	gehen	morgen	schwimmen,	wenn	die Sonne	scheint.

Nebensatz			**Hauptsatz**		
Wenn	die Sonne	scheint,	gehen	wir	schwimmen.

A2

463. Was passt? Ergänzen Sie.

> wenn ich im Lotto gewinne ● wenn das Wetter so schön bleibt ● wenn du Fieber hast ●
> wenn du die Prüfung bestehen willst ● falls du deinen vergessen hast

1. _____, mache ich eine Weltreise.

2. Du solltest im Bett bleiben, _____.

3. Ich kann dir einen Stift leihen, _____.

4. Du musst mehr lernen, _____.

5. _____, können wir ein Picknick machen.

464. *Regeln für den Straßenverkehr.* Schreiben Sie Sätze mit *wenn* (Nebensatz + Hauptsatz). [A2]

1. Man hat keinen Führerschein. Man darf nicht Auto fahren.

_____

2. Man fährt mit dem Auto. Man soll keinen Alkohol trinken.

_____

3. Es ist dunkel. Man muss das Licht einschalten.

_____

4. Die Ampel ist rot. Man muss stehen bleiben.

_____

5. Auf der Straße liegt Schnee. Man braucht Winterreifen.

_____

465. Bezug auf die Gegenwart (G) oder die Vergangenheit (V)? Schreiben Sie irreale Sätze mit *wenn* und dem Verb im Konjunktiv II (Gegenwart oder Vergangenheit). [B1]

	G	V
1. Ich habe kein Geld. Ich kaufe kein Auto.		
Wenn ich Geld hätte, würde ich mir ein Auto kaufen.	⊠	◯
2. Gestern hatte ich keine Zeit. Ich habe dich nicht angerufen.		
Wenn ich Zeit gehabt hätte, ...	◯	⊠
3. Du hast zu wenig gelernt. Du hast die Prüfung nicht bestanden.		
Wenn du mehr...	◯	◯
4. Du bist zu schnell gefahren. Der Unfall ist passiert.		
Wenn du nicht...	◯	◯
5. Sie hat keinen Fahrschein. Sie muss Strafe zahlen.		
Wenn sie einen...	◯	◯
6. Sie ist zu spät gekommen. Sie hat den Zug verpasst.		
Wenn sie nicht...	◯	◯
7. Er bewirbt sich nicht. Er bekommt die Stelle nicht.		
Wenn er sich...	◯	◯

A2   **466.** Kreuzen Sie die richtige Konjunktion an.

1. Ich konnte dich nicht anrufen, ○ *weil* ○ *denn* ich habe deine Nummer nicht mehr.

2. Ich kann meine Brille nicht finden, ○ *weil* ○ *obwohl* ich schon überall gesucht habe.

3. Er kann diese Aufgabe nicht lösen, ○ *weil* ○ *obwohl* sie für ihn zu schwierig ist.

4. ○ *Weil* ○ *Obwohl* mir das Kleid sehr gut gefällt, kaufe ich es nicht,

  ○ *denn* ○ *obwohl* ich finde es zu teuer.

5. Ich kann mich nicht anmelden, ○ *weil* ○ *obwohl* ich mein Passwort vergessen habe.

6. Ich konnte gestern nicht einschlafen, ○ *weil* ○ *obwohl* ich gestern Abend zu viel Kaffee

  getrunken hatte.

7. ○ *Weil* ○ *Obwohl* der Eintritt sehr teuer ist, habe ich eine Karte gekauft,

  ○ *weil* ○ *denn* auf dem Festival spielt meine Lieblingsband.

A2   **467.** Schreiben Sie Konditionalsätze mit *wenn* (Nebensatz + Hauptsatz).

1. Sie sind gestresst und brauchen Entspannung? Besuchen Sie unser Wellness-Studio.

2. Sie brauchen einen günstigen Kredit? Dann rufen Sie uns an.

3. Sie wollen sich beruflich weiterqualifizieren? Wir beraten Sie gern.

4. Du bist neu in der Stadt und suchst noch ein Zimmer? Wir helfen dir.

5. Sie wollen einen besonderen Urlaub machen? Buchen Sie bei uns eine Abenteuerreise.

6. Sie wollen nicht mehr jeden Tag im Stau stehen? Unser Monatsticket für Busse und U-Bahnen ist das Richtige für Sie.

1. _Wenn Sie gestresst sind und Entspannung brauchen, besuchen Sie ..._

2. _____

3. _____

4. _____

5. _____

6. _____

468. *Eine Urlaubskarte.* Ergänzen Sie die Konjunktionen. B1

als ■ bevor ■ nachdem ■ sobald

Hallo, Ihr Lieben,

_____ (1) *wir uns auf der Anreise immer wieder verfahren hatten, sind wir gut auf Rügen angekommen. Am ersten Tag,* _____ (2) *wir hier ankamen, war alles ganz ruhig, aber gestern haben Bauarbeiten im Hotel begonnen. Hoffentlich hört das wieder auf,* _____ (3) *unser Urlaub zu Ende ist. Wir melden uns,* _____ (4) *wir wieder zu Hause sind.*

Liebe Grüße   Lea und Mark

Franziska und Pascal Schmitt

Dielmannstraße 50

34626 Neukirchen

469. Ergänzen Sie die Konjunktionen *bevor, bis, seit, während.* B1

1. _____ ich hier wohne, habe ich schon viele Leute kennengelernt.

2. Auf dem Einwohneramt muss man eine Nummer ziehen und dann muss man warten,

_____ die Nummer auf der Anzeige erscheint.

3. Im Auto muss man sich anschnallen, _____ man losfährt.

4. _____ man mit dem Auto fährt, soll man nicht telefonieren.

470. Schreiben Sie irreale Konditionalsätze mit *wenn* und dem Verb im Konjunktiv II (Gegenwart). B1

1. viel Geld haben → jedes Jahr Urlaub in der Karibik machen *(Regina)*

   Wenn Regina viel Geld hätte, würde sie jedes Jahr Urlaub in der Karibik machen.

2. nicht drei Kinder haben → mehr ausgehen *(Frank)*

   _____

3. nicht studieren → schon Geld verdienen können *(Dietmar)*

   _____

4. in den Alpen leben → jedes Wochenende wandern gehen *(Rosemarie)*

   _____

Finale Nebensätze: *damit, um … zu*

Ich beeile mich …

… **damit** der Bericht schnell fertig **ist**.

… **um** früh nach Hause gehen **zu können**.
… **damit** ich früh nach Hause gehen **kann**.

Nebensätze mit *damit* und Infinitivkonstruktionen mit *um … zu* drücken ein **Ziel** aus.

Verschiedene Subjekte in Haupt- und Nebensatz: *damit*

Ich beeile mich.   **Meine Kollegen** wollen den Bericht um 16 Uhr haben.
                                 Meine Kollegen sollen den Bericht um 16 Uhr haben.

Ich beeile mich,   **damit meine Kollegen** den Bericht um 16 Uhr haben.

Gleiches Subjekt in Haupt- und Nebensatz: *damit* oder *um … zu*

Ich beeile mich.   **Ich** möchte schneller fertig sein.
                                 Ich will schneller fertig sein.

Ich beeile mich,   **damit ich** schneller fertig bin.
                                 = **um** schneller fertig **zu** sein.

Die Modalverben *wollen/„möcht-"/sollen* benutzt man in Sätzen mit *damit / um … zu* **nicht**.

Struktur

Hauptsatz			Nebensatz		
Ich	beeile	mich,	damit	meine Kollegen den Bericht um 16 Uhr	haben.
Ich	beeile	mich,	um	schneller fertig	zu sein.

Nebensatz				Hauptsatz	
Damit	meine Kollegen den Bericht um 16 Uhr	haben,		beeile	ich mich.
Um	schneller fertig	zu sein,		beeile	ich mich.

Wenn das Subjekt identisch ist, ist *um … zu* oft stilistisch besser als *damit*.

471. Verschiedene Subjekte (≠) oder gleiches Subjekt (=)? Kreuzen Sie an.

	≠	=
1. Susi schreibt einen Brief. Sie will ihrer Oma zum Geburtstag gratulieren.	○	○
2. Sie geht zur Post. Sie will den Brief absenden.	○	○
3. Sie will den Brief heute noch absenden. Er soll rechtzeitig bei ihrer Oma ankommen.	○	○
4. Der Brief soll rechtzeitig bei der Oma ankommen. Sie soll sich freuen.	○	○

472. Schreiben Sie die Sätze aus Übung **471** mit *damit* <u>oder,</u> wenn möglich, mit *um… zu*. B1

1. _____

2. _____

3. _____

4. _____

473. Antworten Sie in kurzen Sätzen mit *damit* <u>oder,</u> wenn möglich, mit *um… zu*. B1

1. Warum fährst du nach München? *(Ich will meine Eltern besuchen.)*

　Um meine Eltern zu besuchen.

2. Warum rufst du beim Arzt an? *(Ich will einen Termin vereinbaren.)*

_____

3. Warum soll ich das Fenster schließen? *(Es soll nicht ins Zimmer regnen.)*

_____

4. Warum rufst du Andreas an? *(Er soll auf mich warten.)*

_____

5. Warum isst du so viel Obst? *(Ich will mich gesund ernähren.)*

_____

6. Warum kaufst du deinem Sohn ein Handy? *(Er soll erreichbar sein.)*

_____

7. Warum lernt ihr so viel? *(Wir wollen die Prüfung bestehen.)*

_____

8. Warum beeilst du dich so? *(Wir wollen den Zug nicht verpassen.)*

_____

Konsekutive Nebensätze: *sodass, so… dass*

> Der Film war **so** langweilig, **dass** ich eingeschlafen bin.

Konsekutive Nebensätze drücken eine **Folge** aus.

	Ursache (Hauptsatz)	Folge (Nebensatz)
sodass	Die U-Bahn fuhr nicht,	**sodass** ich zu spät zum Kino kam.

Man kann *sodass* auch trennen. Dann steht *so* im Hauptsatz vor dem Adjektiv/Adverb:

so… dass	Der Film war **so** langweilig,	**dass** wir früher gegangen sind.

Struktur

Hauptsatz			Nebensatz		
Die U-Bahn	fuhr	nicht,	sodass	ich zu spät zum Kino	kam.

 Nebensätze mit *sodass* und *so… dass* können **nicht vor** einem Hauptsatz stehen.

B1 **474.** *Winterwetter.* Schreiben Sie Sätze mit *so… dass.*

1. Vor einigen Jahren hat es hier viel geschneit. Wir mussten jeden Tag Schnee räumen.

_____

2. Es war kalt. Man musste Tag und Nacht heizen.

_____

3. Einmal war über Nacht viel Schnee gefallen. Es konnten keine Busse fahren

und der Unterricht musste ausfallen.

_____

_____

4. Der Schnee lag hoch. Sogar die Räumfahrzeuge kamen kaum voran.

_____

5. Manchmal waren die Fußwege glatt. Man musste beim Gehen sehr aufpassen.

_____

_____

475. *Stress am Morgen.* Schreiben Sie Sätze mit *sodass.*　　　B1

1. Meine Nachbarn haben die ganze Nacht gefeiert. Ich konnte nicht einschlafen.

_____

2. Ich wachte heute Morgen zu spät auf. Ich hatte keine Zeit zum Frühstücken.

_____

3. Ich habe meine Sachen in großer Eile gepackt. Ich vergaß meinen Autoschlüssel.

_____

4. Der Schlüssel war noch in der Wohnung. Ich musste wieder zurückgehen.

_____

5. Mein Auto wollte nicht anspringen. Ich bat einen Nachbarn um Hilfe.

_____

6. Ich fuhr erst später los als üblich. Ich kam in einen Stau.

_____

7. Ich stand im Stau. Ich kam zu spät zur Arbeit.

_____

476. *Quiz.* Bilden Sie Fragen mit *so… dass.*　　　B1

1. Das Tier ist intelligent. Es kann sich in einem Spiegel erkennen.

　　Welches Tier… _____

2. Das Bauwerk ist bekannt. Man hat es für die deutschen Münzen ausgewählt.

　　_____

3. Ein Berg in Deutschland ist hoch. Dort liegt auch im Sommer oft Schnee.

　　_____

477. Schreiben Sie Sätze mit *sodass* oder *so… dass.*　　　B1

1. Mein Sohn hat noch keine Ferien. Wir können jetzt noch nicht in Urlaub fahren. *(sodass)*

_____

_____

2. Das Buch war spannend. Ich habe es an einem Tag gelesen. *(so… dass)*

_____

_____

Vergleichssätze und modale Nebensätze

12 °C    0 °C    −10 °C

> **Je** kälter es ist, **desto** wärmer muss man sich anziehen.

Vergleichssätze

Einfacher Hauptsatz (↑ S.64)	Hauptsatz + Nebensatz
In Lissabon ist es heute **so (= genauso) kalt, wie** in Hamburg.	In Hamburg ist es heute nicht **so kalt, wie** ich es **erwartet habe**.
In Hamburg ist es heute **kälter als** in Lissabon.	In Lissabon ist es heute **kälter, als** ich es **erwartet habe**.

Je + Komparativ ... *desto/umso* + Komparativ
▶ **Je** höher ein Ort liegt, **desto/umso** kälter ist es dort.

Modalsätze

indem	Art und Weise	Ich wärme mich auf, **indem** ich einen heißen Tee trinke.
ohne dass / ohne ... zu	Handlung, die nicht stattfindet	Mein Freund ist nach Lissabon geflogen, **ohne dass** er den Wetterbericht gelesen hat. = **ohne** den Wetterbericht **zu** lesen.

Struktur

Vergleichssätze mit *als/wie*

Hauptsatz			Nebensatz		
In Hamburg	ist	es so kalt,	wie	ich es erwartet	habe.

Vergleichssätze mit *je ... desto/umso*

Nebensatz			Hauptsatz		
Je kälter	es		ist,	desto wärmer	ziehe	ich mich	an.

Modalsätze mit *indem*

Hauptsatz			Nebensatz		
Ich	schütze	mich vor der Kälte,	indem	ich mich warm	anziehe.

Nebensatz			Hauptsatz	
Indem	ich mich warm	anziehe,	schütze	ich mich vor der Kälte.

478. *Bewertung auf einem Reiseportal.* Ergänzen Sie *als* oder *wie*.

B1

Barbara, 30, Zürich	Campingplatz „Sonne", Hausen	4 von 5 Sternen
Der Campingplatz ist insgesamt schöner, _____ (1) wir erwartet haben, und die Duschen sind wirklich sehr modern und groß – genau so, _____ (2) man sie auf den Fotos im Internet sehen kann. Der Platz liegt außerhalb des Ortes an einem kleinen Fluss, und es ist hier so ruhig, _____ (3) man es sich nur wünschen kann. Allerdings ist der Platz nicht so leicht zu finden, _____ (4) es auf der Homepage angegeben ist.		
Mehr…	**Hilfreich?** 5 👍	🏳 **Problem melden**

479. *Tipps zur Prüfungsvorbereitung.* Schreiben Sie Sätze mit *indem*.

B1

1. Wie kann man sich seine Zeit besser einteilen? *(einen Lernplan aufstellen)*

Man kann sich seine Zeit besser einteilen, indem…

2. Wie kann man im Team lernen? *(sich gegenseitig den Stoff erklären)*

3. Wie kann man sich nach dem Lernen erholen? *(Sport machen)*

480. Schreiben Sie Sätze mit *je… desto*.

B1

1. Andreas wird älter. → Er sieht seiner Mutter ähnlich.

Je älter Andreas wird,…

2. Ich schlafe am Wochenende lange. → Ich bin müde.

3. Ein Buch ist populär. → Ich finde es meistens schlecht.

481. Schreiben Sie Sätze mit *ohne… dass* oder, wenn möglich, mit *ohne… zu*.

B1

Wer war das? Er ist gekommen, *ohne…*

(wir haben ihn nicht eingeladen) (1). Er hat sich als Erster am Buffet bedient, *ohne…*

_____ *(er hat nicht gefragt)* (2), und dann ist er wieder gegangen,

ohne… _____ *(er hat sich nicht*

verabschiedet) (3).

B1 **482.** Verschiedene Subjekte (≠) oder gleiches Subjekt (=)? Kreuzen Sie an.

	≠	=
1. Wir müssen sofort losgehen. Wir wollen den Bus nicht verpassen.	○	○
2. Wir müssen uns beeilen. Die Kinder sollen nicht zu spät zur Schule kommen.	○	○
3. Du solltest einen Regenschirm mitnehmen. Du sollst nicht nass werden.	○	○
4. Pass besser auf dein Portemonnaie auf. Sonst wird es dir wieder gestohlen.	○	○
5. Wir müssen heute fertig werden. Sonst bekommen wir Ärger.	○	○

B1 **483.** Schreiben Sie die Sätze aus Übung **482** mit *damit* und, wenn möglich, auch mit *um… zu*.

1. _____

_____

2. _____

_____

3. _____

_____

4. _____

_____

5. _____

_____

B1 **484.** Welcher Nebensatz passt? Kreuzen Sie an.

1. Dieses Restaurant ist immer gut besucht,

○ **a)** weil das Essen dort sehr gut ist.

○ **b)** obwohl das Essen dort sehr gut ist.

○ **c)** sodass das Essen dort sehr gut ist.

2. Ich habe heute dort angerufen,

○ **a)** obwohl ich einen Tisch reserviere.

○ **b)** um einen Tisch zu reservieren.

○ **c)** sodass ich einen Tisch reserviere.

3. Leider war schon alles ausgebucht,

○ **a)** damit ich so frühzeitig dran war.

○ **b)** obwohl ich so frühzeitig dran war.

○ **c)** sodass ich so frühzeitig dran war.

4. Ich habe jetzt woanders reserviert,

○ **a)** da wir essen gehen können.

○ **b)** wenn wir essen gehen können.

○ **c)** sodass wir essen gehen können.

485. Schreiben Sie Sätze mit *sodass* oder *so… dass*. B1

1. Heute ist es neblig. Man sieht kaum die Hand vor den Augen. *(so… dass)*

_____

2. Die U-Bahn schließt die Türen. Wir müssen auf die nächste warten. *(sodass)*

_____

3. Das Bild gefällt mir gut. Ich würde es am liebsten kaufen. *(so… dass)*

_____

4. Sie hat die Aufnahmeprüfung bestanden. Sie kann jetzt Kunst studieren. *(sodass)*

_____

486. Schreiben Sie Sätze mit *je… desto*. B1

1. Du lernst viel. Deine Prüfung wird gut.

_____ .

2. Deine Noten sind gut. Du findest leicht eine Stelle.

_____ .

3. Du findest schnell eine Stelle. Du verdienst früh Geld.

_____ .

487. Schreiben Sie Sätze mit *ohne… zu*. B1

Es soll Menschen geben, die eine Sprache lernen, *ohne…* _____

_____ *(sie besuchen keinen Kurs)* (1). Und mein Nachbar behauptet, dass er die

Prüfung bestehen kann, *ohne…* _____ *(er lernt nicht)* (2) – Ja, es gibt

auch Menschen, die Geld verdienen, *ohne…* _____ *(sie arbeiten nicht)* (3).

488. *Gesundheitstipps.* Schreiben Sie Sätze mit *indem*. B1

Halten Sie sich fit, indem Sie…

		Tipps für Ihre Gesundheit
_____ (1).		– *Achten Sie auf gesunde Ernährung.*
_____ (2).		– *Treiben Sie regelmäßig Sport.*
_____ (3).		– *Vermeiden Sie Ärger und Stress.*
_____ (4).		– *Suchen Sie neue Herausforderungen.*

Rechtschreibung

Groß- und Kleinschreibung

Nomen

Nomen schreibt man groß.	der Mann, die Frau, das Kind
Auch Wörter anderer Wortarten kann man als Nomen verwenden, z. B.	
– Verben (↑ S. 84)	das Schlafen, langes Schlafen
– Adjektive und Partizipien (↑ S. 68)	viel Neues, die Verletzten
– Zahlwörter (↑ S. 72, 74)	der Erste, der Zweite

Vor **nominalisierten (= substantivierten) Verben** steht meist ein Artikel *(der/das/die)*, eine Präposition *(auf, ohne, mit ...)*, ein Adjektiv *(langes, großes ...)* oder eine Verbindung (Verschmelzung) aus Artikel und Präposition *(beim [= bei dem], aufs [= auf das] ...)*:
▶ das Singen, regelmäßiges Singen, beim Singen

Vor **nominalisierten (= substantivierten) Adjektiven** steht meist ein Artikelwort *(der/das/die, mein-, dein- ...)* oder ein Indefinitpronomen *(etwas, alles ...)*
▶ das Beste, ihre Bekannten, etwas Wichtiges

Namen

Eigennamen schreibt man groß, z. B.	
– Personennamen	Albert Einstein
– geografische Namen	Europa, Hessen, Berlin, Bodensee, Rhein
– Namen von Institutionen	der Deutsche Bundestag
– historische Ereignisse	die Französische Revolution

Zeitangaben

Die Anredepronomen *du* und *ihr* und die Possessivpronomen/-artikel *dein* und *euer* schreibt man klein. Nur in Briefen kann man sie (in allen Formen) groß- oder kleinschreiben. (↑ S. 34)	Wie geht es dir und deiner Familie?
	Hallo, Maike, danke für Deine/deine Karte! Ich freue mich, dass Du/du nächste Woche zu uns kommst. [...]
Das höfliche Anredepronomen *Sie* und das Possessivpronomen / den Possessivartikel *Ihr* bei der Anrede schreibt man immer groß. (↑ S. 34)	Wie geht es Ihnen und Ihrer Familie? Ich habe Sie gestern angerufen.

Am Satzanfang

Am Satzanfang schreibt man groß.	Ich habe ein Kleid gekauft.
Der Satz kann auch nach einem Doppelpunkt beginnen.	Bitte denk daran: Wenn du nicht kommen kannst, ruf uns an.
Wenn kein ganzer Satz nach dem Doppelpunkt steht, schreibt man klein.	Ich habe heute Kleidung gekauft: zwei Hemden, eine Jacke und Handschuhe.

489. Infinitive – groß oder klein? Kreuzen Sie an.

1. Ich gehe heute Abend ○ *Schwimmen* ○ *schwimmen*.

2. Beim ○ *Lesen* ○ *lesen* kann ich mich gut entspannen.

3. Mein Hobby ist das ○ *Sammeln* ○ *sammeln* von kleinen Krokodilfiguren.

4. Heute Abend will ich ○ *Backen* ○ *backen*.

5. Frühes ○ *Aufstehen* ○ *aufstehen* mag ich gar nicht.

490. Schreiben nach dem Doppelpunkt – groß oder klein? Kreuzen Sie an.

1. Hier gibt es zwei Restaurants: ○ *Ein* ○ *ein* japanisches und ein griechisches.

2. Wir haben einen neuen Stundenplan: ○ *Am* ○ *am* Montagmorgen beginnt der Unterricht

erst um 8:45 Uhr.

3. Ich weiß es erst seit gestern: ○ *Unsere* ○ *unsere* Firma zieht nach Stuttgart.

> Der Superlativ mit **am ...sten** (↑ S. 64) wird immer kleingeschrieben.

491. Groß oder klein? Kreuzen Sie an. Manchmal sind zwei Möglichkeiten korrekt.

Liebe Lara,

ich wünsche ○ *Dir* ○ *dir* (1) alles ○ *Gute* ○ *gute* (2) zum Geburtstag! Machst

○ *Du* ○ *du* (3) heute etwas ○ *Schönes* ○ *schönes* (4)? Sind ○ *Deine* ○ *deine* (5)

○ *Verwandten* ○ *verwandten* (6) zu Besuch?

Bei mir gibt es nicht viel ○ *Neues* ○ *neues* (7). Ich fahre ○ *nächste* ○ *Nächste* (8) Woche

in den Urlaub; am ○ *besten* ○ *Besten* (9) telefonieren wir danach einmal!

Liebe Grüße

Miriam

492. *Am Telefon.* Groß oder klein? Kreuzen Sie an.

1. Guten Tag, Frau Maier, ich möchte ○ *Sie* ○ *sie* und ○ *Ihren* ○ *ihren* Mann herzlich zu

meinem Jubiläum am 28. August einladen. – Vielen Dank, wir kommen gern!

2. Warum ist Theresa mit dem Auto gefahren? – Sie hat ○ *Ihr* ○ *ihr* Fahrrad letzte Woche zur

Werkstatt gebracht.

3. Hallo, Otto, was machst ○ *Du* ○ *du* morgen? – Ich gehe ins Schwimmbad.

Rechtschreibung

Getrennt- und Zusammenschreibung

Zusammensetzungen mit Nomen

Zusammengesetzte Nomen schreibt man zusammen (↑ S. 82).	Apfelkuchen, Kochtopf, Nebeneingang
Auch wenn man Wortgruppen mit einem Infinitiv nominalisiert (= substantiviert), schreibt man zusammen.	spazieren gehen → das Spazierengehen Brot backen → das Brotbacken

Verbindungen mit Verben als zweitem Teil

Verbindungen von Verb und Verb schreibt man meistens getrennt.* (↑ S. 148)	schwimmen lernen, spazieren gehen, *(jemanden)* gehen sehen
Verbindungen mit dem Verb *sein* schreibt man immer getrennt.	auf sein, da sein, zusammen sein, fertig sein
Verbindungen aus Nomen und Verb schreibt man meistens getrennt.	Rad fahren, Klavier spielen *Ausnahmen:* leidtun, teilnehmen ...
Verbindungen aus einem einfachen Adjektiv und einem einfachen Verb schreibt man getrennt oder zusammen, wenn das Adjektiv das Ergebnis der Handlung beschreibt.	*(etwas)* kaputt machen / kaputtmachen, *(etwas)* klein schneiden / kleinschneiden
Verbindungen aus einem Adjektiv und einem Verb schreibt man zusammen, wenn sie eine neue Gesamtbedeutung haben.	fernsehen, *(eine Datei)* hochladen, *(ein Wort)* kleinschreiben

* *In bestimmten Fällen kann man zusammen- oder getrennt schreiben.*

Grundzahlen

Grundzahlen schreibt man als Wörter zusammen, wenn sie kleiner als eine Million sind.	dreiundvierzig, zweihundertdrei, drei Millionen zweihunderttausend

Laut-Buchstaben-Zuordnung

ss/ß

Wenn ein stimmloser *s*-Laut [s] nach einem **kurzen Vokal** steht, schreibt man *ss*.	vergessen, Tasse, interessant
Wenn ein stimmloser *s*-Laut [s] nach einem **langen Vokal** steht, schreibt man *ß*.*	Straße, groß, grüßen draußen, heiß

* *In der Schweiz benutzt man kein ß, nur ss.*

eu/äu

Den Laut [ɔy] gibt man im Deutschen mit den Buchstaben *eu* wieder.	neu, Freund, Feuer
Wenn es ein verwandtes Wort mit *au* gibt, schreibt man den Laut [ɔy] als *äu*.	Häuser *(wegen* Haus) käuflich *(wegen* Kauf)

493. Getrennt oder zusammen? Schreiben Sie zusammengesetzte Nomen (↑ S. 82) und Zahlen in Wörtern (↑ S. 72).

1. Unser _____ (Markt + Platz) ist sehr schön.

2. Im _____ (wohnen + Zimmer) steht unser Klavier.

3. Wie ist sein _____ (nach + Name)?

4. In meiner _____ (frei + Zeit) lese ich gern.

5. Zum Seminar sind _____ (25) Teilnehmer gekommen.

6. Deutschland hat mehr als _____ (82 000 000) Einwohner.

Wenn man eine Verbindung mit einem Verb im Infinitiv zusammenschreibt, schreibt man auch das Partizip Perfekt (↑ S. 114, 116) und den Infinitiv mit *zu* (↑ S. 212) zusammen.
▸ fernsehen, ferngesehen, fernzusehen
▸ *aber:* schlafen gehen, schlafen gegangen, schlafen zu gehen

---

494. Getrennt oder zusammen? Setzen Sie die Wörter in der richtigen Form ein.

1. Ich habe dich nicht _____ (kommen) (hören).

2. Seid ihr gestern _____ (spazieren) (gehen)?

3. Man muss daran denken, Nomen _____ (groß) (schreiben).

4. Kannst du schon _____ (Auto) (fahren)?

5. Beim _____ (Auto) (fahren) bin ich immer gestresst.

6. Ich werde immer für dich _____ (da) (sein).

7. Kannst du bitte die Suppe _____ (warm) (machen)?

---

495. Setzen Sie *ß* oder *ss* ein.

1. sü____	5. Fu__ball	9. na__	13. be__er
2. Wa____er	6. Ka__e	10. Flu__	14. Ki__en
3. wei____	7. Stra__e	11. mü__en	15. äu__erlich
4. gro____	8. drau__en	12. au__erhalb	16. la__en

---

496. Setzen Sie *äu* oder *eu* ein.

1. B *äu* me	3. ankr____zen	5. ____ro	7. Eink____fe
2. r____mlich	4. h____te	6. L____fer	8. L____te

Welche verwandten Wörter/Wortformen mit *au* kennen Sie zu den Wörtern mit *äu*?

1. Baum

Zeichensetzung

Das Komma zwischen Sätzen

Das Komma steht zwischen Haupt- und Nebensatz.	Wenn du mich anrufst, komme ich gern. Der Junge, den ich kenne, heißt Jürgen.
Das Komma steht zwischen zwei Hauptsätzen. Wenn die Hauptsätze mit *und* oder *oder* verbunden sind, *kann* ein Komma gesetzt werden.	Vera geht ins Theater, Peter geht ins Kino. Vera geht ins Theater(,) und Peter geht ins Kino.
Vor *aber* und *sondern* steht immer ein Komma.	Vera geht ins Theater, aber Peter geht ins Kino.

Das Komma bei Infinitiven mit *zu* (↑ S. 212)

Infinitivgruppen mit *zu* **kann** man durch Komma abtrennen.	Ich habe versucht(,) dich anzurufen.
Man **muss** Infinitivgruppen mit *zu* durch Komma abtrennen,	
... wenn man sie mit *als, statt, außer, ohne, um* einleitet.	Er ist gegangen, **ohne** zu bezahlen.
... wenn sie von einem **Nomen** abhängen.	Sie hat keine **Zeit**, in den Urlaub zu fahren.
... wenn sie von einem **hinweisenden Wort** abhängen (z. B. *es, daran, darauf* usw., ↑ S. 50, S. 166).	Denk **daran**, heute pünktlich zu kommen.
Ein einfacher Infinitiv mit *zu* (nur Verb + *zu*) kann immer mit oder ohne Komma stehen.	Sie hat keine Zeit(,) zu kommen.

Zeichensetzung bei wörtlicher Rede

Die wörtliche Rede steht in Anführungszeichen („..."). Fall A: Der <u>Begleitsatz</u> steht davor.	„Morgen besuchst du Martin." <u>Lisa sagt</u>: „Morgen besuchst du Martin." _____: „〜〜〜〜〜〜." _____: „〜〜〜〜〜〜?" _____: „〜〜〜〜〜〜!"
Fall B: Der <u>Begleitsatz</u> steht dahinter.	„Morgen besuchst du Martin", <u>sagt Lisa</u>. „〜〜〜〜〜〜", _____. „〜〜〜〜〜〜?", _____. „〜〜〜〜〜〜!", _____.
Fall C: Der <u>Begleitsatz</u> steht in der Mitte.	„Morgen", <u>sagt Lisa</u>, „besuchst du Martin." „〜〜", _____, „〜〜〜〜." „〜〜", _____, „〜〜〜〜?" „〜〜", _____, „〜〜〜〜!"

497. Haupt- und Nebensätze. Setzen Sie die fehlenden Kommas ein.

Bald beginnen die Sommerferien und Familie Riemann plant ihren Urlaub. Christoph und Constanze wollen mit ihren Kindern nach Norderney fahren weil sie alle gern am Meer sind. Der kleine Felix möchte am liebsten den ganzen Tag am Strand spielen und schwimmen aber seine Schwester Klara will auch reiten. Im Internet finden sie eine Reitschule die auch Kurse für Kinder anbietet. Sie entscheiden dass Christoph mit Klara nachmittags zur Reitschule geht und reservieren eine Ferienwohnung in der Nähe.

498. Einfache Infinitive und Infinitivgruppen. Setzen Sie die fehlenden Kommas ein.

1. Ich habe dich angerufen__ um dir zum Geburtstag zu gratulieren.

2. Ich habe vergessen__ einzukaufen.

3. Er hat dir doch versprochen__ pünktlich zu kommen.

4. Hast du Interesse__ am Samstag mit mir Tennis zu spielen?

5. Erinnerst du mich bitte daran__ morgen die Bücher zurückzubringen?

> Bei Vergleichen mit *als, wie, so… wie* steht kein Komma, wenn man Satzteile verbindet. Ein Komma steht aber, wenn der Vergleich ein Nebensatz ist:
> ▶ In Hamburg ist es so kalt wie in Lissabon.
> ▶ In Hamburg ist es so kalt, wie ich es erwartet hatte (↑ S. 238).

499. Nebensatz oder kein Nebensatz? Setzen Sie die fehlenden Kommas ein.

1. Ich bin beim Marathon so schnell gelaufen__ wie im Training.

2. Ich bin beim Marathon schneller gelaufen__ als ich dachte.

3. Er hat sich so entschuldigt___ wie seine Kollegin es gehofft hatte.

4. Er sieht genauso aus___ wie sein Vater vor zwanzig Jahren.

500. Wörtliche Rede. Setzen Sie die Anführungszeichen, Kommas und Doppelpunkte.

1. Marco sagt Ich möchte jetzt nach Hause gehen.

2. Stefania fragt ihren Lehrer Warum schreibt man dieses Wort groß?

3. Meine Mutter erklärt er habe ich schon gestern besucht.

4. Herzlichen Glückwunsch sagte er fröhlich.

5. Besuchst du mich morgen? fragt sie ihn.

Präpositionen und Kasus

ab	+ Dat.
an	+ Dat./Akk.
auf	+ Dat./Akk.
aus	+ Dat.
außer	+ Dat.
außerhalb	+ Gen.
bei	+ Dat.
bis	+ Akk.
durch	+ Akk.
entlang*	+ Gen./Akk.
für	+ Akk.
gegen	+ Akk.
gegenüber	+ Dat.
hinter	+ Dat./Akk.
in	+ Dat./Akk.
innerhalb	+ Gen.
mit	+ Dat.
nach	+ Dat.
neben	+ Dat./Akk.
ohne	+ Akk.
seit	+ Dat.
statt**	+ Gen./Dat.
trotz**	+ Gen./Dat.
über	+ Dat./Akk.
um	+ Akk.
unter	+ Dat./Akk.
von	+ Dat.
vor	+ Dat./Akk.
während**	+ Gen./Dat.
wegen**	+ Gen./Dat.
zu	+ Dat.
zwischen	+ Dat./Akk.

*   vor dem Nomen: *entlang* + Gen. *(entlang des Flusses)*
    nach dem Nomen: *entlang* + Akk. *(den Fluss entlang)*
** vor allem in der Umgangssprache:
    statt, trotz, während, wegen + *Dat.* (oft)

– Lokale Präpositionen (↑ S. 172–185)
– Temporale Präpositionen (↑ S. 186–187)
– Kausale, konzessive und weitere Präpositionen (↑ S. 188–189)

Verb			Beispiel
anbieten	+ Dat.	+ Akk.	Darf ich *dir ein Glas Wein* anbieten?
beantworten	(+ Dat.)	+ Akk.	Ich habe *(ihm) seine Frage* beantwortet.
bezahlen	(+ Dat.)	+ Akk.	Wir werden *(Ihnen) den Schaden* bezahlen.
bieten	(+ Dat.)	+ Akk.	Diese Firma bietet *(uns) den besten Service*.
bringen	+ Dat.	+ Akk.	Ich habe *ihm das Buch* gebracht.
empfehlen	(+ Dat.)	+ Akk.	*Welchen Wein* können Sie *(uns)* empfehlen?
erklären	(+ Dat.)	+ Akk.	Soll ich *(dir) die Regel* erklären?
erzählen	(+ Dat.)	+ Akk.	Du musst *(mir)* nicht *alles* erzählen.
geben	+ Dat.	+ Akk.	Frank hat *uns sein Auto* gegeben.
holen	(+ Dat.)	+ Akk.	Ich hole *(dir) einen Kaffee*.
kaufen	(+ Dat.)	+ Akk.	Sie kauft *(den Kindern) ein Eis*.
leihen	+ Dat.	+ Akk.	Ich kann *dir einen Stift* leihen.
sich leisten	+ Dat.	+ Akk.	Ich kann *mir* im Moment *kein neues Auto* leisten.
liefern	(+ Dat.)	+ Akk.	Bis wann können Sie *(uns) die Ware* liefern?
melden	(+ Dat.)	+ Akk.	Wir müssen *(der Polizei) den Diebstahl* melden.
mitbringen	(+ Dat.)	+ Akk.	Soll ich *(dir) einen Kaffee* mitbringen?
mitteilen	+ Dat.	+ Akk.	Habe ich *Ihnen* schon *meine neue Adresse* mitgeteilt?
reservieren	(+ Dat.)	+ Akk.	Ich reserviere *(uns) einen Tisch* im Restaurant.
sagen	(+ Dat.)	+ Akk.	Hast du *(ihm)* nicht *die Wahrheit* gesagt?
schenken	+ Dat.	+ Akk.	Ich schenke *meinem Vater* zum Geburtstag *eine Reise*.
schicken	+ Dat.	+ Akk.	Können Sie *uns das Dokument* per E-Mail schicken?
schreiben	+ Dat.	+ Akk.	Ich schreibe *einen Brief*. Ich schreibe *dir*. Ich schreibe *dir einen Brief*.
senden	+ Dat.	+ Akk.	Ich sende *Ihnen eine Kopie*.
servieren	(+ Dat.)	+ Akk.	Die Kellnerin serviert *(den Gästen) die Getränke*.
stehlen	(+ Dat.)	+ Akk.	Jemand hat *(mir) mein Portemonnaie* gestohlen.
überweisen	(+ Dat.)	+ Akk.	Ich überweise *(Ihnen) den Betrag* heute noch.
verbieten	(+ Dat.)	+ Akk.	Der Chef hat *(uns) das Rauchen* im Büro verboten.
verkaufen	(+ Dat.)	+ Akk.	Ich habe *(meinem Bruder) mein Auto* verkauft.
verraten	+ Dat.	+ Akk.	Ich verrate *dir ein Geheimnis*.
verschreiben	(+ Dat.)	+ Akk.	Welcher Arzt hat *(dir) dieses Medikament* verschrieben?
versprechen	+ Dat.	+ Akk.	Mein Vater hat *mir eine Überraschung* versprochen.
verzeihen	+ Dat.	(+ Akk.)	Kannst du *mir (meinen Fehler)* verzeihen?
vorlesen	(+ Dat.)	+ Akk.	Die Lehrerin liest *(den Kindern) eine Geschichte* vor.
vorstellen	+ Dat.	+ Akk.	Darf ich *Ihnen unseren neuen Kollegen* vorstellen?
wünschen	+ Dat.	+ Akk.	Ich wünsche *dir viel Erfolg*!
zeigen	+ Dat.	+ Akk.	Zeigt *uns* doch mal *eure Urlaubsfotos*.

Verben mit Dativ

Verb		Beispiel
antworten	+ Dat.	Hast du **deinem Vater** schon geantwortet?
auffallen	+ Dat.	Dieses Denkmal ist **mir** noch nie aufgefallen.
ausweichen	+ Dat.	Der Autofahrer konnte **dem Fußgänger** ausweichen.
begegnen	+ Dat.	Gestern bin ich **meiner alten Lehrerin** begegnet.
danken	+ Dat. (für + Akk.)	Das ist aber nett – ich danke **dir (für deine Hilfe)**.
einfallen	+ Dat.	**Mir** fällt sein Name gerade nicht ein.
entsprechen	+ Dat.	Das Hotel entspricht **unseren Erwartungen**.
fehlen	+ Dat.	Meine Freunde fehlen **mir**.
folgen	+ Dat.	Bitte folgen Sie **den blauen Schildern**.
gefallen	+ Dat.	Die Musik gefällt **mir**.
gehen (es geht)	+ Dat.	Wie geht es **dir**?
gehören	+ Dat.	Das Buch gehört **ihrem Lehrer**.
gelingen	+ Dat.	Der Kuchen ist **dir** gut gelungen.
genügen	+ Dat.	Ein Garderobenfach genügt **uns beiden**.
glauben	+ Dat.	Ich glaube **ihm** nicht.
gratulieren	+ Dat. (zu + Dat.)	Hast du **ihr** schon **(zum Geburtstag)** gratuliert?
helfen	+ Dat. (bei + Dat.)	Hilfst du **mir (bei den Hausaufgaben)**?
leidtun	+ Dat.	Es tut **mir** sehr leid, dass ich nicht mitkommen kann.
misstrauen	+ Dat.	Ich misstraue **meinem Bruder**.
sich nähern	+ Dat.	Der Bus nähert sich **dem Zentrum**.
nützen	+ Dat.	Dass er so viel gelernt hat, hat **ihm** nichts genützt.
passen	+ Dat.	Die Bluse passt **mir** leider nicht.
passieren	+ Dat.	Gestern ist **mir** etwas Lustiges passiert.
raten	+ Dat. zu + Dat.	Der Arzt hat **ihm zu mehr Bewegung** geraten.
schaden	+ Dat.	Zu viel Alkohol schadet **der Gesundheit**.
schmecken	+ Dat.	Wie schmeckt **dir** die Pizza?
stehen	+ Dat.	Die Jacke steht **dir** wirklich gut.
vertrauen	+ Dat.	Denkst du, wir können **dieser Person** vertrauen?
wehtun	+ Dat.	**Mir** tut abends oft der Rücken weh.
widersprechen	+ Dat.	Ich muss ich **dir** leider widersprechen.
zuhören	+ Dat.	Kannst du **mir** bitte zuhören?
zusehen	+ Dat. (bei + Dat.)	Ich habe **den Kindern (beim Fußballspielen)** zugesehen.
zustimmen	+ Dat.	Ja, da hast du recht. Da muss ich **dir** zustimmen.

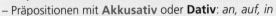

Verb	Präposition + Akk./Dat.	Beispiel
abhängen	**von + Dat.**	Die Entscheidung hängt **von unserem Direktor** ab.
achten	**auf + Akk.**	Ich achte **auf meine Gesundheit**.
anfangen	**mit + Dat.**	Ich fange jetzt **mit den Hausaufgaben** an.
ankommen	**auf + Akk.**	Es kommt **auf den Preis** an.
sich anmelden	**für + Akk.**	Ich möchte mich **für einen Sprachkurs** anmelden.
antworten	**auf + Akk.**	Corinna hat noch nicht **auf meinen Brief** geantwortet.
sich ärgern	**über + Akk.**	Warum ärgerst du dich so **über deinen Chef**?
aufhören	**mit + Dat.**	Du solltest **mit dem Rauchen** aufhören.
aufpassen	**auf + Akk.**	Kannst du mal **auf die Kinder** aufpassen?
sich aufregen	**über + Akk.**	Der Nachbar hat sich **über die Kinder** aufgeregt.
ausgeben	**für + Akk.**	**Für teure Möbel** gebe ich kein Geld aus.
sich bedanken	**für + Akk.** **bei + Dat.**	Hast du dich **bei ihr** schon **für das Geschenk** bedankt?
beginnen	**mit + Dat.**	Wir beginnen jetzt **mit dem Essen**.
sich bemühen	**um + Akk.**	Ich habe mich **um einen Job** bemüht.
berichten	**über + Akk.** **von + Dat.**	Die Medien berichten **über die politischen Ereignisse**. Die Medien berichten **von den politischen Ereignissen**.
sich beschäftigen	**mit + Dat.**	Zurzeit beschäftige ich mich **mit diesem Thema**.
sich beschweren	**über + Akk.** **bei + Dat.**	Wir beschweren uns **beim Kellner** über das Essen.
bestehen	**aus + Dat.** **auf + Dat.** **in + Dat.**	Das Buch besteht **aus zwanzig Kapiteln**. Ich bestehe **auf einer Entschuldigung**. Der Vorteil besteht **in einer schnelleren Wirkung**.
sich beteiligen	**an + Dat.**	Ich beteilige mich **an den Kosten** für das Geschenk.
sich bewerben	**um + Akk.** **auf + Akk.**	Ich habe mich jetzt **um eine neue Stelle** beworben. Ich habe mich jetzt **auf eine neue Stelle** beworben.
bitten	**um + Akk.**	Ich bitte **um etwas Geduld**.
danken	**für + Akk.**	Sie hat ihm **für seine Hilfe** gedankt.
denken	**an + Akk.**	Ich denke gerade **an meine Schwester**.
diskutieren	**über + Akk.** **mit + Dat.**	Ich habe lange **mit ihm über das Projekt** diskutiert.
sich eignen	**für + Akk.**	Dieses Spiel eignet sich **für Kinder ab vier Jahren**.
einladen	**zu + Dat.**	Ich lade euch **zu meiner Geburtstagsparty** ein.
sich entscheiden	**für + Akk.** **gegen + Akk.**	Ich habe mich **für diesen Beruf** entschieden. Ich habe mich **gegen den Umzug** entschieden.
sich entschuldigen	**für + Akk.** **bei + Dat.**	Die Firma hat sich **bei uns für den Fehler** entschuldigt.

Verben mit Präpositionen

Verb	Präposition + Akk./Dat.	Beispiel
erfahren	von + Dat.	Er braucht *von dieser Sache* nichts zu erfahren.
sich erholen	von + Dat.	Im Urlaub kannst du dich *von der Arbeit* erholen.
sich erinnern	an + Akk.	Erinnerst du dich noch *an alle deine Lehrer*?
erkennen	an + Dat.	Den Dativ Plural erkennt man meist *an der Endung*.
sich erkundigen	bei + Dat. nach + Dat.	Ich habe mich *bei einer Freundin nach einem Fitnessstudio* erkundigt.
erzählen	von + Dat.	Habe ich dir schon *von unserem Urlaub* erzählt?
fragen	nach + Dat.	Heute hat jemand angerufen, der *nach dir* gefragt hat.
sich freuen	auf + Akk. über + Akk.	Die Kinder freuen sich schon *auf die nächsten Ferien*. Sie freut sich *über das Geschenk*, das sie bekommen hat.
sich fürchten	vor + Dat.	Sie fürchtet sich *vor Hunden*.
gehen	um + Akk.	Haben Sie kurz Zeit? Es geht *um Ihren Antrag*.
gehören	zu + Dat.	Dieses Übungsheft gehört *zu unserem Lehrbuch*.
sich gewöhnen	an + Akk.	Haben Sie sich schon *an das Wetter* hier gewöhnt?
glauben	an + Akk.	Glauben deine Kinder noch *an den Weihnachtsmann*?
gratulieren	zu + Dat.	Wir gratulieren Ihnen *zur bestandenen Prüfung*.
halten	für + Akk. von + Dat.	Der Chef hält den Verkäufer *für einen Dieb*. Was hältst du *von dieser Idee*?
sich handeln	um + Akk.	*Um wen* handelt es sich?
helfen	bei + Dat.	Wir können euch *beim Umzug* helfen.
hoffen	auf + Akk.	Ich hoffe *auf besseres Wetter*.
hören	von + Dat.	Sarah hat schon lange nichts mehr *von dir* gehört.
sich informieren	über + Akk.	Ich möchte mich *über Ihr Kursangebot* informieren.
sich interessieren	für + Akk.	Interessierst du dich *für Fußball*?
kämpfen	für + Akk. gegen + Akk.	Die Organisation kämpft *für mehr Gerechtigkeit*. Die Organisation kämpft *gegen Tierversuche*.
klagen	über + Akk.	Sie klagt *über Kopfschmerzen*.
kommen	zu + Dat.	Am Wochenende kann es *zu Glatteis* kommen.
sich konzentrieren	auf + Akk.	Du musst dich jetzt *auf deine Prüfung* konzentrieren.
sich kümmern	um + Akk.	Wer kümmert sich *um deinen Hund*, wenn du im Urlaub bist?
lachen	über + Akk.	Die Kinder lachen *über den Clown*.
leiden	an + Dat. unter + Dat.	Er leidet *an einer schweren Krankheit*. Viele Menschen leiden *unter dem Stress im Beruf*.
lernen	für + Akk.	Er hat lange *für die Prüfung* gelernt.
nachdenken	über + Akk.	*Über diese Frage* sollten wir noch einmal nachdenken.
passen	zu + Dat.	Die neue Brille passt *zu seiner Haarfarbe*.
protestieren	gegen + Akk.	Die Mitarbeiter protestieren *gegen die schlechte Bezahlung*.
reagieren	auf + Akk.	Er hat *auf meinen Brief* nicht reagiert.
rechnen	mit + Dat.	*Mit diesem Ergebnis* haben wir nicht gerechnet.

Verb	Präposition + Akk./Dat.	Beispiel
reden	über + Akk. von + Dat. mit + Dat.	Er redet *mit seiner Frau* immer nur *über Fußball*. Er hat *von seiner Familie* geredet.
riechen	nach + Dat.	Es riecht hier *nach Kuchen*.
sagen	zu + Dat.	Er hat nichts *zu den Problemen* gesagt.
schimpfen	über + Akk. auf + Akk. mit + Dat.	Er schimpft immer *über das Wetter*. Er schimpft immer *auf das Wetter*. Er schimpft *mit seinem Hund*.
schmecken	nach + Dat.	Der Kuchen schmeckt *nach Schokolade*.
sich schützen	vor + Dat.	Ich trage eine Mütze, um mich *vor der Kälte* zu schützen.
sorgen	für + Akk.	Wer sorgt auf unserer Party *für die Getränke*?
sprechen	über + Akk. mit + Dat. von + Dat.	Habt ihr schon *über das neue Projekt* gesprochen? Hast du schon *mit dem Chef* gesprochen? Er hat *von dem nächsten Termin* gesprochen.
sterben	an + Dat.	Er ist *an einer seltenen Krankheit* gestorben.
sich streiten	über + Akk. mit + Dat.	Sie hat sich *mit ihrer Nachbarin über den Müll im Garten* gestritten.
teilnehmen	an + Dat.	Wir nehmen jetzt *an einem Sprachkurs* teil.
telefonieren	mit + Dat.	Ich habe gestern *mit meinem Bruder* telefoniert.
träumen	von + Dat.	Mein Bruder träumt *von einem Lottogewinn*.
sich treffen	mit + Dat.	Heute Abend treffen wir uns *mit unseren Kollegen*.
sich trennen	von + Dat.	Sie will sich *von ihrem Freund* trennen.
überreden	zu + Dat.	Sie hat ihn *zu einem Glas Bier* überredet.
überzeugen	von + Dat.	Wir konnten ihn *von unseren Plänen* überzeugen.
sich unterhalten	über + Akk. mit + Dat.	Ich habe mich *mit unserem Nachbarn über den Film* unterhalten.
sich unterscheiden	von + Dat.	Du unterscheidest dich kaum *von deinem Bruder.*
sich verabreden	mit + Dat. zu + Dat.	Ich habe mich *mit meinen Kollegen zum Fußballspielen* verabredet.
sich verabschieden	von + Dat.	Ich muss mich jetzt leider *von euch* verabschieden.
sich verlassen	auf + Akk.	Natürlich helfe ich dir. Du kannst dich *auf mich* verlassen.
sich verlieben	in + Akk.	Kann es sein, dass sie sich *in deinen Bruder* verliebt hat?
verstehen	von + Dat.	Verstehst du etwas *von diesem Thema*?
sich verstehen	mit + Dat.	Verstehst du dich gut *mit deinen Nachbarn*?
verzichten	auf + Akk.	Sie sollten *auf fettes Fleisch* verzichten.
sich vorbereiten	auf + Akk.	Ich muss mich noch *auf die Prüfung* vorbereiten.
warnen	vor + Dat.	Ich muss dich *vor dieser Person* warnen.
warten	auf + Akk.	Gestern mussten wir lange *auf den Zug* warten.
sich wundern	über + Akk.	Manchmal wundere ich mich *über die Leute* auf der Straße.
zweifeln	an + Dat.	Sie zweifelt *an seiner Ehrlichkeit*.

Unregelmäßige Verben

Verben mit Präfix (z. B. *einladen, verstehen, vorschlagen*) haben meistens keinen eigenen Eintrag; Sie finden ihre Formen unter dem einfachen Verb (z. B. *laden, stehen, schlagen*).

Infinitiv	Präsens, 3. Person Singular (1. Stammform)	Präteritum, 3. Person Singular (2. Stammform)	Partizip Perfekt (3. Stammform)
backen	backt/bäckt	backte/buk	(hat) gebacken
befehlen	befiehlt	befahl	(hat) befohlen
beginnen	beginnt	begann	(hat) begonnen
beißen	beißt	biss	(hat) gebissen
biegen	biegt	bog	(hat/ist) gebogen
bieten	bietet	bot	(hat) geboten
binden	bindet	band	(hat) gebunden
bitten	bittet	bat	(hat) gebeten
blasen	bläst	blies	(hat) geblasen
bleiben	bleibt	blieb	(ist) geblieben
braten	brät	briet	(hat) gebraten
brechen	bricht	brach	(hat) gebrochen
brennen	brennt	brannte	(hat) gebrannt
bringen	bringt	brachte	(hat) gebracht
denken	denkt	dachte	(hat) gedacht
dringen	dringt	drang	(ist) gedrungen
dürfen	darf	durfte	(hat) gedurft
empfangen	empfängt	empfing	(hat) empfangen
empfehlen	empfiehlt	empfahl	(hat) empfohlen
erschrecken*	erschrickt	erschrak	(ist) erschrocken
essen	isst	aß	(hat) gegessen
fahren	fährt	fuhr	(hat/ist) gefahren
fallen	fällt	fiel	(ist) gefallen
fangen	fängt	fing	(hat) gefangen
finden	findet	fand	(hat) gefunden
fliegen	fliegt	flog	(hat/ist) geflogen
fliehen	flieht	floh	(ist) geflohen
fließen	fließt	floss	(ist) geflossen
fressen	frisst	fraß	(hat) gefressen
geben	gibt	gab	(hat) gegeben
gehen	geht	ging	(ist) gegangen
gelingen	gelingt	gelang	(ist) gelungen
gelten	gilt	galt	(hat) gegolten
genießen	genießt	genoss	(hat) genossen
geschehen	geschieht	geschah	(ist) geschehen
gewinnen	gewinnt	gewann	(hat) gewonnen
gießen	gießt	goss	(hat) gegossen

Infinitiv	Präsens, 3. Person Singular (1. Stammform)	Präteritum, 3. Person Singular (2. Stammform)	Partizip Perfekt (3. Stammform)
gleichen	gleicht	glich	(hat) geglichen
gleiten	gleitet	glitt	(ist) geglitten
graben	gräbt	grub	(hat) gegraben
greifen	greift	griff	(hat) gegriffen
haben	hat	hatte	(hat) gehabt
hängen*	hängt	hing	(hat) gehangen
heben	hebt	hob	(hat) gehoben
heißen	heißt	hieß	(hat) geheißen
helfen	hilft	half	(hat) geholfen
kennen	kennt	kannte	(hat) gekannt
klingen	klingt	klang	(hat) geklungen
kommen	kommt	kam	(ist) gekommen
können	kann	konnte	(hat) gekonnt
laden	lädt	lud	(hat) geladen
lassen	lässt	ließ	(hat) gelassen
laufen	läuft	lief	(ist) gelaufen
leiden	leidet	litt	(hat) gelitten
leihen	leiht	lieh	(hat) geliehen
lesen	liest	las	(hat) gelesen
liegen	liegt	lag	(hat) gelegen
lügen	lügt	log	(hat) gelogen
meiden	meidet	mied	(hat) gemieden
messen	misst	maß	(hat) gemessen
misslingen	misslingt	misslang	(ist) misslungen
mögen	mag	mochte	(hat) gemocht
müssen	muss	musste	(hat) gemusst
nehmen	nimmt	nahm	(hat) genommen
nennen	nennt	nannte	(hat) genannt
pfeifen	pfeift	pfiff	(hat) gepfiffen
raten	rät	riet	(hat) geraten
reiben	reibt	rieb	(hat) gerieben
reißen	reißt	riss	(hat) gerissen
reiten	reitet	ritt	(hat/ist) geritten
rennen	rennt	rannte	(ist) gerannt
riechen	riecht	roch	(hat) gerochen
rufen	ruft	rief	(hat) gerufen
schaffen	schafft	schuf	(hat) geschaffen
scheiden	scheidet	schied	(hat) geschieden
scheinen	scheint	schien	(hat) geschienen

Unregelmäßige Verben

Infinitiv	Präsens, 3. Person Singular (1. Stammform)	Präteritum, 3. Person Singular (2. Stammform)	Partizip Perfekt (3. Stammform)
schieben	schiebt	schob	(hat) geschoben
schießen	schießt	schoss	(hat) geschossen
schlafen	schläft	schlief	(hat) geschlafen
schlagen	schlägt	schlug	(hat) geschlagen
schließen	schließt	schloss	(hat) geschlossen
schmeißen	schmeißt	schmiss	(hat) geschmissen
schmelzen	schmilzt	schmolz	(ist) geschmolzen
schneiden	schneidet	schnitt	(hat) geschnitten
schreiben	schreibt	schrieb	(hat) geschrieben
schreien	schreit	schrie	(hat) geschrien
schweigen	schweigt	schwieg	(hat) geschwiegen
schwimmen	schwimmt	schwamm	(hat/ist) geschwommen
schwinden	schwindet	schwand	(ist) geschwunden
schwören	schwört	schwor	(hat) geschworen
sehen	sieht	sah	(hat) gesehen
sein	ist	war	(ist) gewesen
senden	sendet	sendete/sandte	(hat) gesendet/gesandt
singen	singt	sang	(hat) gesungen
sinken	sinkt	sank	(ist) gesunken
sitzen	sitzt	saß	(hat) gesessen
sollen	soll	sollte	(hat) gesollt
sprechen	spricht	sprach	(hat) gesprochen
springen	springt	sprang	(ist) gesprungen
stechen	sticht	stach	(hat) gestochen
stehen	steht	stand	(hat) gestanden
stehlen	stiehlt	stahl	(hat) gestohlen
steigen	steigt	stieg	(ist) gestiegen
sterben	stirbt	starb	(ist) gestorben
stinken	stinkt	stank	(hat) gestunken
stoßen	stößt	stieß	(hat) gestoßen
streichen	streicht	strich	(hat) gestrichen
streiten	streitet	stritt	(hat) gestritten
tragen	trägt	trug	(hat) getragen
treffen	trifft	traf	(hat) getroffen
treiben	treibt	trieb	(hat/ist) getrieben
treten	tritt	trat	(hat/ist) getreten
trinken	trinkt	trank	(hat) getrunken
tun	tut	tat	(hat) getan
verderben	verdirbt	verdarb	(ist) verdorben

Infinitiv	Präsens, 3. Person Singular (1. Stammform)	Präteritum, 3. Person Singular (2. Stammform)	Partizip Perfekt (3. Stammform)
vergessen	vergisst	vergaß	(hat) vergessen
verlieren	verliert	verlor	(hat) verloren
wachsen	wächst	wuchs	(ist) gewachsen
waschen	wäscht	wusch	(hat) gewaschen
weisen	weist	wies	(hat) gewiesen
wenden	wendet	wandte/wendete	(hat) gewandt/gewendet
werben	wirbt	warb	(hat) geworben
werden	wird	wurde	(ist) geworden
werfen	wirft	warf	(hat) geworfen
wiegen	wiegt	wog	(hat) gewogen
wissen	weiß	wusste	(hat) gewusst
wollen	will	wollte	(hat) gewollt
ziehen	zieht	zog	(hat) gezogen
zwingen	zwingt	zwang	(hat) gezwungen

* **Diese Verben gibt es mit unregelmäßigen und regelmäßigen Formen:**
hängen, hing, gehangen: ohne Akkusativobjekt;
hängen, hängte, gehängt: mit Akkusativobjekt (↑ S. 178);
erschrecken, erschrak, erschrocken: ohne Akkusativobjekt;
erschrecken, erschreckte, erschreckt: mit Akkusativobjekt

Lösungen

1. **2.** die Bäckerin; **3.** die Bäckerei; **4.** das Brötchen; **5.** die Wohnung; **6.** der Zwilling; **7.** das Mädchen; **8.** der Kapitalismus; **9.** die Gesundheit; **10.** der Frühling; **11.** der Drucker; **12.** die Nachbarschaft

2. **der** Februar, Jurist, Liebling, Sohn, Verkäufer, VW, Winter

   die Ärztin, Höflichkeit, Krankheit, Polizei, Rechnung, Tante, Zitrone

   das Aluminium, Brötchen, Gepäck, Geschenk, Häuschen, Laufen, Springen

3. **1.** (das) Gold; **2.** (die) Straße; **3.** (der) Herbst; **4.** (der) Tourist; **5.** (die) Tomate; **6.** (die) Klasse

4. **2.** das Restaurant; **3.** der Tisch; **4.** die Küche; **5.** der Kuchen; **6.** die Form; **8.** die Hobbys; **9.** die Köche; **10.** die Köchinnen; **11.** die Zimmer; **12.** die Bälle

5. **1.** Zähne *(32 – ohne Weisheitszähne: 28)*; **2.** Landessprachen *(4 – Deutsch, Französisch, Italienisch, Rätoromanisch)*; **3.** Städte *(Bonn, Stuttgart)*

6. 4 Bananen, 5 Kiwis, 1 Schale Erdbeeren, 6 Äpfel, 200 g Milchreis; ½ l Milch, 3 Esslöffel Zucker

7. **1.** Der neue Nachbar – ein guter Basketballspieler; **2.** Das Kind – den Hund; **3.** Den Wagen – mein Bruder; **4.** Die Stifte – die Schüler

8. **1.** Die – die; **2.** Die – den; **3.** Der – den; **4.** Die – den; **5.** Die – das; **6.** Der – die

9. Wir bestellten einen Rotwein, ein Bier, eine Cola, einen Cappuccino und einen Milchkaffee. **Maskuline Nomen:** Rotwein, Cappuccino, Milchkaffee

10. **1.** eine; **2.** einen; **3.** ein; **4.** einen; **5.** einen; **6.** ein

11. **1.** eine; **2.** einen; **3.** ein; **4.** einen; **5.** einen; **6.** ein

12. **1.** den; **2.** dem; **3.** der; **4.** dem; **5.** dem; **6.** den; **7.** den

13. **1.** Der – den – die; **2.** Die – der – den; **3.** Die – dem – das; **4.** Das – der – den; **5.** Der – dem – das; **6.** Die – den – die

14. **2.** Den Hunden; **3.** Der Mutter; **4.** Der Tochter; **5.** Dem Vater

15. **1.** Der Friseur schneidet den Leuten die Haare. **2.** Der Kellner serviert der Lehrerin einen Kaffee. **3.** Die Krankenschwester gibt einer Patientin die Medikamente. **4.** Der Reiseleiter zeigt den Touristen die Stadt. **5.** Der Musiker gibt der Journalistin ein Interview.

16. **1.** September, Montag, Sommer: *m.*, Regel c); **2.** Zitrone, Orange, Birne: *f.*, Regel a); **3.** Zeitung, Wahrheit, Aktion: *f.*, Regel b)

17. **2.** das Buch – die Bücher; **3.** die Lampe – die Lampen; **4.** der Computer – die Computer; **5.** das Baby – die Babys; **6.** der Text – die Texte; **7.** die Oma – die Omas; **8.** die Lösung – die Lösungen; **9.** das Haus – die Häuser; **10.** der Spiegel – die Spiegel; **11.** der Hund – die Hunde; **12.** die Tasche – die Taschen

18. **1.** der Direktor; **2.** eine Freundin; **3.** der Lehrerin; **4.** ein Weißbrot; **5.** einen Horrorfilm; **6.** den Zwillingen

19. **1.** dem; **2.** den; **3.** einen; **4.** die; **5.** einen; **6.** eine; **7.** ein; **8.** der; **9.** den; **10.** dem; **11.** die; **12.** die

20. **Nominativ:** Stefanie – (Das) Paar – (Das) Restaurant – (die) Nachbarin – Freunde; **Akkusativ:** (auf den) Markt – (das beste) Obst – Gemüse – Fisch – Tennis – (Stefanies) Fahrrad – (einen) Nachtisch; **Dativ:** (mit ihrem) Mann – (in einem) Restaurant – (einem) Bekannten – (Am) Nachmittag – (Am) Abend – (zu einer) Party

21. **2.** Pauls; **3.** Jens'; **4.** Inges; **5.** Felix'; **6.** Patricks

22. **1.** des Zahnarztes; **2.** des Stadions; **3.** der Praxis; **4.** der Anfahrtswege

23. **1.** des Bundestag(e)s *(der Reichstag);* **2.** Belgiens *(Brüssel);* **3.** der Mutter – des Vaters *(die Tante)*

24. **1.** der Leseräume; **2.** von Speisen; **3.** von Musik; **4.** von Handschriften – der Bibliothek; **5.** des Kopiergerät(e)s

25. <u>der Biologe, der Dozent, der Grieche, der Hase, der Herr, der Junge, der Mensch, der Migrant, der Nachbar, der Portugiese, der Russe, der Schimpanse, der Student, der Türke, der Tourist</u>

26. **Nomen auf -e:** der Biologe, der Grieche, der Hase, der Junge, der Portugiese, der Russe, der Schimpanse, der Türke; **Nomen auf -and, -ant, -ent, -ist, -at:** der Dozent, der Migrant, der Student, der Tourist; **andere Nomen:** der Herr, der Mensch, der Nachbar

27. **1.** Herrn; **2.** Kaffeeautomaten; **3.** Direktor; **4.** Kollegen; **5.** Kunden; **6.** Firma; **7.** Lieferanten; **8.** Filmproduzenten

28. **1.** Journalist – Präsidenten – Interview; **2.** Präsident – Journalisten; **3.** Büro – Architekten – Geschäft – Fotografen; **4.** Größe – Apartments – Miete – Studenten; **5.** Hund – Nachbarn

29. **1.** Timos; **2.** Heikes; **3.** der Stadt; **4.** des Stadtmuseums; **5.** des Teams

30. **1.** der Bundesrepublik Deutschland; **2.** des Land(e)s; **3.** der Bundesregierung; **4.** Nordrhein-Westfalens; **5.** des Bergbaus

31. **1.** Ein Polizist beschreibt einem Passanten den Weg zum Bahnhof. **2.** Die Lehrerin erklärt den Schülern die Grammatikregeln. **3.** Der Verkäufer bedient einen Kunden. **4.** Der Vater kauft dem Jungen ein Eis. **5.** Mein Freund besucht seinen Neffen.

33. **1.** Innenarchitekten – Maurer – Gartenarchitekten – Gärtner; **2.** Grafen – Fürsten; **3.** Lisas – Jürgens – Andreas' – Susannes; **4.** Herrn; **5.** Affen – Banane

34. **1.** das – das; **2.** die – die; **3.** die – die; **4.** den – Die – der – die; **5.** Der – den

35. **1.** ein – Ø; **2.** eine – Ø; **3.** ein – Ø; **4.** ein – ein; **5.** ein – ein

36. **1.** ein; **2.** einen; **3.** einem; **4.** eine; **5.** Ø; **6.** ein

37. **1.** das; **2.** die; **3.** Die; **4.** Das; **5.** den; **6.** Der; **7.** die; **8.** die; **9.** den; **10.** den

38. **2.** dem Direktor der Schule; **3.** die Bilder eines bekannten Malers

32.

	Singular				Nominativ Plural
	Nominativ	**Akkusativ**	**Dativ**	**Genitiv**	
1.	das Auto	das Auto	dem Auto	des Autos	die Autos
2.	der Lehrer	den Lehrer	dem Lehrer	des Lehrers	die Lehrer
3.	die Mutter	die Mutter	der Mutter	der Mutter	die Mütter
4.	der Praktikant	den Praktikanten	dem Praktikanten	des Praktikanten	die Praktikanten
5.	die Praktikantin	die Praktikantin	der Praktikantin	der Praktikantin	die Praktikantinnen
6.	das Herz	das Herz	dem Herzen	des Herzens	die Herzen
7.	der Nachbar	den Nachbarn	dem Nachbarn	des Nachbarn	die Nachbarn
8.	der Herr	den Herrn	dem Herrn	des Herrn	die Herren
9.	der Junge	den Jungen	dem Jungen	des Jungen	die Jungen
10.	der Pole	den Polen	dem Polen	des Polen	die Polen
11.	der Buchstabe	den Buchstaben	dem Buchstaben	des Buchstabens	die Buchstaben

n-Deklination: Praktikant, Herz, Nachbar, Herr, Junge, Pole, Buchstabe

39. 1. eine; 2. den; 3. der; 4. ein; 5. einen; 6. den; 7. der; 8. eine

40. 1. die; 2. einen; 3. das; 4. der; 5. Der; 6. einen; 7. ein – einen

41. 1. der – Der – ein – Die; 2. einen – der – des – ein – Der – der; 3. Die – die – die – die – den – das

42. 1. das; 2. der; 3. der; 4. eine; 5. der; 6. der; 7. ein; 8. ein; 9. ein

43. 1. Ø – Ø – Ø – Ø – Ø; 2. Ø – eine – Ø – Ø – Ø – Ø; 3. Ø – den – ein – Ø – Ø – Ø; 4. Die – Ø

44. 1. Ø; 2. der; 3. Ø; 4. Ø; 5. Ø; 6. ein; 7. der; 8. Ø; 9. Ø; 10. Ø; 11. einem; 12. der; 13. dem; 14. der; 15. das

45. 1. eine – Ø – Ø – ein; 2. Ø – einen; 3. eine – Ø

46. 1. Die – Ø; 2. der – Ø – einem/dem; 3. Ø – Ø – Die – Ø – der – Ø

47. 1. eine – den – Die; 2. einen – Der – Ø; 3. einen – Den; 4. ein – Das

48. 1. einen – den; 2. der – Ø – ein – einen; 3. das – dem

49. 1. der; 2. eine; 3. der; 4. der; 5. eine/die; 6. das; 7. Ø; 8. der; 9. der; 10. ein; 11. den

50. 1. Ø; 2. Ø; 3. der; 4. Ø; 5. Ø; 6. Ø; 7. einem; 8. Ø; 9. Ø; 10. der; 11. die; 12. Ø; 13. der; 14. Ø; 15. Ø; 16. Ø; 17. Ø; 18. Ø; 19. Ø; 20. Ø; 21. Ø; 22. Ø; 23. einem; 24. einen; 25. einen; 26. der; 27. Ø

51. 1. die – der (Zürich); 2. der – des (21. Juni); 3. die – der (die meist-gesprochene Sprache: Englisch; die Sprache mit den meisten Mutter-sprachlern: Chinesisch); 4. die – Ø (Großbritannien)

52. 1. Sie – Er; 2. Sie; 3. du – Ich

53. 1. ich; 2. Euch; 3. Ihr; 4. Euch; 5. Du; 6. ihn; 7. Euch (Die vollständige Kleinschreibung ist auch korrekt.)

54. 1. Ihnen; 2. er; 3. mir; 4. ihn; 5. sie; 6. ihm; 7. ihm; 8. mir; 9. ihn

55. 2. Hast du sie ihr gegeben? 3. Kannst du sie ihm aufschreiben?

56. 1. dieser – dieser; 2. dieses; 3. diese; 4. dieser; 5. diesem

57. 1. Das; 2. Das; 3. das

58. 1. Die; 2. die; 3. die; 4. Die; 5. Der; 6. der; 7. Das; 8. der; 9. Den; 10. den; 11. die; 12. Die; 13. Die; 14. denen

59. 1. den; 2. Den; 3. der; 4. die; 5. das; 6. der; 7. denen

60. 1. Wie; 2. Woher; 3. Wo; 4. Wohin

61. 1. Wer; 2. Wie; 3. Wo; 4. Wann; 5. Wie viel(e); 6. Wen; 7. Wem

62. 2. Wer hat das gesagt? 3. Mit wem triffst du dich? 4. Für wen sind die Blumen?

63. 1. Welcher (die Isar); 2. Welche (Schwarz, Rot, Gold); 3. Welcher (Müller); 4. Welche (0043)

64. 1. Welche; 2. Was für ein; 3. Welches; 4. Welchen

65. ... von Julia: ihr Freund, ihr Hobby, ihre Schule, ihre Freunde; ... von Paul: sein Freund, sein Hobby, seine Schule, seine Freunde; ... von Julia und Paul: ihr Freund, ihr Hobby, ihre Schule, ihre Freunde

66. 1. ihren; 2. ihre; 3. seine; 4. ihr; 5. ihr

67. 1. meine – meine; 2. unser – unseres; 3. sein – seiner

68. 1. seinen; 2. sein; 3. seinen; 4. unsere; 5. ihre; 6. meiner; 7. mein

69. 1. ihnen; 2. ihn; 3. es; 4. sie

70. 2. ihn ihr; 3. es ihm; 4. sie uns – sie ihnen

71. 1. das – der; 2. dem; 3. die – Die; 4. denen

72. 1. Was; 2. Wie; 3. Wann; 4. Bis wann / Wie lange; 5. Was / Wie viel

73. **1.** Welche; **2.** Welche; **3.** Welchen;
4. welchen

74. **1.** welcher; **2.** Was für ein; **3.** welchem;
4. Was für

75. **1.** Sie; **2.** Ihre; **3.** Ihnen; **4.** Ihren; **5.** Sie;
6. Ihnen; **7.** Ihre

76. **1.** nicht; **2.** kein; **3.** keinen; **4.** kein;
5. nicht

77. **1.** Nein, wir waren nicht im Kino.
2. Nein, das Konzert (= es) war nicht
gut. **3.** Nein, ich habe meine Schwester
(= sie) nicht angerufen.

78. **2.** Sie macht keinen Sport. **3.** Sie hat
keinen Stress. **4.** Sie isst kein Obst und
(kein) Gemüse. **5.** Sie schläft nicht
genug.

79. **2.** Der Spanischkurs findet nicht im
ersten Stock, sondern im dritten Stock
statt. *(Oder: … findet nicht im ersten
Stock statt, sondern im dritten Stock.)*
3. Die Vorlesung von Professor
Lohmann beginnt nicht um 17 Uhr,
sondern um 15 Uhr.
4. Die Bibliothek ist heute nicht bis
20 Uhr geöffnet, sondern bis 22 Uhr.
*(Oder: … ist heute nicht bis 20 Uhr,
sondern bis 22 Uhr geöffnet.)*

80. **1.** kein(e)s; **2.** eine; **3.** einen

81. **2.** Nein, wir haben kein(e)s mehr. **3.** Ja,
wir haben noch welche. **4.** Nein, wir
haben keinen mehr. **5.** Ja, wir haben
noch einen.

82. **1.** man; **2.** einem; **3.** einen

83. **1.** alles; **2.** vieles; **3.** alles; **4.** Einige;
5. viele; **6.** alle

84. **1.** Jeder; **2.** jeden; **3.** alle; **4.** welche;
5. kein(e)s

85. **1.** nichts; **2.** niemand; **3.** niemand(en);
4. jemand(em); **5.** niemand

86. **1.** nichts; **2.** etwas; **3.** nichts; **4.** etwas

87. **1.** nichts; **2.** niemanden – niemand –
jemandem

88. **1.** etwas; **2.** nichts; **3.** nichts

89. **1.** etwas; **2.** jemand; **3.** etwas;
4. Jemand; **5.** niemand; **6.** jemandem;
7. niemand

90. **1.** P; **2.** P; **3.** POS. 1; **4.** S – S; **5.** S

91. **1.** Wo hast du es gekauft? **2.** Ich habe
es in einem kleinen Geschäft in der
Nähe des Bahnhofs gekauft. **3.** In
welchem Geschäft hast du es gekauft?
4. … dann ist es gleich links neben dem
Supermarkt. **5.** Gibt es da noch mehr
solche Kleider? **6.** Da gibt es viele
schöne Sachen, nicht nur Kleider.

92. **1.** In unsere Stadt kommen immer mehr
Touristen. **2.** Dass unsere Stadt so
beliebt ist, ist schön. **3.** Dass wir die
Infrastruktur ausbauen, ist aber auch
nötig. **4.** Zurzeit werden neue Park-
plätze am Stadtrand angelegt. **5.** Bald
wird es günstige Busfahrkarten und
Kombitickets geben. **6.** Dabei geht es
uns auch um den Umweltschutz.

93. **1.** nicht; **2.** Kein; **3.** nicht;

1. Der Automat gibt kein Wechselgeld.
2. Jugendliche unter 18 Jahren dürfen
hier keinen Alkohol kaufen. **3.** Man soll
den Pinguinen kein Futter geben.

94. **1.** etwas – nichts – etwas – nichts;
2. eine – kein(e)s; **3.** keinen – nichts

95. **1.** … weil es einen Unfall in der Haupt-
straße gab. **2.** … aber ich kann es nicht
versprechen. **3.** Wie geht es dir? **4.** Mir
geht es gut. **5.** Schneit es bei euch auch
schon den ganzen Tag? **6.** Mir reicht es.
7. Ich finde es eigentlich schön.

96. **1.** Vor einer Einfahrt darf man nicht
parken. **2.** In dieser Straße darf man
nicht schneller als 30 km/h fahren.
3. An einem Stoppschild muss man
immer anhalten.

97. **1.** jemanden – jemandem;
2. etwas – Man – man – viel

98. **1.** *(auf der Milchstraße)*; **2.** keine *(der
Spaßvogel)*; **3.** keine *(der Weltraum)*;
4. nichts *(in der Baumschule)*

Lösungen

99. **1.** alte – alten; **2.** neue – neue;
3. moderne – bunten – anderen;
4. gelbe – frischen

100. **1.** dunkler – dunkle; **2.** saure – saure;
3. teure – teure; **4.** hohes – hohe

101. **1.** schönen; **2.** alten; **3.** zentralen;
4. historischen; **5.** linken; **6.** dicken;
7. schmale; **8.** breiten; **9.** dunklen;
10. ganze; **11.** alten; **12.** herrlichen;
13. schöne; **14.** nahen

102. **1.** gute; **2.** Herzlichen – vielen;
3. Schönes; **4.** schöne – angenehme –
gute; **5.** Schönen – nächstes

103. **1.** Erstklassiger; **2.** italienische;
3. verschiedene; **4.** Trockener; **5.** französischer; **6.** frisches; **7.** frische;
8. halben; **9.** Feinste; **10.** edler

104. **1.** warme; **2.** Gegrilltes; **3.** grünen;
4. Paniertes *(Sg.)* / Panierte *(Pl.)*;
5. gemischtem; **6.** gepresste

105. **1.** altes; **2.** antiker; **3.** großer;
4. Schönes; **5.** Beste; **6.** möbliertes;
7. zentraler; **8.** Modernes;
9. gebrauchte; **10.** neuen;
11. erfahrenen

106. **1.** großer; **2.** kleiner; **3.** große;
4. kleine; **5.** halbes

107. **1.** großen; **2.** kleine; **3.** große;
4. kleine; **5.** halbes

108. **1.** gutes – günstiges; **2.** schöne –
gutes – spannenden – aktuellen

109. **1.** neuen; **2.** neues; **3.** alten; **4.** altes;
5. schönen; **6.** weißen; **7.** neuen;
8. halben; **9.** jungen; **10.** armen;
11. unbekannten; **12.** modernes;
13. reicher; **14.** bekannter

110. **1.** diesjährigen; **2.** späten; **3.** langen;
4. erfolgreichen; **5.** gutes; **6.** neues

111. **1.** neues – alte – alt – bequem;
2. neuen – alter – klein – viele – alte –
groß; **3.** schöne – grüne – alten – gut;
4. neues – großes – wirklich –
schönes – teuer – teuer

112. **1.** nördlichen; **2.** natürlichen; **3.** kleinen;
4. weiten; **5.** flachen; **6.** möglichen;
7. Zahlreiche; **8.** echten/echte; **9.** viele;
10. bunte; **11.** müde; **12.** langsam;
13. extrem; **14.** gefährlich

113. **1.** letzte; **2.** schwer; **3.** großen;
4. eigenen; **5.** ganz; **6.** schön;
7. schwierig

114. **1.** ehemaliger; **2.** viele; **3.** täglich;
4. hohen; **5.** junge; **6.** Überraschend;
7. riskant; **8.** viele; **9.** ganz; **10.** nervös

115. **1.** Deutsche; **2.** Englische; **3.** Italienisches; **4.** chinesische; **5.** große;
6. Gesunde; **7.** Glücklich; **8.** positivem;
9. richtig

116. **1.** neuer – neuen – neuer; **2.** wirklich –
lecker – tolle – alten – gute – gut;
3. neuen – neuen – alter – viel –
langsam – neues; **4.** gelben – blau –
gelbe

117. **1.** blaue – festem *(eine Jeans)*; **2.** süße –
rund – schmal *(eine Birne)*; **3.** großes –
langen *(eine Giraffe)*; **4.** großes –
weißen – schwarzen *(ein Klavier)*;
5. künstlerischer – besonderen *(ein
Gedicht)*

118. **1.** Heiße; **2.** Großer; **3.** kleiner;
4. Große; **5.** kleine; **6.** Heiße; **7.** kalte;
8. Verschiedene; **9.** Frisch; **10.** gepresste

119. **1.** geehrte; **2.** ganz; **3.** herzlich;
4. historischen; **5.** rechten; **6.** alte;
7. linken; **8.** südlichen; **9.** äußeren;
10. größte; **11.** bekannteste **12.** deutschen; **13.** einzigartige

120. **1.** mittelgroßer; **2.** schönen; **3.** neue;
4. kleinen; **5.** südlichen; **6.** modernes;
7. großen; **8.** vielen; **9.** interessanten;
10. zentralen; **11.** kleinen; **12.** leckeres;
13. frisches; **14.** viele; **15.** andere;
16. regionale; **17.** relativ; **18.** günstig;
19. gut; **20.** vielen; **21.** verschiedenen;
22. gemütlichen; **23.** freies; **24.** Liebe

121. **1.** kleiner als; **2.** größer als; **3.** älter als;
4. höher als

122. **1.** billigere; **2.** teureres – größeres; **3.** besseren; **4.** längeren; **5.** jüngeren

123. **1.** am schnellsten; **2.** am billigsten / das billigste; **3.** nächste; **4.** kürzesten

124. **1.** als – so (= genauso)… wie; **2.** als – so (= genauso)… wie

125. **1.** schlafende; **2.** lachendes; **3.** spielende; **4.** geöffnete; **5.** ankommende; **6.** angekommene; **7.** eingeladenen; **8.** renoviertes; **9.** funktionierendes; **10.** vereinbarter

126. **2.** gekaufte; **3.** benutzte; **4.** verschriebenen; **5.** heruntergeladenen

127. **1.** versprochene; **2.** geplanter; **3.** entspannt/entspannend; **4.** hupende; **5.** vorbeifahrende; **6.** stattfindenden; **7.** lachenden; **8.** singenden; **9.** schmeckende; **10.** gespülten; **11.** weggeworfener; **11.** abgebildeten

128. **2.** Interessantes; **3.** Komische; **4.** Bekannter; **5.** Angestellte; **6.** Arbeitslosen

129. **1.** Gute; **2.** Süßes; **3.** Beides – Gleiche; **4.** Neueste – Neues

130. **1.** Spezielles; **2.** Originelleres; **3.** Bestimmtes; **4.** Alltägliches; **5.** Schönes

131. **1.** Fortgeschrittene; **2.** Angehörigen; **3.** Deutsche; **4.** Jugendliche; **5.** Auszubildende

132. **1.** wärmer – sonniger; **2.** kälter; **3.** lustiger; **4.** schöner

133. **1.** besten – leckersten – frischeste – gesündeste; **2.** nettesten – meisten

134. **1.** kleinste *(Bremen)*; **2.** längste *(die Donau)*; **3.** größte *(Frankfurt am Main)*; **4.** höchste *(die Zugspitze)*

135. **1.** lieber – als; **2.** Am liebsten; **3.** leichter – als

136. <u>Erwachsene</u>; <u>Jugendliche</u>; <u>Studierende</u>

137. **1.** Wichtiges; **2.** Schönes; **3.** Richtige; **4.** Warmes; **5.** Leckeres; **6.** Neues; **7.** Besonderes; **8.** Neueste; **9.** Verwandten; **10.** Verwandte; **11.** Bekannten

138. vierhundertfünfzig; dreihundertfünfundsiebzig; (ein)hundertfünfundzwanzig; dreißig; fünfundsiebzig; fünfunddreißig

139. vier; fünfundsechzig; fünfzehn Euro neunundvierzig; zwölf Euro fünfundfünfzig; neunzehn; zweihundertfünfundsiebzig; fünf Euro achtundneunzig; drei Euro achtundsiebzig; siebenunddreißig

140. **1.** sechstausenddreihundertvierundachtzig; **2.** sechstausendachthundertzweiundfünfzig; **3.** achttausendachthundertachtundvierzig; **4.** elftausendvierunddreißig; **5.** dreihundertvierundachtzigtausend; **6.** vierzigtausendvierundsiebzig

141. zwölften; sechs; erste; ersten; erste; zweite; zehnten

142. **2.** der erste Fünfte – am ersten Fünften; **3.** der zehnte Zwölfte – am zehnten Zwölften; **4.** der fünfundzwanzigste und sechsundzwanzigste Zwölfte – am fünfundzwanzigsten und sechsundzwanzigsten Zwölften; **5.** der einunddreißigste Zwölfte – am einunddreißigsten Zwölften

143. **1.** Am siebzehnten Dritten zweitausendeins.
2. Am dreiundzwanzigsten Elften neunzehnhundertneunundneunzig.
3. Am einunddreißigsten Fünften zweitausendvier.

144. **2.** elf Uhr fünfundfünfzig / dreiundzwanzig Uhr fünfundfünfzig – fünf vor zwölf; **3.** zwölf Uhr fünf / null Uhr fünf – fünf nach zwölf

145. 1. fünf vor neun; **2.** zwanzig vor zehn; **3.** 10:00–10:45 Uhr; **4.** fünf vor elf; **5.** zwanzig vor zwölf; **6.** zehn vor zwölf; **7.** fünf nach halb eins; **8.** 13:05–13:50 Uhr

146. 1. sieben Uhr eins; **2.** sechs Uhr achtundfünfzig; **3.** sieben Uhr zweiunddreißig; **4.** sieben Uhr achtundvierzig

147. drei; der dritte Fünfte; ein Drittel; dreimal; fünf; der fünfte Siebte; ein Fünftel, fünfmal; zehn; der zehnte Neunte; ein Zehntel; zehnmal

148. Drei plus vier ist sieben. Dreizehn minus vier ist neun. Dreiundzwanzig plus vier ist siebenundzwanzig. Fünf mal sieben ist fünfunddreißig. Achtzehn (geteilt) durch sechs ist drei. *(Überall Alternativen: ist / gleich / ist gleich.)*

149. 1. ein Drittel – die Hälfte; **2.** viermal; **3.** Ein Fünftel; **4.** drei Viertel – zweimal; **5.** dreimal

150. 1. Zwei Fünftel plus drei Fünftel gleich eins. $(2/5 + 3/5 = 1)$ **2.** Acht mal sieben gleich sechsundfünfzig. $(8 \times 7 = 56)$ **3.** Vierundzwanzig minus fünfzehn gleich neun. $(24 - 15 = 9)$

151. 1. hundert; **2.** achtzig; **3.** vierhunderteinundfünfzig; **4.** siebte; **5.** vierzig; **5.** dritte; **6.** tausendundeine

152. fünfte Vierte; vierten Fünften; zwei; vierten Siebten; neunzehnhundertachtundachtzig; neunzehnhundertsiebenundachtzig; zehn

153. 1. elf Uhr dreißig bis vierzehn Uhr; **2.** sechs Euro neunundachtzig; **3.** sieben Euro neunundvierzig; **4.** drei; **5.** drei mal fünf; **6.** vierzig; **7.** vierundvierzig Euro neunundsiebzig

154. tausendste; einen; ein; zwei; neunundneunzig

155. 1. Viertel vor sechs; **2.** fünf nach sechs; **3.** Viertel nach sechs; **4.** fünf vor halb sieben; **5.** fünf vor sieben; **6.** sieben (Uhr)

156. 611; 381; 725; 4 352; 80 037; 1 530 800; 32 – 4 = 28; $1/32$; $1/500$

157. 1. Papier; **2.** Tomaten; **3.** Haut

158. 1. der Apfelkuchen; **2.** der Nudelsalat; **3.** die Kartoffelsuppe; **4.** das Butterbrot

159. 2. die Plastiktüte; **3.** die Kaffeetasse; **4.** das Tischtuch

160. 2. die Sonnenbrille; **3.** der Orangensaft; **4.** das Taschenbuch

161. 2. das Schlafzimmer; **3.** der Kochtopf; **4.** die Bratpfanne

162. das Frühjahr; die Großeltern; das Weißbrot

163. der Nachmittag; die Nachspeise; die Nebenkosten; die Nebenstraße; der Vormittag; die Vorspeise

164. 2. das Würstchen; **3.** das Büchlein; **4.** das Häuschen; **5.** das Bäumchen; **6.** das Tierchen

165. 2. der Lehrer; **3.** die Taxifahrerin; **4.** die Briefträgerin; **5.** der Apotheker; **6.** die Zahnärztin

166. 2. Schwimmerin; **3.** Zuschauer; **4.** Sängerin; **5.** Raucher; **6.** Leipzigerin; **7.** Radfahrer; **8.** Fußballspielerin

167. 2. Schwimmen; **3.** Joggen; **4.** Aufräumen; **5.** Einkaufen; **6.** Rauchen; **7.** Lesen

168. 1. kalorienarm; **2.** vitaminreich; **3.** alkoholfrei; **4.** fettarm; **5.** fehlerfrei

169. 1. federleicht; **2.** grasgrün; **3.** himmelblau; **4.** staubtrocken; **5.** glasklar; **6.** blitzschnell; **7.** feuerrot; **8.** taghell

170. 1. trennbar; **2.** bezahlbar; **3.** lösbar; **4.** unlösbar; **5.** trinkbar; **6.** unerreichbar; **7.** ausleihbar; **8.** unüberhörbar

171. 1. täglich; **2.** sonnig; **3.** wolkenlos; **4.** sommerlich; **5.** windig

172. 1. der Arbeitsplatz; **2.** das Reinigungstuch; **3.** die Wohnungstür; **4.** der Zeitungskiosk

173. **1.** der Obstkuchen; **2.** salzreich; **3.** das Bücherregal; **4.** die Kellertür; **5.** austauschbar; **6.** das Studentenwohnheim; **7.** unklar; **8.** bargeldlos; **9.** unsicher

174. **2.** der Staubsauger; **3.** der Schalter; **4.** der Wasserkocher; **5.** der Geschirrspüler; **6.** der Mixer; **7.** der Wäschetrockner

175. **-heit (Artikel: die):** Dunkelheit, Freiheit, Gesundheit, Krankheit, Schönheit, Vergangenheit, Wahrheit; **-keit (Artikel: die):** Ähnlichkeit, Höflichkeit, Möglichkeit, Pünktlichkeit, Sauberkeit, Schwierigkeit, Wirklichkeit; **-ung (Artikel: die):** Ausbildung, Beratung, Beschäftigung, Betreuung, Entschuldigung, Regierung, Versicherung

176. **1.** Gartenparty; **2.** Grillfleisch – Grillgemüse; **3.** Kartoffelsalat; **4.** Apfelsaft – Rotwein; **5.** Plastikteller; **6.** Sonnenschirm

177. **1.** Künstler *(Friedensreich Hundertwasser)*; **2.** Tennisspielerin *(Steffi Graf)*; **3.** Zeichner *(Albert Uderzo)*

178. **1.** Wir; **2.** ihr; **3.** du; **4.** Sie; **5.** ihr; **6.** sie; **7.** sie; **8.** du

180. **1.** begrüßt – begrüßen; **2.** geht – schließt; **3.** beginnt – hören; **4.** schreibt – markiert; **5.** verstehen – erklärt; **6.** fragt – antwortet; **7.** sucht – findet

181. **1.** machst; **2.** Kommst; **3.** besuche; **4.** wohnt; **5.** macht; **6.** Studiert; **7.** arbeitet; **8.** lebt; **9.** kommt; **10.** stimmt; **11.** wohnen

182. **1.** gehst; **2.** siehst; **3.** lebst; **4.** gibst; **5.** trägst; **6.** sagst; **7.** kaufst; **8.** läufst; **9.** brauchst

184. **1.** zahlt *(die Miete)*; **2.** isst *(in der Küche, im Wohnzimmer, im Esszimmer)*; **3.** steht *(in der Garage)*; **4.** schläft *(im Schlafzimmer)*; **5.** wäscht *(im Bad, im Badezimmer)*; **6.** wohnt *(der Nachbar, die Nachbarin)*

185. **1.** trifft; **2.** sitzen – hört – liest; **3.** läuft; **4.** kauft – fährt; **5.** hilft

186. **1.** fährst; **2.** lesen; **3.** sehe; **4.** beginnt; **5.** finde; **6.** nehme; **7.** Fährst; **8.** schläfst; **9.** sehen

187. **1.** ein; **2.** an; **3.** mit; **4.** mit; **5.** ab; **6.** zu; **7.** aus; **8.** an

188. **1.** stehe … auf; **2.** mache … an; **3.** ziehe … an; **4.** steige ein

189. anziehen, aufräumen, ausfüllen, mitbringen, vorstellen, wegbringen, zuhören, zurückkommen

190. **2.** Wir holen sie vom Busbahnhof ab. **3.** Am Samstagabend laden wir sie ins Theater ein. **4.** Den Sonntag verbringen wir gemeinsam in den Bergen.

191. **1.** sind; **2.** bin; **3.** ist; **4.** ist; **5.** ist; **6.** ist; **7.** bist; **8.** sind; **9.** seid

179.

ich	komme	lerne	rede	benutze
du	kommst	lernst	redest	benutzt
er/sie/es	kommt	lernt	redet	benutzt
wir	kommen	lernen	reden	benutzen
ihr	kommt	lernt	redet	benutzt
sie/Sie	kommen	lernen	reden	benutzen

183.

ich	lasse	stehe	wasche	lese	helfe	sitze
du	lässt	stehst	wäschst	liest	hilfst	sitzt
er/sie/es	lässt	steht	wäscht	liest	hilft	sitzt
ihr	lasst	steht	wascht	lest	helft	sitzt

195.	ich	mache	verkaufe	stehe auf	spreche
	du	machst	verkaufst	stehst auf	sprichst
	er/sie/es	macht	verkauft	steht auf	spricht
	wir	machen	verkaufen	stehen auf	sprechen

192. **1.** habe – Hat; **2.** hat; **3.** Habt – haben; **4.** haben – habe

193. **1.** wird – werden – werden; **2.** werde – wirst; **3.** werden – werdet; **4.** werden

194. **1.** ist/wird – habe – werde; **2.** wird – habe – habe – hast – ist; **3.** bin – habe – wirst; **4.** haben – hat – werde

196. **1.** f; **2.** a; **3.** b; **4.** e; **5.** d; **6.** c; **7.** k; **8.** i; **9.** h; **10.** l; **11.** g; **12.** j

197. **1.** Gehen; **2.** lerne; **3.** gehe; **4.** bin; **5.** wartest; **6.** beginnt

198. **1.** d; **2.** b; **3.** g; **4.** e; **5.** a; **6.** f; **7.** c

199. **1.** empfiehlst; **2.** seid – sind; **3.** erkältest; **4.** missverstehst; **5.** ist; **6.** Hilfst

200. **1.** Er spricht schon Englisch und Russisch, und er lernt auch Französisch. **2.** Er steht auf, isst zwei Brötchen und trinkt eine Tasse Kaffee, und dann nimmt er den Bus und fährt zur Arbeit. **3.** Er räumt zuerst den Schreibtisch auf, und dann fängt er mit der Arbeit an. Nach der Arbeit fährt er zum Training.

201. **1.** müssen; **2.** musst; **3.** muss; **4.** müssen; **5.** müsst

202. **1.** darf; **2.** muss; **3.** muss; **4.** müssen; **5.** Dürft; **6.** darf; **7.** Darf; **8.** muss

203. **1.** darfst; **2.** darf; **3.** muss; **4.** Darf; **5.** muss

204. **2.** Darf ich Sie etwas fragen? **3.** Wo muss ich bezahlen? **4.** Darf ich das Fenster öffnen? **5.** Müsst ihr in den Ferien für die Schule lernen? **6.** Muss Klaus viel im Haushalt helfen?

205. **1.** wollen – will; **2.** möchten – möchte – möchten

206. **1.** möchte; **2.** will; **3.** will; **4.** will

207. **2.** Willst du nach Hause? **3.** Wollt ihr Kaffee oder Tee? **4.** Am liebsten mag Sofie Gummibärchen. **5.** Das Kind will eine neue Puppe haben. **6.** Möchtest du mit mir wegfahren? **7.** Magst du mir eine Geschichte erzählen?

208. **1.** F; **2.** M, E; **3.** B; **4.** M

209. **2.** Können Sie bitte langsamer sprechen? **3.** Kannst du mir bitte den Stift geben? **4.** Können Sie bitte das Wort an die Tafel schreiben?

210. **1.** kannst *(München)*; **2.** können *(1918)*; **3.** kann *(Pferd)*

211. **1.** kann; **2.** Könnt; **3.** kann; **4.** will; **5.** musst; **6.** können; **7.** musst; **8.** können; **9.** können

212. **1.** Sollen; **2.** Soll; **3.** soll – soll; **4.** sollen; **5.** sollst; **6.** sollen

213. **1.** Der Chef sagt, wir sollen jetzt eine Pause machen. **2.** Er sagt, du sollst die Briefe zur Post bringen. **3.** Thomas soll die Rechnungen ausdrucken. **4.** Andrea und Ingo sollen das Sommerfest organisieren. **5.** Ich soll neue Termine vereinbaren.

214. … am besten den Zug Richtung Manhattan nehmen. Wir sollen am Grand Central Terminal auf sie warten. Wir sollen sie anrufen, wenn wir da sind. Du sollst unbedingt warme Kleidung einpacken.

215. **1.** soll; **2.** sollt; **3.** soll; **4.** sollst; **5.** sollst; **6.** soll; **7.** sollst; **8.** sollen

216. 2. Hier darf man nicht essen *(a)*. **3.** Hier muss man nicht (mehr) Tempo 30 fahren *(d)*. **4.** Hier darf man nicht Fahrrad fahren *(c)*.

217. 1. brauchst; **2.** dürfen; **3.** braucht; **4.** musst

218. 1. muss; **2.** brauche; **3.** darf

219. 1. Nein, du darfst hier nicht parken. **2.** Nein, er muss morgen nicht arbeiten / braucht morgen nicht zu arbeiten. **3.** Nein, du musst nicht alles allein machen / brauchst nicht alles allein zu machen.

220. 1. Sollen – braucht; **2.** kann – kann; **3.** möchtest – musst

221. 1. darf *(a)*; **2.** muss *(d)*; **3.** darf *(b)*; **4.** dürfen *(c)*

222. 1. darf; **2.** kann; **3.** Möchtest; **4.** müssen – dürfen; **5.** kann – muss – darf; **6.** können – müssen; **7.** Darf – mag; **8.** soll

223. 1. möchten; **2.** könnt; **3.** könnt; **4.** soll; **5.** können; **6.** könnt; **7.** möchtet

224. 1. Ich will mit meinem Freund nach Rügen fahren. **2.** Dort können wir jeden Tag schwimmen. **3.** Aber unsere 17-jährige Tochter will nicht mitkommen. **4.** Sie will den Sommer mit ihren Freunden verbringen. **5.** Natürlich braucht sie nicht mit uns zu fahren. **6.** Sie kann selbst entscheiden. **7.** Aber sie soll jeden Tag die Katzen füttern.

226. 2. Trinken Sie; **3.** Essen Sie; **4.** Bleiben Sie; **5.** Schlafen Sie; **6.** rauchen Sie

227. 1. Frag; **2.** Geh; **3.** Hab; **4.** Ordne

228. 2. Bitte lesen Sie den Text. **3.** Bitte antworten Sie. **4.** Bitte kreuzen Sie an. **5.** Bitte geben Sie den Test ab.

229. 2. Bitte öffnet das Buch. **3.** Bitte macht die Hausaufgaben. **4.** Bitte kommt nicht zu spät. **5.** Bitte seid nicht so laut.

230. 1. gewartet; **2.** fahren; **3.** gefragt; **4.** gekauft; **5.** geblieben; **6.** suchen; **7.** gestellt; **8.** zahlen

231. 1. habe … geschlafen; **2.** hast … gekauft; **3.** Hat … gezeigt; **4.** haben … gekostet; **5.** habt … gelernt; **6.** Hast … gesprochen

232. 1. habe … gewohnt; **2.** habe … gemacht; **3.** haben … gelebt; **4.** geholfen; **5.** habe … gewählt; **6.** habe … gemacht; **7.** habe … gegeben; **8.** gelesen; **9.** habe … geschrieben; **10.** geantwortet; **11.** habe … gearbeitet; **12.** geleitet; **13.** habe … gefunden

233. 1. abgeholt; **2.** angerufen; **3.** reserviert; **4.** bekommen; **5.** aufgemacht; **6.** zugesehen; **7.** mitgespielt; **8.** verstanden; **9.** kontrolliert; **10.** verkauft. **Trennbare Verben:** abholen, anrufen, aufmachen, zusehen, mitspielen

234. 1. habt … eingekauft; **2.** Hast … eingepackt; **3.** haben … besucht; **4.** Hat … mitgenommen; **5.** habe … verloren; **6.** Hast … repariert

225.

Infinitiv	*du*-Form	*ihr*-Form	*Sie*-Form
gehen	Geh!	Geht!	Gehen Sie!
essen	Iss!	Esst!	Essen Sie!
weglaufen	Lauf weg!	Lauft weg!	Laufen Sie weg!
klingeln	Klingle!	Klingelt!	Klingeln Sie!
sprechen	Sprich!	Sprecht!	Sprechen Sie!

235. 1. Wir haben letzte Woche viel trainiert. **2.** Hat euer Team gestern gewonnen? **3.** Wir haben die Prüfung bestanden. **4.** Was hast du repariert? **5.** Ich habe gestern meine Tante besucht.

236. 2. Nachdem er einen Kunden getroffen hat, schreibt er nachmittags einen Bericht. **3.** Nachdem er den Bus nach Hause genommen hat, isst er mit der Familie zu Abend. **4.** Nachdem er sich umgezogen hat, joggt er durch den Park. **5.** Nachdem er die Kinder ins Bett gebracht hat, geht er schlafen.

237. Perfekt mit *haben*: holen, kochen, sammeln, sehen, treffen;
Perfekt mit *sein*: einsteigen, laufen, wachsen

238. 1. sind … gegangen; **2.** seid … geblieben; **3.** bist … gewesen; **4.** Bist … gekommen; **5.** bin … gekommen; **6.** Hast … gefahren; **7.** ist … gefahren; **8.** Seid … geflogen; **9.** Bist … gelaufen; **10.** seid … gewesen

239. 2. ist … geworden; **3.** sind … gesprungen; **4.** geschwommen; **5.** sind … gelaufen; **6.** haben … gespielt; **7.** ist … gefallen; **8.** hat … geholt; **9.** haben … gegrillt

240. 1. ist … geflogen (*Charles Lindbergh*); **2.** hat … geführt (*Die Vögel*); **3.** hat … gegeben (*Marilyn Monroe*)

241. 1. Schreib eine To-do-Liste! **2.** Plan den Tag gut! **3.** Fang pünktlich mit der Arbeit an! **4.** Mach Pausen! **5.** Arbeite nach Pausen schnell weiter! **6.** Bleib immer ruhig! **7.** Schlaf genug! **8.** Freu dich über Erfolge! **9.** Vergiss nicht die Freizeit!

242. *bitten* – du bittest – gebeten; *einkaufen* – du kaufst ein – eingekauft; *legen* – du legst – gelegt; *schreiben* – du schreibst – geschrieben; *suchen* – du suchst – gesucht; *hoffen* – du hoffst – gehofft
Unregelmäßige Verben: bitten, schreiben

243. 1. hast; **2.** Bist; **3.** bist; **4.** hast; **5.** hat; **6.** Hast

244. 1. hast … besucht; **2.** habe … verbracht; **3.** hat … gefallen; **4.** habe … gelernt; **5.** haben … angeboten; **6.** habt … gesehen; **7.** haben … besichtigt; **8.** sind … gefahren; **9.** hast … gewohnt; **10.** habe … gesprochen; **11.** hat … studiert

245. 2. bin … aufgestanden; **3.** habe … angezogen; **4.** bin … gelaufen; **5.** ist … losgefahren; **6.** bin … eingestiegen; **7.** habe … bemerkt; **8.** bin … umgestiegen; **9.** bin … angekommen; **10.** habe … verspätet

246. 1. hatten; **2.** waren; **3.** hatten; **4.** war; **5.** waren

247. 1. fuhren; **2.** gingen; **3.** kaufte; **4.** holte; **5.** bemerkten; **6.** hatten; **7.** liefen; **8.** wählten; **9.** zahlten; **10.** nahmen; **11.** rannten; **12.** schafften

248. 1. Vanessa und Sebastian stiegen in den Zug ein. **2.** Im Zug lasen sie die Zeitung und tranken den Kaffee. **3.** Ein Zugbegleiter kontrollierte ihre Tickets; er war sehr nett. **4.** Ihre Freunde in Neustadt holten Vanessa und Sebastian am Bahnhof ab. **5.** Sie zeigten ihnen die Stadt und brachten sie in ein gemütliches Lokal. **6.** Am Abend besuchten sie zusammen ein Konzert.

249. 2. er konnte; **3.** ich konnte; **4.** durfte man; **5.** mochtest du; **6.** ich wollte; **7.** du musstest; **8.** ich wollte; **9.** ihr durftet; **10.** er musste

250. 1. durftest; **2.** musste; **3.** durfte; **4.** musste; **5.** musstest; **6.** musste

251. 1. wollte; **2.** mochte; **3.** wollten; **4.** mochte

252. 1. warst; **2.** hatte; **3.** hatten; **4.** waren; **5.** hatte; **6.** war

253. 1. verlegt hatte; **2.** hatte … gelernt; **3.** gefahren war; **4.** überwiesen hatte; **5.** war … gegangen – vergessen hatte

254. 1. hatte … geschlafen; **2.** gekommen war; **3.** getrunken hatte; **4.** war … gekommen; **5.** mich beeilt hatte; **6.** geschrieben hatte

255. 1. werden … machen; **2.** werde … bauen lassen; **3.** werden … besuchen; **4.** werden … leben

256. 1. werden; **2.** wird; **3.** wird; **4.** werden; **5.** Wirst

257. 1. werden … gehen; **2.** wird … lernen; **3.** wird … sein; **4.** wird … regnen

258. 2. Lisa und Franz werden an der Bar sitzen und Bier trinken. **3.** Daniela und Andrea werden vor dem Zelt sitzen und Schach spielen.

259. 1. ereignete sich; **2.** fuhr; **3.** verlor; **4.** wollte … abbiegen; **5.** übersah; **6.** blieben; **7.** entstand

260. 2. … hatte ihre kleine Tochter Luftballons aufgehängt. **3.** … hatte ihre Schwester den Tisch gedeckt. **4.** … hatte ihr Cousin einen Kuchen gebacken. **5.** … hatte die Nachbarin den Eingang dekoriert. **6.** … hatte der Pizzaservice die Pizza geliefert. **7.** … hatte der Getränkehändler die Getränke gebracht. **8.** … waren alle acht Gäste gekommen und hatten sich an den Tisch gesetzt.

261. 1. freute sich; **2.** begrüßte; **3.** gratuliert hatten; **4.** packten … aus; **5.** stellte; **6.** konnte beginnen; **7.** schmeckte; **8.** war; **9.** gegessen hatten; **10.** öffnete; **11.** bekam; **12.** schenkte; **13.** unterhielten sich; **14.** mussten … aufstehen; **15.** blieben; **16.** war

262. 1. gewann *(Frankreich)*; **2.** fanden … statt *(1896)*; **3.** wurde *(7-mal)*

263. 1. werde … schlafen; **2.** werde … gehen; **3.** werde … anrufen; **4.** wird … kommen; **5.** werden … besuchen

264. 1. ich werde, ich wurde, ich würde; **2.** du bist, du warst, du wär(e)st; **3.** Sie müssen, Sie mussten, Sie müssten; **4.** du sollst, du solltest, du solltest; **5.** wir haben, wir hatten, wir hätten; **6.** er ist, er war, er wäre; **7.** sie werden, sie wurden, sie würden; **8.** ich kann, ich konnte, ich könnte; **9.** wir sollen, wir sollten, wir sollten; **10.** er darf, er durfte, er dürfte; **11.** du musst, du musstest, du müsstest; **12.** ihr wollt, ihr wolltet, ihr wolltet

265. *gehen,* wir gingen, wir gingen; *geben,* er gab, er gäbe; *bleiben,* wir blieben, wir blieben

266. 1. Könntest/Würdest … helfen? **2.** Könnten/Würden … leihen? **3.** Könnten/Würden … machen? **4.** Könntest/Würdest … wegräumen?

267. 1. könnten … gehen; **2.** könnte … helfen; **3.** könnten … essen gehen; **4.** könntest … nehmen

268. 1. würde; **2.** solltest; **3.** sollte; **4.** solltet; **5.** wäre – würdest; **6.** sollte; **7.** würde

269. 1. hätte; **2.** wäre; **3.** hätten; **4.** Hätte; **5.** Wäre; **6.** wäre

270. 1. b) Könnte ich doch gut tanzen! **2. a)** Wenn sie doch Zeit für mich hätte! **b)** Hätte sie doch Zeit für mich! **3. a)** Wenn ich doch nicht immer so schnell müde würde! **b)** Würde ich doch nicht immer so schnell müde!

271. 1. würde – würde; **2.** würde – wäre; **3.** hätten – würden; **4.** würdet – wären; **5.** hätten – würdest

272. 2. Wenn er Geld hätte, könnte er sich einen neuen Drucker kaufen. **3.** Wenn er seinen Drucker selbst reparieren könnte, müsste er ihn nicht zum Händler bringen. **4.** Wenn er ein Auto hätte, müsste er nicht mit dem Bus zum Händler fahren.

273. 1. gewusst hätte – hätte … geklingelt; **2.** gefahren wär(e)st – hättest … gelernt

Lösungen

274. Wenn ich nach dem Abitur nicht Medizin studiert hätte, hätte ich kein Krankenhauspraktikum in Australien gemacht. Wenn ich kein Krankenhauspraktikum in Australien gemacht hätte, hätte ich dort nicht John (…) kennengelernt. Wenn ich dort nicht John (…) kennengelernt hätte, hätten wir nicht zusammen eine Praxis eröffnet. Wenn wir nicht zusammen eine Praxis eröffnet hätten, wäre ich nicht in Australien geblieben.

275. **1.** Würden/Könnten Sie mir bitte 200 g Salami geben? **2.** Würden/Könnten Sie mir bitte helfen? **3.** Würden/Könnten Sie mir bitte erklären, wie das Gerät funktioniert?

276. **2.** A; **3.** B; **4.** C; **5.** A; **6.** A

277. **1.** c; **2.** d; **3.** a; **4.** b

278. **1.** Wenn ich eine Lösung wüsste, würde ich dir helfen. **2.** Wenn er pünktlich käme, könnten wir losgehen. **3.** Wenn Manuel tanzen könnte, würde er mit seiner Freundin zum Ball gehen.

279. **2.** Sonst hätte ich sie besucht. **3.** Sonst hätten wir ihn eingeladen. **4.** Sonst hätte ich ihn benachrichtigt.

280. **2.** Wenn du einen Hund hättest, wärst du öfter an der frischen Luft. **3.** Wenn sie mehr reisen würde, hätte sie viele Freunde auf der ganzen Welt. **4.** Wenn du nicht in Stuttgart leben würdest, könnten wir uns häufiger sehen.

281. **1.** wäre … gewesen; **2.** gekommen wärst; **3.** gewusst hätte; **4.** wäre … gekommen; **5.** gelesen hättest; **6.** hättest … gewusst

282. **2.** … werden geschält, in Scheiben geschnitten und in eine Schüssel gegeben. **3.** … werden klein geschnitten. **4.** … werden mit Salz und Pfeffer, Essig und Öl gemischt. **5.** … wird über die Kartoffeln gegossen.

283. **1.** … mit der Arbeit begonnen. **2.** Zuerst beantworten wir die E-Mails. **3.** Bis mittags wird telefoniert. **4.** Um 13 Uhr essen wir zu Mittag.

284. **1.** Wann wurde die Berliner Mauer gebaut? *(1961)* **2.** Wo wurde die Mozartkugel erfunden? *(in Salzburg)* **3.** Von wem wurde Amerika entdeckt? *(Christoph Kolumbus)*

285. **2.** Getränke und Fleisch müssen gekauft werden. **3.** Stühle und Tische müssen ausgeliehen werden. **4.** Grillkohle muss besorgt werden. **5.** Der Grill muss aufgestellt werden. **6.** Der Salat muss zubereitet werden. **7.** Das Brot muss geschnitten werden. **8.** Die Lichterkette muss aufgehängt werden.

2. geworfen werden; **3.** musste gespült werden; **4.** musste … gereinigt werden; **5.** mussten … aufgeräumt werden

286. **2.** Kann der Teppich leicht gereinigt werden? **3.** Können noch einige Steckdosen montiert werden? **4.** Kann die kaputte Spülmaschine noch repariert werden?

287. **1.** Im Haus müssen die Schuhe ausgezogen werden. **2.** Vor dem Eingang dürfen keine Fahrräder abgestellt werden. **3.** Geld und andere Wertsachen sollten nicht mitgebracht werden. **4.** In unseren Räumen sollte nicht mit dem Handy telefoniert werden. **5.** Ihr Kind kann bis 17 Uhr bei uns gelassen werden.

288. **2.** Die Bremsen mussten repariert werden. **3.** Die Lenkung musste eingestellt werden. **4.** Alle vier Reifen mussten ersetzt werden.

289. **1.** ist; **2.** wurde; **3.** werden; **4.** sind; **5.** wurde

290. **2.** Von wem wurde der Film produziert? **3.** Von wem wurde das Lied komponiert? **4.** Von wem wurde dieses Bild gemalt? **5.** Von wem wurde der Text geschrieben?

291. **2.** Die Einladungen sind schon an die Kollegen verschickt worden. **3.** Herr Müller ist schon informiert worden. **4.** Das Formular ist schon unterschrieben worden.

292. **1.** Es wurde viel geredet. **2.** Es wurde über Politik diskutiert. **3.** Es wurde zum Glück nicht gestritten. **4.** Es wurde viel gegessen und getrunken. **5.** Es wurde lange getanzt. **6.** Es wurde bis zum Morgen gefeiert.

293. **1.** Der Gehweg vor dem Haus muss gekehrt werden. **2.** Einmal pro Woche muss die Treppe geputzt werden. **3.** Im Hof dürfen keine Müllsäcke gelagert werden. **4.** Ins Treppenhaus dürfen keine Pflanzen gestellt werden. **5.** Um 20 Uhr muss die Haustür abgeschlossen werden. **6.** Im Winter muss der Schnee auf dem Gehweg weggeräumt werden.

294. **1.** Hier darf nicht geraucht werden. **2.** Hier darf geparkt werden. **3.** Hier dürfen keine Fahrräder abgestellt werden. **4.** Hier müssen Hunde an der Leine geführt werden.

295. **1.** uns; **2.** dich; **3.** mir; **4.** mich

296. **1.** beeil dich; **2.** mich … rasieren; **3.** verspäten sich; **4.** mir … kämmen; **5.** setzt euch; **6.** sich … fertig machen

297. **1.** Die Kinder freuen sich auf die Ferien./ Die Kinder haben sich auf die Ferien gefreut. **2.** Nach dem Sport dusche ich mich. / Nach dem Sport habe ich mich geduscht. **3.** Wo meldest du dich für den Deutschkurs an? / Wo hast du dich für den Deutschkurs angemeldet? **4.** Verabschiedet ihr euch schon? / Habt ihr euch schon verabschiedet?

298. **2.** helfe … auf(zu)räumen – essen gehen; **3.** wandern gehen; **4.** geht … Fußball spielen – Klavier spielen üben; **5.** geht … kaufen

299. **1.** Wo lernt man Auto fahren? *(in der Fahrschule)* **2.** Wo kann man schwimmen lernen? *(im Schwimmbad / im Schwimmkurs)* **3.** Wo üben Kinder rechnen und schreiben? *(in der Schule)* **4.** Wo lernt man Tango tanzen? *(in der Tanzschule / im Tanzkurs)*

300. **1.** Beim Schulkonzert habe ich ihn Trompete spielen hören. **2.** Gestern habe ich Kai durch den Park joggen sehen. **3.** Hast du mich denn nicht kommen hören? **4.** Ich habe sie rauchen sehen.

301. **1.** Lässt … probieren? **2.** lässt … reparieren; **3.** Lass … stehen; **4.** liegen lassen; **5.** lässt … reparieren

302. **Satz 1:** etwas erlauben; **Satz 3 und 4:** etwas lassen, wie/wo es ist; **Satz 5:** etwas in Auftrag geben; **Satz 2:** etwas kann (nicht) gemacht werden

303. **1.** gelassen; **2.** lassen; **3.** lassen

304. **1.** Ich habe sie von meinem Assistenten erstellen lassen. **2.** Ich habe mich von Eva fahren lassen. **3.** Ich habe ihn zu Hause gelassen.

305. **1.** dich; **2.** mich; **3.** sich; **4.** sich

306. **1.** Gestern habe ich mich mit Michael getroffen. **2.** Wir haben uns im Café am Altstadt-Kino verabredet. **3.** Habt ihr euch einen Film angesehen? **4.** Michael interessiert sich leider nicht für Filme. **5.** Wir haben uns nur unterhalten.

307. **1.** gehe … schwimmen; **2.** gehen … trinken; **3.** lernt … spielen; **4.** lerne … fahren; **5.** Bleib stehen! **6.** höre … arbeiten; **7.** schimpfen höre

308. **1.** Gehst du mit mir spazieren? **2.** Warum bleibt der Zug stehen? **3.** Seht ihr den Mann dort sitzen? **4.** Hörst du den Vogel singen?

Lösungen

309. **2.** Mein Vater lässt mich mit seinem Auto fahren. **3.** Die Chefin lässt Svenja im Büro keine Privatgespräche führen. **4.** Der Lehrer hat uns heute länger Pause machen lassen. **5.** Meine Großeltern haben mich gestern nicht ins Kino gehen lassen.

310. **1.** lassen; **2.** gelassen; **3.** lassen; **4.** lassen; **5.** gelassen; **6.** lassen

311. **2.** Sie – ihre Freunde; **3.** Sie – die Geburtstagstorte; **4.** essen – Alle – die Torte; **5.** trinken – Einige – Kaffee

312. **2.** ich – es; **3.** es – Ø; **4.** du – Irina; **5.** sie – viele Programme; **6.** ich – sie; **7.** sie – Ø; **8.** sie – was; **9.** sie – mich; **10.** wir – das Problem

313. **1.** ihn; **2.** er; **3.** sie; **4.** sie; **5.** sie

314. bringen, empfehlen, schicken, verkaufen

315. **1.** das Buch – dir – es – meinem Bruder; **2.** du – Tante Wiebke – sie – mir; **3.** Diese Jacke – mir – Die Farbe – dir; **4.** dir – die Rede – Ich – dem Redner

316. **2.** uns – die Grammatik; **3.** den Kindern – die Fotos; **4.** ihrer Oma – eine Blume

317. **1.** seiner Nachbarin sein Auto; **2.** es ihr; **3.** mir eine andere Geschichte; **4.** seinem Bruder nicht die Wahrheit

318. **2.** Ich habe sie ihr schon vorgestellt. **3.** Ich habe sie ihnen schon geschickt.

319. **1.** e; **2.** f; **3.** a; **4.** b; **5.** c; **6.** d

320. **1.** aus *(Kuchen)*; **2.** zu *(Pudding)*; **3.** bei *(Danke, gleichfalls!)*; **4.** um *(der Kellner)*

321. **1.** bei; **2.** für; **3.** auf; **4.** auf; **5.** mit; **6.** auf

322. **1.** mit – über; **2.** bei – für; **3.** mit – über

323. **1.** deinem Vater – mir – ihn; **2.** über; **3.** auf – von; **4.** bei – für

324. **1.** die Zeitung; **2.** einen Apfel; **3.** seinen Kindern und ihm; **4.** kein Auto; **5.** ihn; **6.** ihm; **7.** ihm; **8.** seinen Freund Paul; **9.** ihm; **10.** ihm

325. **1.** dich; **2.** mir; **3.** ihn; **4.** mich; **5.** mich; **6.** mir; **7.** mir; **8.** mir; **9.** dir

326. **2.** Ich vertraue ihm nicht mehr. **3.** Heute tun mir die Beine weh. **4.** Du darfst ihm nicht widersprechen. **5.** Da muss ich dir wirklich zustimmen. **6.** Fällt dir etwas ein? **7.** So etwas passiert mir selten.

327. **1.** für; **2.** an – für; **3.** auf; **4.** bei; **5.** mit – über; **6.** von

328. **1.** Links vorn; **2.** Links hinten; **3.** rechts; **4.** Oben; **5.** Draußen

329. **1.** hier – oben; **2.** nach vorn; **3.** oben – von hier oben; **4.** nach draußen; **5.** nach oben – überall

330. **1.** hinunter; **2.** her – herein; **3.** hinuntergehen – heraufholen

331. **1.** morgens; **2.** mittags; **3.** nachmittags; **4.** Heute

332. **1.** heute; **2.** zuerst; **3.** dann; **4.** oft; **5.** oft; **6.** freitags

333. **2.** damals; **3.** jetzt; **4.** nie; **5.** nachts

334. Freitag

335. **1.** Auf wen; **2.** Mit wem; **3.** Mit wem; **4.** Worüber

336. **2.** darüber – Kai hat sich darüber beschwert, dass die Suppe kalt war. **3.** dafür – Kai hat sich nicht dafür interessiert, dass sich der Koch entschuldigt hat. **4.** darüber – Der Kellner hat mit Sonja darüber gestritten, dass sie die Rechnung nicht bezahlen wollte. **5.** damit – Der Kellner war damit einverstanden, dass Sonja die Hälfte der Rechnung bezahlt hat. **6.** darüber – Kai ärgert sich immer noch darüber, dass der Koch ihnen den Abend ruiniert hat.

337. **1.** An wen; **2.** Worüber; **3.** damit

338. **2.** Gib mir doch bitte mal das Salz. **3.** Leih mir doch bitte mal deinen Stift.

339. **2.** Interessierst du dich denn für Tiere? **3.** Stehst du denn gern so früh auf?

340. **1.** ja; **2.** doch; **3.** doch mal; **4.** bloß

341. **1.** mal; **2.** denn; **3.** mal

342. **1.** eigentlich; **2.** wohl; **3.** schon; **4.** eben; **5.** einfach; **6.** denn

343. **2.** immer; **3.** links; **4.** drinnen; **5.** vorher; **6.** unten; **7.** runter; **8.** vorgestern; **9.** nirgendwo; **10.** rückwärts

344. **1.** fünftens; **2.** nachmittags; **3.** donnerstags; **4.** übermorgen; **5.** minütlich; **6.** einmal

345. **2.** hinterher; **3.** oft; **4.** zweimal; **5.** öfter; **6.** immer

346. **1.** wo; **2.** nirgendwo; **3.** hier; **4.** irgendwohin; **5.** draußen; **6.** überall

347. **1.** Woran – daran; **2.** Worüber – darüber; **3.** Wovon – davon; **4.** daneben; **5.** Worum – darum

348. **1.** mal; **2.** eigentlich; **3.** etwa; **4.** wohl; **5.** ruhig

349. **1.** Wohin? **2.** Wohin? **3.** Wo? **4.** Wo? **5.** Wo? **6.** Wo?

350. **2.** in die Küche – in der Küche; **3.** in den Keller – im Keller; **4.** in ein Museum – in einem Museum; **5.** in eine Bar – in einer Bar; **6.** in einen Supermarkt – in einem Supermarkt

351. **1.** c; **2.** a; **3.** d; **4.** b; **5.** h; **6.** f; **7.** g; **8.** e

352. **1.** Im – ins; **2.** ins – im; **3.** in die – in der – in die – ins; **4.** in der – ins; **5.** Im – In den; **6.** in der – im – in die

353. **1.** auf dem Stuhl; **2.** unter dem Bett; **3.** vor der Tür

354. **1.** in der Küche; **2.** vor die Tür – vor der Tür; **3.** auf die Party – auf der Party; **4.** an den Strand – am Strand; **5.** unter das Dach – unter dem Dach; **6.** hinter das Haus – hinter dem Haus; **7.** in den Wald – im Wald

355. **1.** in die; **2.** im; **3.** am; **4.** über die; **5.** an der; **6.** auf den; **7.** ans – in die; **8.** in der

356. **1.** Wo? **2.** Wohin? **3.** Wo? **4.** Wohin? **5.** Wohin?

357. **1.** gestellt; **2.** gesetzt; **3.** gestanden; **4.** gesetzt; **5.** gesessen; **6.** gestellt

358. **1.** stellt – den; **2.** setzt – das; **3.** steht – dem – sitzt – dem – steht – dem

359. **1.** Julia hat die Schüssel auf den Tisch gestellt. **2.** Dann hat sie sich auf das Sofa gesetzt. **3.** Die Schüssel hat auf dem Tisch gestanden. Julia hat auf dem Sofa gesessen. Die Lampe hat neben dem Sofa gestanden.

360. **1.** stellte; **2.** setzte; **3.** stand – saß – stand

361. **2.** Wohin? – hängen; **3.** Wo? – liegen; **4.** Wohin? – sich legen; **5.** Wo? – hängen; **6.** Wohin? – legen

362. **1.** hängt – den; **2.** stellt – den; **3.** legt – die; **4.** setzt – den; **5.** hängt über dem – stehen auf dem – liegt vor der – sitzt am

363. **1.** gehangen; **2.** gelegen; **3.** gehängt; **4.** gelegt; **5.** gelegen

364. **1.** legte; **2.** legte; **3.** hing; **4.** lag; **5.** hängte

365. **1.** aus; **2.** aus; **3.** aus; **4.** aus; **5.** nach; **6.** in; **7.** aus; **8.** in; **9.** aus dem; **10.** in; **11.** nach; **12.** in

366. **1.** zum Friseur – beim Friseur; **2.** zur / in die / auf die Bank – bei der / in der / auf der Bank; **3.** zum Chef – beim Chef; **4.** zur Firma / in die Firma – in der Firma; **5.** nach Frankfurt – in Frankfurt

367. **1.** zum – beim – ins; **2.** in der – zum – nach – bei; **3.** aus dem – zur / in die – zur – an der / in der

368. **1.** gegen; **2.** entlang; **3.** durch; **4.** um … herum

369. **1.** c; **2.** a; **3.** b; **4.** e; **5.** f; **6.** d

370. **1.** um … herum – durch – entlang; **2.** innerhalb – durch; **3.** außerhalb; **4.** innerhalb

371. **2.** Ich gehe morgen ins Kino. **3.** Bärbel hängt ihre Jacke in/an den Schrank. **4.** Finn fährt am Wochenende nach Augsburg. **5.** Die Kinder machen einen Ausflug in den / zum Zoo. **6.** Fährst du mich morgen zum Flughafen?

372. **2.** Der Sonnenschirm steht hinter dem Stuhl. **3.** Der Ball liegt auf dem Stuhl. **4.** Der Schlafsack liegt im Zelt. **5.** Die Schuhe stehen vor dem Zelt. **6.** Der Stuhl steht zwischen dem Zelt und dem Tisch. **7.** Die Lampe hängt am Baum. **8.** Die Katze sitzt unter dem Tisch. **9.** Der Baum steht neben dem Zelt.

373. **1.** von meiner Freundin – bei meiner Freundin; **2.** aus Indien – in Indien; **3.** aus dem / vom Krankenhaus – im Krankenhaus; **4.** vom – beim; **5.** aus – in

374. **1.** außerhalb; **2.** mit; **3.** am; **4.** zum; **5.** auf; **6.** nach; **7.** entlang; **8.** bis zur; **9.** nach; **10.** am; **11.** für

375. **1.** Um; **2.** Von … bis; **3.** Am; **4.** nach

376. **1.** Um; **2.** seit – vor; **3.** Ab – In der – Am – bis

377. **1.** um; **2.** Um/Ab; **3.** Nach; **4.** Ø; **5.** bis; **6.** Vor; **7.** nach; **8.** Ø; **9.** in

378. **1.** von – zum; **2.** Für – Für; **3.** mit – für

379. **1.** aus; **2.** mit; **3.** für; **4.** außer; **5.** ohne; **6.** zum; **7.** von; **8.** statt

380. **1.** Wegen; **2.** Trotz; **3.** Wegen

381. **1.** zum; **2.** für; **3.** von; **4.** statt

382. **1.** außer; **2.** wegen; **3.** Trotz

383. **1.** b; **2.** d; **3.** a; **4.** c

384. **1.** vor 20 Jahren; **2.** seit 30 Jahren; **3.** in ihrer Schulzeit; **4.** seit diesem Kurs; **5.** bis; **6.** In zwei Monaten

385. **1.** am; **2.** nach; **3.** Bis; **4.** in; **5.** von; **6.** bis; **7.** um; **8.** mit

386. **1.** zu; **2.** Am; **3.** um; **4.** mit; **5.** von; **6.** bis; **7.** während; **8.** Nach; **9.** von; **10.** bis

387. **1.** Seit; **2.** Vor; **3.** vom – bis zum; **4.** aus; **5.** trotz – außer; **6.** Wegen; **7.** Statt

388. **1.** Alexander ist jetzt 30 Jahre alt. **2.** Mein Vater wohnt in Würzburg. **3.** Hamburg liegt im Norden. **4.** Tom lernt Spanisch und Deutsch. **5.** Olaf ist ein sehr guter Lehrer.

389. **1.** Um 6 Uhr klingelt mein Wecker. **2.** Zuerst gehe ich ins Bad. Dann frühstücke ich. **3.** Nach dem Frühstück hole ich mein Fahrrad aus dem Keller. **4.** Mit dem Fahrrad fahre ich zur Arbeit. **5.** Unterwegs treffe ich einen Kollegen. Zusammen fahren wir weiter.

390. **1.** Um 8:30 Uhr bin ich in der Firma angekommen. **2.** Zunächst habe ich den Computer eingeschaltet. **3.** Bis 10 Uhr habe ich viele E-Mails beantwortet. **4.** Nach der Mittagspause habe ich mit meinen Kollegen zusammengearbeitet. **5.** Um 17 Uhr bin ich nach Hause gegangen.

391. **2.** Anton – Paul – den Brief; **3.** Karin – ihrer Nachbarin – ihre Schokolade; **4.** Martha – ihrem Vater – die Fotos; **5.** Der Lehrer – den Schülern – die neue Hausaufgabe; **6.** der Lehrer – der Klasse – das nächste Projekt

392. **2.** Er schreibt ihn ihm. **3.** Sie schenkt sie ihr. **4.** Sie zeigt sie ihm. **5.** Er gibt sie ihnen. **6.** Morgen stellt er es ihr vor.

393. **1. a)** Max war gestern Abend mit seinen Freunden in der Bar. **b)** Gestern Abend war Max mit seinen Freunden in der Bar. **2. a)** Er ist erst um 3 Uhr morgens nach Hause gekommen. **b)** Erst um 3 Uhr morgens ist er nach Hause gekommen. **3. a)** Er ist heute Morgen mit Kopfschmerzen aufgewacht. **b)** Heute Morgen ist er mit Kopfschmerzen aufgewacht. **4. a)** Er ist dann trotz des strömenden Regens mit dem Fahrrad zum Sprachkurs gefahren. **b)** Trotz des strömenden Regens ist er dann mit dem Fahrrad zum Sprachkurs gefahren.

394. **1.** Wie; **2.** Woher; **3.** Wo; **4.** Was

395. *w*-Fragen: Fragen Nr. 2, 4, 5; **2.** d; **3.** b; **4.** e; **5.** a

396. **1.** Was bist du von Beruf? **2.** Was sind deine Hobbys? **3.** Was fotografierst du gern? **4.** Spielst du ein Instrument?

397. **2.** Hör dem anderen zu! / Hören Sie dem anderen zu! **3.** Stell viele Fragen! / Stellen Sie viele Fragen! **4.** Entschuldige dich! / Entschuldigen Sie sich!

399. **1.** Die Mutter gibt sie ihnen. **2.** Die Kellnerin serviert ihm den Kaffee. **3.** Sie hat es Tobias geliehen. **4.** Am nächsten Tag hat er es ihr zurückgegeben.

400. **1.** Wie alt bist du jetzt? **2.** In welche Klasse gehst du jetzt? **3.** Was willst du später werden? **4.** Hast du ein Lieblingsfach? **5.** Hast du auch Hobbys?

401. **1.** Mach doch bitte die Tür zu! **2.** Zeig mir doch mal die Fotos! **3.** Fahrt mal wieder in den Urlaub! **4.** Fragt doch mal im Reisebüro!

402. **1. a)** Ich bin früher gern ins Theater gegangen. **b)** Früher bin ich gern ins Theater gegangen. **2. a)** Wir sind am Sonntag in Görlitz angekommen. **b)** Am Sonntag sind wir in Görlitz angekommen. **3. a)** Ich gehe heute Abend mit meinem Freund ins Kino. **b)** Heute Abend gehe ich mit meinem Freund ins Kino. **4. a)** Ich fahre morgen früh wahrscheinlich in die Stadt. **b)** Morgen früh fahre ich wahrscheinlich in die Stadt.

403. **1.** oder; **2.** aber; **3.** und; **4.** oder; **5.** und

404. **1.** b; **2.** d; **3.** c; **4.** a

405. **1.** oder; **2.** aber; **3.** und; **4.** und

406. **1.** Fährst du mit dem Bus oder nimmst du ein Taxi? **2.** Gerd hat viel Geld, aber er ist nicht glücklich. **3.** Friederike macht viel Sport und sie ernährt sich sehr gesund. **4.** Ich habe noch nichts gegessen, aber ich habe keinen Hunger. **5.** Heute bekomme ich Besuch und ich freue mich darauf. **6.** Bekommt Isabell ihr erstes Kind oder hat sie schon ein Kind?

407. **2.** Wir gehen einkaufen, dann kochen wir etwas für heute Abend. **3.** Wir fahren mit dem Bus zum Bahnhof, dann nehmen wir die S-Bahn ins Zentrum.

408. **1.** aber; **2.** Trotzdem; **3.** Trotzdem; **4.** aber

409. **2. a)** Carla macht oft Urlaub in Italien, denn sie hat dort viele Verwandte. **b)** Carla hat in Italien viele Verwandte. Deshalb macht sie dort oft Urlaub. **3. a)** Nächstes Jahr möchte sie nach Irland fliegen, denn sie will ein neues Land kennenlernen. **b)** Nächstes Jahr will sie ein neues Land kennenlernen. Deshalb möchte sie nach Irland fliegen.

410. **1.** deshalb – trotzdem – sonst; **2.** trotzdem – deshalb – deshalb; **3.** trotzdem – sonst – deshalb

411. **1.** c; **2.** f; **3.** e; **4.** a; **5.** d; **6.** b

398.

	POS. 1	POS. 2		ENDE
1.	Im Sommer	fahren	wir manchmal an den Badesee.	
2.	Wir	fahren	meistens mit der S-Bahn.	
3.	Von der S-Bahn	muss	man 15 Minuten zu Fuß	gehen.
4.	Wir	nehmen	immer eine Picknickdecke	mit.
5.	In unsere Rucksäcke	haben	wir Getränke und Brote	eingepackt.
6.	Am Badesee	gibt	es auch einen Kiosk.	
7.	Dort	kann	man Eis und Pommes frites	kaufen.
8.	Das Wasser im See	ist	immer	sauber.
9.	Hier	gehen	wir gern	schwimmen.

Lösungen

412. **1.** noch *(Wurm)*; **2.** als auch *(Ente)*; **3.** nicht nur *(Hund)*

413. **1.** weder … noch; **2.** sowohl … als auch – Entweder … oder; **3.** sowohl … als auch; **4.** Entweder … oder

414. **1.** oder; **2.** aber; **3.** und; **4.** aber; **5.** denn; **6.** denn

415. **1.** aber; **2.** denn; **3.** aber; **4.** denn; **5.** und

416. **1.** deshalb; **2.** Davor; **3.** dann; **4.** dagegen; **5.** inzwischen; **6.** sonst; **7.** Trotzdem

417. **1.** und; **2.** und; **3.** und; **4.** aber; **5.** Deshalb; **6.** Trotzdem; **7.** denn

418. **1.** entweder … oder; **2.** nicht nur … sondern auch – Entweder … oder; **3.** weder … noch; **4.** nicht nur … sondern auch; **5.** nicht nur … sondern … auch; **6.** weder … noch

419. **1.** Wir können uns am Samstag treffen, <u>wenn du Lust hast.</u>

2. Du weißt doch, <u>dass ich am Samstag nicht da bin.</u>

3. <u>Dass du am Samstag nicht da bist,</u> hast du mir nicht gesagt.

4. Entschuldige, ich dachte, <u>dass du es weißt.</u> Ich fahre nach Chemnitz, denn meine Schwester feiert ihren Geburtstag.

420. **1.** Hauptsatz; **2.** Nebensatz; **3.** Hauptsatz; **4.** Nebensatz; **5.** Nebensatz; **6.** Hauptsatz; **7.** Nebensatz

421. **1.** … weil ich wenig Zeit habe. **2.** … weil ich die richtige Größe auswählen will. **3.** … wenn ich das Paket geöffnet habe. **4.** … dass ich alles zurückschicke.

422. **2.** … dass wir eingeladen sind. **3.** … dass sie schon Getränke gekauft haben. **4.** … dass wir einen Salat mitbringen können. **5.** … dass wir anrufen sollen. **6.** … dass sie sich auf uns freuen.

423. **1.** … dass er in Rente gegangen ist. **2.** … dass sie noch arbeitet. **3.** … dass sie jetzt in Duisburg wohnt. **4.** … dass sie dort eine Ausbildung als Bankkauffrau macht. **5.** … dass sie einen neuen Freund hat.

424. **2. a)** Es gefällt mir, dass viele Leute mit dem Fahrrad fahren. **b)** Dass viele Leute mit dem Fahrrad fahren, gefällt mir. **3. a)** Ich wusste nicht, dass es hier so viele Fahrradwege gibt. **b)** Dass es hier so viele Fahrradwege gibt, wusste ich nicht.

425. **2.** … heute Abend mit euch auszugehen. **3.** … deinen Freund kennenzulernen. **4.** … pünktlich zu kommen.

426. **1.** Ich habe vor einem Jahr angefangen, Deutsch zu lernen. **2.** Ich hoffe, nächstes Jahr an einer deutschen Uni studieren zu können. **3.** Ich habe die Möglichkeit, mit meinen Nachbarn Deutsch zu sprechen. **4.** Du hast mir empfohlen, viele deutsche Popsongs zu hören. **5.** Du hast mir geraten, die Grammatikübungen zu wiederholen. **6.** Ich bitte dich, meine Fehler zu korrigieren.

427. **1.** Es freut mich, Sie in unserem Institut begrüßen zu dürfen. **2.** Sie haben sich dafür entschieden, bei uns einen Deutschkurs zu machen. **3.** Ist es möglich, schon nach drei Monaten die Prüfung zu machen? **4.** Es ist wichtig, viel zu lernen und sich gut auf die Prüfung vorzubereiten. **5.** Vergessen Sie nicht, sich rechtzeitig für die Prüfung anzumelden.

428. **1.** Weißt du zufällig, wie spät es ist? **2.** Weißt du, wann das Konzert heute Abend beginnt? **3.** Ich möchte wissen, wohin er meine Brille gelegt hat. **4.** Ich wollte fragen, ob es noch Karten für das Fußballspiel am Samstag gibt.

429. 1. … wie Ihre Öffnungszeiten heute sind? **2.** … ob das Museum für Rollstuhlfahrer geeignet ist? **3.** … ob heute eine öffentliche Führung stattfindet? **4.** … was der Eintritt kostet?

430. 1. wo ich jetzt bin; **2.** warum ich hier bin; **3.** was ich hier mache

431. 2. Ob er wohl weiß, wer ich bin? **3.** Ob er mich wohl erkannt hat?

432. 1. ich Hilfe brauche; **2.** du Hilfe brauchst; **3.** ich mich auf dich verlassen kann; **4.** kann ich morgen vorbeikommen

433. 2. … dass sie in einem Studentenwohnheim wohnt. **3.** … dass die Nachbarn im Wohnheim alle sehr nett sind. **4.** … dass sie oft bis spät abends im Clubraum sitzen bleiben. **5.** … dass sie mit der Organisation an der Uni zufrieden ist. **6.** … dass die Kurse erst nächste Woche beginnen. **7.** … dass sie am Dienstag wieder berichtet.

434. 1. Als; **2.** Wenn; **3.** Als; **4.** Wenn

435. 1. … keinen Sport zu machen. **2.** … Fußball zu spielen. **3.** … mit anderen Leute ein gemeinsames Ziel zu verfolgen. **4.** … allein zu joggen oder zu schwimmen.

436. 1. … wie der Dieb ausgesehen hat? **2.** … ob er eine Waffe bei sich hatte? **3.** … welche Kleidung er getragen hat?

437. 2. a) Was / Wie viel kostet die Hin- und Rückfahrt? **b)** Können Sie mir sagen, was / wie viel die Hin- und Rückfahrt kostet? **3. a)** Wo / An welchem Gleis fährt der Zug ab? **b)** Können Sie mir sagen, wo / an welchem Gleis der Zug abfährt?

438. 1. der (Bäcker); **2.** die (Friseurin); **3.** der (Deutschlehrer/Lehrer)

439. 1. der; **2.** das; **3.** die; **4.** die; **5.** das; **6.** der

440. 1. was; **2.** in der / wo; **3.** die; **4.** was; **5.** der; **6.** die

441. 1. … wo ich meine Freunde treffe. **2.** … was ich sehr aufregend finde. **3.** … was für mich sehr wichtig ist. **4.** … wo ich mich gut erholen kann. **5.** … wo es viele Museen gibt. **6.** … wo ich surfen kann.

442. 1. den; **2.** dem; **3.** das; **4.** der; **5.** denen

443. 1. von der; **2.** in dem; **3.** in das; **4.** bei der; **5.** in der; **6.** in die; **7.** zu der

444. 2. ein Gerät, mit/in dem man Wäsche trocknen kann; **3.** eine Bürste, mit der man sich die Zähne putzen kann; **4.** ein Becher, aus dem man Wasser trinken kann; **5.** ein Stuhl, auf/in dem man liegen kann; **6.** ein Bus, in/mit dem man reisen kann; **7.** ein Kiosk, an dem man Zeitungen kaufen kann

445. 1. dessen; **2.** deren; **3.** dessen; **4.** deren

446. 2. … denen eine gute Arbeitsatmosphäre wichtig ist. **3.** … die gern selbstständig arbeiten. **4.** … denen der Kontakt mit Kunden Spaß macht. **5.** … die gern früh aufstehen. **6.** … für die Service kein Fremdwort ist.

447. 1. den – mit dem – der – die; **2.** den; **3.** was – wo / in der / bei der

448. 1. … den er seit seiner Schulzeit kennt. **2.** … der die gleichen Hobbys wie er hat. **3.** … mit dem er schon zweimal in die USA gereist ist. **4.** … auf den er sich verlassen kann.

449. 1. … die am liebsten Tango und Salsa tanzt. **2.** … mit der er täglich trainieren kann. **3.** … der das Training Spaß macht.

450. 1. wo; **2.** zu dem; **3.** deren; **4.** der; **5.** was; **6.** mit der; **7.** die

451. 1. B; **2.** A; **3.** C; **4.** A; **5.** B; **6.** C

452. 1. Wenn; **2.** wenn; **3.** wenn; **4.** Als; **5.** wenn; **6.** wenn

453. **1.** wenn *(z. B. Feuersteine, trockenes Holz oder Gras)*; **2.** als *(Neil Armstrong)*; **3.** als *(„Das ist ein kleiner Schritt für einen/den Menschen, aber ein riesiger Sprung für die Menschheit.")*

454. **1.** wenn; **2.** Als; **3.** als; **4.** Wenn

455. **1.** Als ich von 1960 bis 1970 zur Schule ging, war vieles anders als heute. **2.** Wenn der Lehrer in die Klasse kam, mussten wir zur Begrüßung aufstehen. **3.** Wenn wir manchmal die Regeln nicht befolgten, mussten wir uns in die Ecke stellen. **4.** Als ich in meiner ganzen Schulzeit nur *einmal* zu spät kam, informierte der Lehrer sofort meine Eltern.

456. **1.** bevor; **2.** Seitdem; **3.** Nachdem; **4.** Sobald; **5.** Bis

457. **1.** Nachdem sie den Koffer gepackt hat, holt sie ihren Freund ab. **2.** Nachdem sie ihren Freund abgeholt hat, fahren beide zusammen zum Flughafen. **3.** Nachdem beide zusammen zum Flughafen gefahren sind, nehmen sie das Flugzeug nach Athen. **4.** Nachdem sie den Koffer gepackt hatte, holte sie ihren Freund ab. **5.** Nachdem sie ihren Freund abgeholt hatte, fuhren beide zusammen zum Flughafen. **6.** Nachdem beide zusammen zum Flughafen gefahren waren, nahmen sie das Flugzeug nach Athen.

458. **1.** Nachdem; **2.** bevor; **3.** während; **4.** sobald

459. **1.** Gleichzeitigkeit (🕐🕐); **2.** Gegensatz (≠); **3.** Gegensatz (≠); **4.** Gleichzeitigkeit (🕐🕐)

460. **1.** weil; **2.** weil; **3.** obwohl; **4.** obwohl; **5.** weil; **6.** obwohl; **7.** obwohl; **8.** weil

461. **2. a)** Sie kann jetzt studieren, weil sie die Prüfung bestanden hat. **b)** Da sie die Prüfung bestanden hat, kann sie jetzt studieren. **3. a)** Ich habe viele Bücher, weil ich gern lese. **b)** Da ich gern lese, habe ich viele Bücher. **4. a)** Er will Kunst und Design studieren, weil er gern malt und zeichnet. **b)** Da er gern malt und zeichnet, will er Kunst und Design studieren.

462. **1.** Weil der Bus Verspätung hatte, kam ich zu spät zur Arbeit. **2.** Wir müssen den Installateur anrufen, weil die Heizung kaputt ist. **3.** Obwohl du es versprochen hast, bist du nicht gekommen. **4.** Ich kaufe das Auto nicht, weil es mir zu teuer ist. **5.** Obwohl ich viele Bewerbungen geschrieben habe, habe ich keine Stelle gefunden. **6.** Ich kann kein Geld abheben, weil der Geldautomat kaputt ist. **7.** Obwohl er nie Sport macht, ist er immer fit.

463. **1.** Wenn ich im Lotto gewinne ...; **2.** ... wenn du Fieber hast. **3.** ... falls du deinen vergessen hast. **4.** ... wenn du die Prüfung bestehen willst. **5.** Wenn das Wetter so schön bleibt ...

464. **1.** Wenn man keinen Führerschein hat, darf man nicht Auto fahren. **2.** Wenn man mit dem Auto fährt, soll man keinen Alkohol trinken. **3.** Wenn es dunkel ist, muss man das Licht einschalten. **4.** Wenn die Ampel rot ist, muss man stehen bleiben. **5.** Wenn auf der Straße Schnee liegt, braucht man Winterreifen.

465. **2.** Wenn ich Zeit gehabt hätte, hätte ich dich angerufen. **3.** Vergangenheit: Wenn du mehr gelernt hättest, hättest du die Prüfung bestanden. **4.** Vergangenheit: Wenn du nicht zu schnell gefahren wär(e)st, wäre der Unfall nicht passiert. **5.** Gegenwart: Wenn sie einen Fahrschein hätte, müsste sie keine Strafe zahlen. **6.** Vergangenheit: Wenn sie nicht zu spät gekommen wäre, hätte sie den Zug nicht verpasst. **7.** Gegenwart: Wenn er sich bewerben würde, würde er die Stelle bekommen.

466. 1. denn; **2.** obwohl; **3.** weil;
4. Obwohl – denn; **5.** weil; **6.** weil;
7. Obwohl – denn

467. 1. … besuchen Sie unser Wellness-Studio. **2.** Wenn Sie einen günstigen Kredit brauchen, rufen Sie uns an. **3.** Wenn Sie sich beruflich weiterqualifizieren wollen, beraten wir Sie gern. **4.** Wenn du neu in der Stadt bist und noch ein Zimmer suchst, helfen wir dir. **5.** Wenn Sie einen besonderen Urlaub machen wollen, buchen Sie bei uns eine Abenteuerreise. **6.** Wenn Sie nicht mehr jeden Tag im Stau stehen wollen, ist unser Monatsticket für Busse und U-Bahnen das Richtige für Sie.

468. 1. nachdem; **2.** als; **3.** bevor; **4.** sobald

469. 1. Seit; **2.** bis; **3.** bevor; **4.** Während

470. 2. Wenn Frank nicht drei Kinder hätte, würde er mehr ausgehen. **3.** Wenn Dietmar nicht studieren würde, könnte er schon Geld verdienen. **4.** Wenn Rosemarie in den Alpen leben würde, würde sie jedes Wochenende wandern gehen.

471. 1. gleiches Subjekt (=); **2.** gleiches Subjekt (=); **3.** verschiedene Subjekte (≠); **4.** verschiedene Subjekte (≠)

472. 1. Susi schreibt einen Brief, um ihrer Oma zum Geburtstag zu gratulieren. **2.** Sie geht zur Post, um den Brief abzusenden. **3.** Sie will den Brief heute noch absenden, damit er rechtzeitig bei ihrer Oma ankommt. **4.** Der Brief soll rechtzeitig bei der Oma ankommen, damit sie sich freut.

473. 2. Um einen Termin zu vereinbaren. **3.** Damit es nicht ins Zimmer regnet. **4.** Damit er auf mich wartet. **5.** Um mich gesund zu ernähren. **6.** Damit er erreichbar ist. **7.** Um die Prüfung zu bestehen. **8.** Damit wir den Zug nicht verpassen.

474. 1. Vor einigen Jahren hat es hier so viel geschneit, dass wir jeden Tag Schnee räumen mussten. **2.** Es war so kalt, dass man Tag und Nacht heizen musste. **3.** Einmal war über Nacht so viel Schnee gefallen, dass keine Busse fahren konnten und der Unterricht ausfallen musste. **4.** Der Schnee lag so hoch, dass sogar die Räumfahrzeuge kaum vorankamen. **5.** Manchmal waren die Fußwege so glatt, dass man beim Gehen sehr aufpassen musste.

475. 1. Meine Nachbarn haben die ganze Nacht gefeiert, sodass ich nicht einschlafen konnte. **2.** Ich wachte heute Morgen zu spät auf, sodass ich keine Zeit zum Frühstücken hatte. **3.** Ich habe meine Sachen in großer Eile gepackt, sodass ich meinen Autoschlüssel vergaß. **4.** Der Schlüssel war noch in der Wohnung, sodass ich wieder zurückgehen musste. **5.** Mein Auto wollte nicht anspringen, sodass ich einen Nachbarn um Hilfe bat. **6.** Ich fuhr erst später los als üblich, sodass ich in einen Stau kam. **7.** Ich stand im Stau, sodass ich zu spät zur Arbeit kam.

476. 1. Welches Tier ist so intelligent, dass es sich in einem Spiegel erkennen kann? *(der Elefant)* **2.** Welches Bauwerk ist so bekannt, dass man es für die deutschen Münzen ausgewählt hat? *(das Brandenburger Tor)* **3.** Welcher Berg in Deutschland ist so hoch, dass dort auch im Sommer oft Schnee liegt? *(die Zugspitze)*

477. 1. Mein Sohn hat noch keine Ferien, sodass wir jetzt noch nicht in Urlaub fahren können. **2.** Das Buch war so spannend, dass ich es an einem Tag gelesen habe.

478. 1. als; **2.** wie; **3.** wie; **4.** wie

Lösungen

479. 1. … indem man einen Lernplan aufstellt. **2.** Man kann im Team lernen, indem man sich gegenseitig den Stoff erklärt. **3.** Man kann sich nach dem Lernen erholen, indem man Sport macht.

480. 1. … desto ähnlicher sieht er seiner Mutter. **2.** Je länger ich am Wochenende schlafe, desto müder bin ich. **3.** Je populärer ein Buch ist, desto schlechter finde ich es meistens.

481. 1. … ohne dass wir ihn eingeladen haben. **2.** … ohne zu fragen / ohne gefragt zu haben. **3.** … ohne sich zu verabschieden / ohne sich verabschiedet zu haben.

482. 1. gleiches Subjekt (=); **2.** verschiedene Subjekte (≠); **3.** gleiches Subjekt (=); **4.** verschiedene Subjekte (≠); **5.** gleiches Subjekt (=)

483. 1. Wir müssen sofort losgehen, damit wir den Bus nicht verpassen / um den Bus nicht zu verpassen. **2.** Wir müssen uns beeilen, damit die Kinder nicht zu spät zur Schule kommen. **3.** Du solltest einen Regenschirm mitnehmen, damit du nicht nass wirst / um nicht nass zu werden. **4.** Pass besser auf dein Portemonnaie auf, damit es dir nicht wieder gestohlen wird. **5.** Wir müssen heute fertig werden, damit wir keinen Ärger bekommen / um keinen Ärger zu bekommen.

484. 1. a; **2.** b; **3.** b; **4.** c

485. 1. Heute ist es so neblig, dass man kaum die Hand vor den Augen sieht. **2.** Die U-Bahn schließt die Türen, sodass wir auf die nächste warten müssen. **3.** Das Bild gefällt mir so gut, dass ich es am liebsten kaufen würde. **4.** Sie hat die Aufnahmeprüfung bestanden, sodass sie jetzt Kunst studieren kann.

486. 1. Je mehr du lernst, desto besser wird deine Prüfung. **2.** Je besser deine Noten sind, desto leichter findest du eine Stelle. **3.** Je schneller du eine Stelle findest, desto früher verdienst du Geld.

487. 1. … ohne einen Kurs zu besuchen. **2.** … ohne zu lernen. **3.** … ohne zu arbeiten.

488. 1. auf gesunde Ernährung achten; **2.** regelmäßig Sport treiben; **3.** Ärger und Stress vermeiden; **4.** neue Herausforderungen suchen

489. 1. schwimmen; **2.** Lesen; **3.** Sammeln; **4.** backen; **5.** Aufstehen

490. 1. ein; **2.** Am; **3.** Unsere

491. 1. Dir/dir; **2.** Gute; **3.** Du/du; **4.** Schönes; **5.** Deine/deine; **6.** Verwandten; **7.** Neues; **8.** nächste; **9.** besten

492. 1. Sie – Ihren; **2.** ihr; **3.** du

493. 1. Marktplatz; **2.** Wohnzimmer; **3.** Nachname; **4.** Freizeit; **5.** fünfundzwanzig; **6.** zweiundachtzig Millionen

494. 1. kommen hören; **2.** spazieren gegangen; **3.** großzuschreiben; **4.** Auto fahren; **5.** Autofahren; **6.** da sein; **7.** warm machen / warmmachen

495. 1. süß; **2.** Wasser; **3.** weiß; **4.** groß; **5.** Fußball; **6.** Kasse; **7.** Straße; **8.** draußen; **9.** nass; **10.** Fluss; **11.** müssen; **12.** außerhalb; **13.** besser; **14.** Kissen; **15.** äußerlich; **16.** lassen

496. 2. räumlich; **3.** ankreuzen; **4.** heute; **5.** Euro; **6.** Läufer; **7.** Einkäufe; **8.** Leute
Verwandte Wörter/Wortformen:
1. Baum; **2.** Raum; **6.** laufen, Lauf; **7.** Einkauf, einkaufen

497. Bald beginnen die Sommerferien(,) und Familie Riemann plant ihren Urlaub. Christoph und Constanze wollen mit ihren Kindern nach Norderney fahren, weil sie alle gern am Meer sind. Der kleine Felix möchte am liebsten den ganzen Tag am Strand spielen und schwimmen, aber seine Schwester Klara will auch reiten. Im Internet finden sie eine Reitschule, die auch Kurse für Kinder anbietet. Sie entscheiden, dass Christoph mit Klara nachmittags zur Reitschule geht, und reservieren eine Ferienwohnung in der Nähe.

498. **1.** Ich habe dich angerufen, um dir zum Geburtstag zu gratulieren. **2.** Ich habe vergessen(,) einzukaufen. **3.** Er hat dir doch versprochen(,) pünktlich zu kommen. **4.** Hast du Interesse, am Samstag mit mir Tennis zu spielen? **5.** Erinnerst du mich bitte daran, morgen die Bücher zurückzubringen?

499. **1.** Ich bin beim Marathon so schnell gelaufen wie im Training. **2.** Ich bin beim Marathon schneller gelaufen, als ich dachte. **3.** Er hat sich so entschuldigt, wie seine Kollegin es gehofft hatte. **4.** Er sieht genauso aus wie sein Vater vor zwanzig Jahren.

500. **1.** Marco sagt: „Ich möchte jetzt nach Hause gehen." **2.** Stefania fragt ihren Lehrer: „Warum schreibt man dieses Wort groß?" **3.** „Meine Mutter", erklärt er, „habe ich schon gestern besucht." **4.** „Herzlichen Glückwunsch", sagte er fröhlich. **5.** „Besuchst du mich morgen?", fragt sie ihn.

Register

Register

Register

Quellenverzeichnis

S. 11: Die Zahlen beziehen sich auf alle Nomen im Rechtschreibduden, die nur ein Genus haben
(Duden – Die deutsche Rechtschreibung, 26. Auflage, Berlin: Dudenverlag, 2013, S. 143).

S. 17: Fotolia/dvekoshki; **S. 76:** Fotolia/Fiedels; **S. 83:** Shutterstock/Naghiyev *(Blume, Topf,
Sonne, Brille, Saft, Buch)*, Shutterstock/kaisorn *(Orange)*, Shutterstock/Puckung *(Tasche)*;
S. 109: a) Fotolia/thostr, **b)** Fotolia/sunt, **c)** Fotolia/thostr, **d)** Fotolia/sunt; **S. 110:** Fotolia/sunt;
S. 145: 1. Fotolia/thostr, **2.** Fotolia/sunt, **3.** Fotolia/fefufoto, **4.** Fotolia/T. Michel;
S. 222: Shutterstock/Naghiyev; **S. 233:** Fotolia/M. Schuppich

Deutsch üben und vertiefen

Duden Wortschatztrainer
Deutsch als Fremdsprache
208 Seiten. Zahlreiche Bilder. Broschur

www.duden.de